음식문화의 수수께끼

음식문화의 수수께끼

마빈 해리스 지음   서진영 옮김

마빈 해리스 | 문화인류학 3부작 · 3

한길사

THE SACRED COW AND THE ABOMINABLE PIG

The Riddles of Food and Culture

by Marvin Harris

translated by Soh Jinyoung

말과 제국의 흥망

사람들은 고기나 젖을 얻기 위해 말을 사육하지는 않았다. 그런 목적으로
쓰기에는 비용이 너무 많이 들기 때문이다.

이 그림에서처럼 이집트의 왕이나 전사들은 말이 끄는 이륜전차에 올라타서
전장으로 돌진해 화살을 쏘면서 육탄전을 벌이곤 했다.

따라서 말은 음식으로 먹기보다는 전쟁에서 사용할 때 훨씬 가치가
있었음을 알 수 있다. 또 다른 예로 로마제국이 붕괴한 원인을
로마 군대를 패배시킨 말 때문으로 보는 이론도 있다.

벌레 든 사과를 먹는 원숭이
원숭이가 찾는 것은 잘 익고 흠이 없는 에덴동산의 사과가 아니다. 그들은
벌레가 들어 있는 과일을 찾으려고 애쓴다.
실제로 아마존에 사는 어떤 종은 과일보다 유충에 더 관심이 많다.
그들은 벌레 먹은 무화과를 벌려 벌레를 먹고 무화과는 버린다.
또 다른 종은 과일과 유충은 모두 먹지만 벌레 먹지 않은 부분은 뱉어버린다.

사막의 교통수단인 낙타
이슬람교의 경전인 코란은 돼지고기를 먹는 것은 금지하지만
낙타고기는 특별히 허용한다. 사막을 여기저기 옮겨 다니는 유목민들의
생활방식이 전적으로 낙타에 의존했기 때문이다.
낙타는 이들의 주요 수송수단이자 동물성 식품의 주공급원이었다.
낙타고기가 일상적인 음식은 아니었지만 사막을 여행하다 식량이 떨어지면
비상식량을 얻기 위해 낙타를 죽일 수밖에 없었다.
낙타고기를 금지했다면 이슬람교는 결코 위대한 세계 종교가 되지 못했을 것이다.

신성한 암소의 수수께끼

힌두교도들은 암소를 신으로 모신다. 또한 집 근처에 두고 이름을 지어준다.
암소와 함께 이야기하며, 암소를 꽃과 술로 장식한다. 그들은 암소에게서
나오는 우유와 유제품, 오줌, 똥 등 모든 것이 신성하다고 믿는다.
힌두교도들은 축제 때 소가 지나가면서 일으키는 먼지 속에서 무릎을 꿇고
자신들의 이마에 떨어진 소의 분비물을 바른다. 가정주부들은 마루와 난로를
정화하는 의식에 마른 쇠똥을 사용한다. 의사들은 스 반기┐이 찌친 효0
치료에 사용하기도 한다. 암소를 보는 것만으로도 힌두교도들은 기쁨을 느낀다.

효용보다는 즐거움을 위해 키우는 가축

효용이 없고 오히려 무용한 것이 황제의 애완동물이 될 수 있는 필수조건이었다.
고대 중국에서 로마에 이르기까지 황제의 왕궁에는 오락과 부와 권력의
상징으로서 진기한 새와 동물을 기르는 동물원이 있었다.
이 동물들을 쓸모없다고 생각하는 것은 권력과 위엄을 과시하고 확인하기 위해
허세와 사치를 부리는 황제의 태도를 무시하는 것이었다.
애완동물의 가장 중요한 기능은 '친구가 되어주는 데' 있었다.

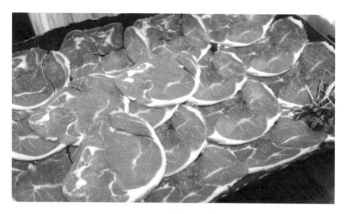

양고기와 염소고기가 인기 없는 이유

미국인들이 염소와 양을 기르고 먹는 데 별로 관심이 없는(그리고 계속 말고기를 먹지 않는) 이유는 염소와 양, 양고기(lamb) 대신 돼지고기·쇠고기·송아지 고기를 손쉽게 구할 수 있기 때문이다.

식민지시대의 지배적인 생태학적 조건과 인구조건에서 식민주의자들은 염소나 양보다 돼지와 소가 더 효율적인 고기 공급원이라는 사실을 알았다. 이것이 왜 돼지와 소가 지금까지도 미국인들이 가장 좋아하는 고기인지를 설명해준다.

식인풍습을 목격한 예수회 선교사들

예수회 선교사들은 휴런족의 식인풍습에 관한 가장 자세한 목격담을 전해준다.
그들은 휴런족이 전쟁에서 잡아온 이로쿼이족 포로들을 고문하고
심장을 먹는 것을 목격했다고 한다.

아즈텍의 식인풍습

1519년 에르난 코르테스(Hernán Cortés, 1485~1547)가 원정에서 만난
아스텍인은 죽은 적을 먹는 것을 제어하지 못했을 뿐 아니라 전무후무한
규모로 국가가 지원하는 인간 희생제와 식인을 행하고 있었다.
매년 살해되어 먹히는 희생자가 최소 1만 5,000명에서 최대 25만 명에 달했다.
그들 대부분은 적군 병사로서 최근에 전장에서 포로가 되었거나
노예로 부리고 있는 사람이었다. 아즈텍인은 여자 포로와 노예도 먹었다.

지금은 역사적으로 식생활이 임의적인 상징에
지배된다는 생각을 발전시킬 때가 아니다.
우리는 더 나은 것을 먹기 위해 우리의 식생활이 변화하는
실제적인 원인과 결과를 알아야 한다.

■마빈 해리스

숨겨진 음식문화의 수수께끼를 찾아서
옮긴이의 말

마빈 해리스(Marvin Harris, 1927~2001)는 미국의 대표적인 인류학자다. 컬럼비아 대학 교수를 거쳐 플로리다 대학에서 명예교수로 재직하면서 왕성한 저작활동과 강연을 해왔다. 컬럼비아 대학 재직 시절 인권운동·학생운동·반전운동·여성운동에도 관여해 행동파 지식인으로도 알려져 있다.

해리스가 집필한 인류학 개론서 『문화와 인간과 자연』(*Culture, Man and Nature: An Introduction to General Anthropology*, 1971, Thomas Y. Crowell Company)은 지금도 인류학 입문서로 가장 널리 읽힌다. 그 외에 국내에도 번역되어 소개된 『문화의 수수께끼』(*Cows, Pigs, Wars and Witches: The Riddles of Culture*, Harper and Row, 1974; 박종렬 옮김, 한길사)를 비롯해 『식인문화의 수수께끼』(*Carnivals and Kings*, Random House; 정도영 옮김, 한길사), 『문화유물론』(*Cultural Materialism: The Struggle for a Science of Culture*, Harper and Row, 1979) 등을 집필했다.

이러한 저작에서는 문화유물론의 관점에서 생활양식을 바라보는 그의 태도가 두드러지게 나타난다. 그에 따르면 한 지역의 문화적 전통에 변화를 일으키는 주요한 힘은 생태계 안에서 생존하는 인간에게 절대적으로 주어지는 생물학적인 강제다. 특히 고단백질을 섭취해야 한다는 생물학적 강제와 인구 증가를 조절해야 한다는 생물학적 강제가 무엇보다도 중요한 힘이다. 이러한 생각을 바탕으로 해리스는 문화적 이데올로기의 심층을 파고 들어가면 겉보기에는 아무리 이상한 관습이라도 물질적·생물학적 합리성을 충분히 발견할 수 있다고 말한다. 그는 상징적인 의미를 포함한다고 해석되어온 거의 모든 주요 인류학적 사례—종교적 이데올로기, 가치체계, 인지체계—에 대해 그와 정반대되는 유물론적인 해석을 시도했다.

해리스는 단순한 참여와 관찰, 현지인 관점에서의 이해, 전통적·인류학적 기술 방법만으로는 문화를 근본적으로 이해할 수 없다고 생각한다. 그러므로 인류학자의 역할은 드러난 문화 현상을 단순히 관찰하고 기술하는 것이 아니라 이를 바탕으로 숨어 있는 문화의 수수께끼를 푸는 것이다. 앞서 말한 그의 유명한 저작에서 그는 표면적으로는 비합리적인 것 같은 인간의 문화행위에 숨어 있는 합리성을 생태적 적응이라는 개념을 사용해 들춰내는 유물론적 재해석을 시도했다.

이 책은 『음식문화의 수수께끼』(*The Sacred Cow and the Abominable Pig: Riddles of Food and Culture*, Simon & Schuster Inc., 1985)를 번역한 것이다. 이 책에서 해리스는 세계의 신비로운 음식문화를 문화생태학적 관점에서 일반 대중이 접하기 쉬운 형태로 쉽고 재미있게 설명했다. 여기서 그는 동물성 단백질을 섭취하는 것이 인간의 영양에 매우 중요하며, 인간 집단은 이를 만족시키기 위해 각자의 생태학적 조건에 적응해왔다는 주장을 펼친다. 여기에 기초해 다양한 음식 문화의 수수께끼를 풀어간다. 유인원 역시 동물성 식품을 즐겨 먹는다는 사실에서 출발해 전 세계 각 민족의 신비로운 식습관과 생태학적 환경의 관계를 설명한다.

이러한 설명에는 네 가지 의미가 있다. 첫째, 이는 특정한 문화적 현상과 생태학적 환경의 관계를 드러낸다. 또한 인간이 자연과 상호작용하는 과정에서 서로 다른 자연환경에 어떻게 적응해왔는지를 보여준다.

둘째, 이해할 수 없고 비합리적이며 순전히 상징적으로 보이는 현상에 내재되어 있는 합리성을 드러낸다. 신비로운 관습을 만났을 때 외부인이 손쉽게 내릴 수 있는 해답은 무언가 상징적인 이유나 불가사의한 것이 있다고 치부하는 것이다. 그러나 해리스는 그러한 관습이 아무리 비과학적이고 비합리적으로 보이더라도 그 속에는 주어진 자연환경에 최대한 적응하려는 인간의 합리적 시도가 있다고 주장한다.

셋째, 다른 문화를 이해하고 통찰하는 데 도움을 준다. 각 문화가 생태학적 적응을 통해 특이한 식습관을 발달시켜왔으며, 그것이 그 상황에서 일정한 합리성을 지닌다는 그의 주장은 한 문화에 고유한 식습관과 이를 바탕으로 하는 관념으로 다른 문화의 식습관과 관념을 재단해서는 안 된다는 것을 보여준다. 이는 자신의 문화를 다른 문화와의 상대성 속에서 파악하게 한다는 점에서 의미가 있다. 우리가 바퀴벌레를 먹는 종족을 생각할 때 느끼는 느낌을 서구인들은 개고기를 먹는 우리에게 할 수 있으며, 바퀴벌레를 먹는 종족 역시 서구인들의 식습관에 대해 마찬가지로 느낄 수 있다.

그러나 이 모든 것은 생태학적 조건에 각자 최대한으로 적응한 결과일 뿐이다. 이 역시 식습관은 계속 변화하며 한 문화의 식습관이 다른 문화의 식습관을 재단하는 도구가 될 수 없음을 보여준다. 이는 지구상에 존재하는 모든 문화가 점점 긴밀해지는 시대에 서로를 향한 부당한 편견을 버리고 각자의 문화적 전통을 존중하고 각자의 조건에서 적응해온 서로의 방식을 인정한다는 점에서 중요하다.

물론 해리스의 주장에도 한계가 있다. 우선 문화에 대한 해리스의 생태학적 설명은 문화를 지나치게 단순화하고 일반화할 위험을 내포하고 있다. 그가 내리는 생태학적 해석의 바탕에 깔린 '확실한' 생물학적 사실이 실제로 얼마나 확실한지에 대한 의문이 제기된다. 생태계는 놀라울 정도로 복잡하게 얽혀 있기 때문이다. 단지 민족지 기록자 한두 명이 확실한 인과관계를 파악할 정도로 생태계 안의 얽히고설킨 상호 연결망에 관한 수 많은 자료를 충분히 기록할 수 있을까. 자세히 살펴보면 해리스는 영양학상의 효과라든지 에너지 소비량, 환경적 유형 등을 평가할 때 흔히 어림짐작하거나 외삽법을 사용한다. 대단히 광대하고 복잡한 전개 체계 가운데 몇몇 부분에서, 그것도 짧은 기간에 수집한 약간의 자료를 근거로 전체 체계를 추론하고 있는 것도 종종 찾아볼 수 있다.

또한 문화에 대한 생태학적 설명은 상징적 의미체계의 중요성을 간과한다는 문제도 있다. 생태학적 조건이 비슷하더라도 동일한 식습관이 발달하는 것은 아니며 여기에는 생태학적 조건만으로 설명할 수 없는 많은 요소가 있기 마련이다.

넷째, 해리스는 각 문화의 식습관에 있는 합리성의 근거를 동물성 단백질의 중요성이라는 논점에 기초해 설명한다. 그러나 이는 오히려 서구 중심적인 시각일 수 있으며 다른 문화의 합리성을 인정하고 존중하는 데 근본적인 장애가 될 수 있다. 그뿐만 아니라 최근 영양학연구는 충분한 건강과 정력을 위해서는 동물성 단백질을 필수적으로 섭취해야 한다는 그의 주장에 도전하고 있다.

많은 전문가는 우리가 단백질 신화의 희생물이라고 논박하면서 이 신화 때문에 영양학 전문가들마저 동물성 단백질의 필요성과 가치를 과장하게 되었다고 주장한다. 최근 연구에 따르면 어떤 인구 집단도 영양학적으로 적절한 수준 이하로 단백질을 섭취한 적이 거의 없다. 적정 단백질 섭취량은 전문가들 대부분이 생각해온 것보다 훨씬 적다는 사실이 밝혀지고 있다. 인간은 단백질을 과다하게 섭취하거나 아주 조금만 섭취해도 살아갈 수 있다. 인간은 잡식동물로 진화해왔기 때문에 단백질의 각종 아미노산이 충족되기만 하면 동물성 단백질과 식물성 단백질을 구분할 필요도 없다는 것이다.

또 한 가지 문제는 해리스의 이론이 '존재하는 것은 모두 환경에 적응한다'는 전제로 나아갈 수 있다는 점이다. 불합리해 보이는 관습에서 합리성을 찾으려는 시도는 결국 그것을 합리화하는 것으로 귀착하기 쉽다. 이는 일종의 논리적 오류를 저지르는 것으로서, 가령 식인문화가 역사적으로 분명히 존재했다고 해서 그것을 21세기인 오늘날 받아들일 수는 없는 것이다. 심지어 현존하는 관습 중에서도 명백히 적응할 수 없는 것이 있을 수 있으며 오랜 시간이 지나면 그것들은 소멸할지도 모른다. 문화유물론에는 이러한 역사적 시각이 결여되어 있다.

또한 평형을 가정하고 사회·종교·경제조직에서 기능적 상호연계성을 찾는 대부분의 문화생태학이 근본적으로는 부족 세계에 대한 모자이크형 관점에 기초한다는 것을 알 수 있다. 이 관점은 한 사회의 상대적인 고립과 안정적 문화전통의 오랜 지속성을 전제로 한다. 외부세계의 영향을 고려하는 역동적인 시각이 부재하기 때문에 현존하는, 즉 외부세계의 영향을 굉장히 많이 받는 오늘날의 생태경제에 관한 설명들은 매우 의심스럽다. 이처럼 어느 체계가 존재하기 때문에 그것이 곧 적응의 결과라는 가정에는 심각한 모순이 담겨 있다.

앞서 서술한 이러한 문제점에도 해리스의 저작은 일반인들에게 다른 문화와 풍습을 소개하고 이를 이해할 수 있는 길을 열어준다는 점에서 의미가 있다. 해리스를 따라서 신비로운 음식문화와 풍습을 하나씩 살펴보면서 우리는 인간의 놀라운 적응력과 엄청난 다양성에 대한 이해를 얻을 수 있다. 그뿐만 아니라 이에 관해 한 가지 설명도 할 수 있다.

설령 해리스의 주장이 전적으로 옳지 않다고 하더라도 그와 함께 세계의 다양한 민족문화에서 나타나는 음식문화의 수수께끼를 풀어가는 것은 독자에게 신선한 흥미를 줄 것이다.

1992년 10월
서진영

음식문화의 수수께끼

일러두기

1 이 책은 마빈 해리스(Marvin Harris)가 쓴 *The Sacred Cow and The Abominable Pig: Riddles of Food and Culture*(Simon & Schuster Inc., 1985)를 번역한 것이다.

2 독자의 이해를 돕기 위해 옮긴이 주를 넣고' —옮긴이'라고 표시했다.

3 원문의 이탤릭체는 고딕으로 표기했다.

4 라틴어, 그리스어, 히브리어는 이탤릭체로 표기했다.

1

먹기 좋은 음식과
생각하기 좋은 음식

음식의 선호와 기피에 관한 설명은

"음식 자체의 본질"이 아니라

"사람들의 근본적인 사고유형"에서 찾아야 한다.

단도직입적으로 말하면 "음식은 영양가와는 상관이 없다.

우리는 음식을 먹을 때 그것이 구하기 쉽다거나

우리에게 좋다거나 실용적이라거나

맛이 좋기 때문에 먹는 것이 아니다."

음식은 영양가와는 상관이 없다

과학적인 관점에서 인간은 동물성 식품과 식물성 식품을 전부 먹는 잡식동물이다. 돼지와 쥐, 바퀴벌레 같은 다른 잡식동물과 마찬가지로 우리는 아주 다양한 음식물을 통해 영양분을 얻는다. 우리는 퀴퀴한 냄새가 나는 포유동물의 젖에서 곰팡이나 돌멩이(완곡하게 말하면 치즈, 버섯, 소금 같은 것)에 이르는 모든 것을 먹고 소화할 수 있다. 그러나 다른 전형적인 잡식동물과 마찬가지로 우리는 문자 그대로 무엇이든 먹지는 않는다. 사실 세상에서 우리가 먹을 수 있는 먹거리의 전체 범위를 생각해보면 인간의 먹거리 목록은 아주 적다.

그 가운데 몇 가지 품목은 인간이 먹기에는 생물학적으로 적합하지 않기 때문에 먹지 않는 것들이다. 예를 들면 인간의 내장은 많은 양의 섬유소를 감당할 수 없다. 따라서 모든 인간집단은 풀과 나뭇잎, 나무(야자의 한가운데서 나오는 심이나 죽순은 제외하고)를 외면한다. 우리가 석유를 우리 배속에 넣지 않고 자동차에 넣으며 사람의 배설물을 접시에 올리지 않고 하수구에 버리는 이유 역시 다른 생물학적 제약으로 설명할 수 있다.

그러나 인간이 먹지 않는 것들 가운데 대부분은 생물학적 관점에서는 완벽하게 먹을 수 있는 것들이다. 이는 세계에 있는 어떤 특정한 집단은 먹을 뿐 아니라 좋아하기까지 하는 음식을 다른 어떤 집단에서는 먹지 않고 오히려 혐오하는 것을 보면 확실히 알 수 있다. 이러한 다양성 가운데 아주 일부만 유전적인 변용으로 설명할 수 있는 것이다. 앞으로 살펴보겠지만 우유의 경우조차도 유전적인 차이 그 자체만으로는 왜 어떤 집단은 우유를 즐기는 데 다른 집단은 그렇지 않은지를 단지 부분적으로만 설명할 수 있을 뿐이다.

인도의 힌두교도들은 쇠고기를 먹지 않고 유대인이나 이슬람교도들은 돼지고기를 혐오하고 미국인들은 보신탕에 대해 생각만 해도 구역질을 느끼는 것을 보면 무엇이 먹기 좋은 음식인지 규정하는 것은 단순히 소화생리학을 넘어서는 것임이 틀림없다. 그것은 사람들의 식도락 전통과 음식문화다. 만약 당신이 미국에서 태어나 자랐다면 당신은 미국 특유의 식습관을 갖게 될 것이다. 즉 당신은 쇠고기와 돼지고기는 즐기지만 염소고기나 말고기, 벌레나 메뚜기는 즐기지 않게 될 것이다. 반면 프랑스인과 벨기에인들은 말고기를 좋아하고 지중해 사람들 대부분은 염소고기를 좋아한다. 이들 사이에서 벌레와 메뚜기는 진미로 널리 알려져 있으며 미국 병참부대가 의뢰한 조사에 따르면 42개나 되는 사회에서 쥐고기를 먹는다고 한다.

고대 로마인은 광대한 제국에서 다양한 음식 전통을 만나면 어깨를 으쓱하고는 자신들이 좋아하는 썩은 생선소스를 먹으러 돌아섰다. 그들은 "이것보다 맛있는 것은 없다"고 말했다. 나 역시 인류학자로서 음식 맛의 문화적 상대주의에 찬성한다. 단순히 식습관이 다르다는 이유로 상대를 모욕하거나 비난해서는 안 된다. 그러나 여전히 논의하고 생각해볼 문제가 많다. 왜 인간의 식습관은 그토록 다양한가. 특별한 음식을 선호하는 현상과 기피하는 현상이 어떤 문화에서는 나타나지만 다른 문화에서는 나타나지 않는 이유를 과연 인류학자들은 설명할 수 있는가.

나는 할 수 있다고 생각한다. 모든 경우를 다 설명하거나 지극히 자세한 부분까지 설명하는 것은 어려울지 모르겠다. 그러나 일반적으로 사람들이 어떤 행동을 하는 데는 충분한 이유가 있으며 음식도 예외는 아니다. 나는 요즘에는 이러한 견해가 인기 없다는 사실을 감출 생각은 없다. 요즘 유행하는 견해는 식습관이 본질적으로 자의적인 가치관이나 설명하기 어려운 종교적인 신념에서 유래하는 메시지들을 표현하거나 전달하는 역사의 우연에 지나지 않는다는 것이다. 한 프랑스 인류학자는 "인간의 식습관에 관한 광범한 영역에서 나타나는 상징주의와 문화적인 표상을 조사해보면 그것들 대부분은 상당히 임의적인 고유한 통일성으로만 설명할 수 있다는 것을 인정하지 않을 수 없다"고 말한다. 말하자면 음식은 빈 배속에 들어가기 전에 집단정신을 살찌워야 한다.

음식의 선호와 기피에 관한 설명은 "음식 자체의 본질"이 아니라 "사람들의 근본적인 사고유형"에서 찾아야 한다. 단도직입적으로 말하면 "음식은 영양가와는 상관이 없다. 우리는 음식을 먹을 때 그것이 구하기 쉽다거나 우리에게 좋다거나 실용적이라거나 맛이 좋기 때문에 먹는 것이 아니다."

나는 음식이 메시지를 전달한다거나 상징적 의미를 포함한다는 것을 부정하고 싶지는 않다. 그러나 무엇이 우선인가. 메시지나 의미인가, 아니면 선호와 기피인가. 레비스트로스(Claude Lévi Strauss)가 제안한 유명한 격언의 범위를 확대해보면 어떤 음식은

"생각하기 좋고"(good to think) 어떤 음식은 "생각하기에 나쁘다"(bad to think)고 할 수 있다. 그러나 나는 음식이 생각하기에 좋은지 나쁜지는 그것이 먹기 좋은지 나쁜지에 달려 있다고 생각한다. 음식은 집단정신을 채우기 전에 먼저 집단의 배속을 채워줘야 한다.

이런 견해를 좀더 체계적으로 표현해보자. 사람들이 선호하는 (먹기 좋은) 음식은 기피하는(먹기 나쁜) 음식보다 비용 대비 이득이 실질적으로 더 많은 음식이다. 잡식동물도 소화할 수 있는 것을 모두 먹지는 않는다. 조리할 가치가 없는 음식도 있고, 더 저렴하면서 영양가 많은 대체물을 가진 음식도 있고, 더 이로운 것을 포기해야 먹을 수 있는 음식도 있다. 여기에서 기준이 되는 기본적인 요소는 영양상의 비용 편익이다. 사람들이 선호하는 음식은 기피하는 음식보다 더 많은 칼로리와 단백질, 비타민, 미네랄을 함유한다. 그러나 어떤 음식이 먹기 좋은지 나쁜지를 결정하는 데는 음식의 영양가를 넘어서는 또 다른 비용 편익이 고려된다. 어떤 음식은 아주 영양가가 높지만 만드는 데 너무 많은 시간과 노력이 들거나 토양과 동식물의 삶, 그 외 환경적인 측면에 역효과를 초래하기 때문에 꺼려지기도 한다.

나는 세계의 요리가 지역마다 주요한 차이를 보이는 것은 각기 생태학적 제약과 기회가 다르기 때문임을 보여주려고 한다. 예컨대 육식 요리법 대부분은 상대적으로 인구밀도가 낮고 토지여건상 곡물을 재배하기 어렵거나 재배할 필요가 없는 것과 관련이 있다. 반면 채식 요리법 대부분은 인구밀도가 높고 인간이 먹을 수 있는 단백질과 칼로리의 양을 줄이지 않고는 고기를 얻기 위해 짐승을 기를 수 없는 환경 및 식량생산 기술과 관련된다. 앞으로 살펴보겠지만 인도 힌두교도의 경우 고기를 생산하는 것이 생태학적으로 실용적이지 않기 때문에 고기를 피하는 것이 고기를 먹는 것보다 영양상으로 훨씬 낫다. 따라서 고기는 먹기에 나쁜 것이며 생각하기에도 나쁜 것이 된다.

부와 권력의 근원인 음식

여기서 염두에 두어야 할 중요한 점은 영양적·생태학적 비용 편익이 언제나 금전상의 비용 편익, 즉 몇백 몇십 원을 따지는 비용 편익과 똑같지 않다는 점이다. 미국 같은 시장경제에서 먹기 좋은 것이란 영양과는 상관없이 팔기 좋은 것을 의미한다. 유아용 분유를 모유의 대체품으로 판매하게 된 것은 영양과 생태학보다 수익성을 우선시한 고전적인 사례다. 제3세계에서는 아이에게 분유를 타서 먹이는 것이 좋지 않다. 왜냐하면 분유를 더러운 물에 타기 때문이다. 또한 모유는 여러 가지 질병에 대한 면역물질을 함유하고 있다는 점에서 더 바람직하다. 물론 어머니가 직장에 있는 동안 다른 사람에게 아이를 맡길 수 있다는 측면에서 모유를 분유로 대체하는 것에도 약간 유리한 점이 있다.

그러나 수유 기간의 단축은 임신의 간격을 단축시킨다. 유일하게 큰 이익을 보는 측은 다국적 기업뿐이다. 이들 기업은 상품을 팔기 위해 분유가 모유보다 아이에게 좋다고 여자들이 생각하도록 오도하는 광고를 했다. 다행히도 이런 행위는 최근 국제적인 항의로 중단되었다.

이러한 예가 보여주듯이 마치 달갑지 않은 바람처럼 때로는 나쁜 음식도 어떤 사람에게는 좋은 영향을 줄 수 있다. 음식에 대한 선호와 기피는 실제적인 비용 편익을 따져 유리한 쪽으로 발생하지만 나는 그 기준이 모든 사회 구성원에게 똑같이 적용된다고는 생각하지 않는다. 나중에 설명하겠지만 왕이나 자본가 또는 독재자들이 존재하기 오래전부터 여성과 아이들에게는 비용을 할당하고 남자와 어른들에게는 이익을 할당하는 불균등한 상황이 드물지 않았다. 계급과 신분이 존재하는 곳에서는 한 집단에게는 실제적으로 이득인 것이 다른 집단에게는 실제적으로 불이익이 될 수 있다. 그런 경우에는 특권층이 다른 사회 구성원과 자신들의 이익을 나누지 않고 높은 영양 상태를 유지할 수 있으며 이러한 그들의 능력은 정치적 권력을 행사해 신민을 억누를 수 있는 능력으로 귀착된다.

이 모든 것은 음식에 대한 선호와 기피의 근저에 있는 실제적인 비용 편익을 계산하기가 결코 쉽지 않음을 의미한다. 각각의 음식에 관한 수수께끼는 식량 생산의 전체 체계의 일부로 보아야 하며 장·단기 결과를 구분해야 한다. 음식을 많이 가진 사람들에게 음식은 영양의 원천일 뿐 아니라 종종 부와 권력의 원천도 된다는 사실을 잊어서는 안 된다.

모든 사람이 비실용적이고 비합리적이며 쓸모없거나 해롭다고 믿는 이해할 수 없는 음식에 대한 선호와 기피가 많이 존재하기 때문에 식습관이 자의적이라는 생각은 점점 강해졌다. 이 책에서 사용할 나의 전략은 이러한 요새를, 그것도 가장 이해할 수 없는 경우를 골라 공격하는 것이며 이를 영양학적·생태학적·경제학적인 관점에서 설명하는 것이다. 누군가는 내가 이미 결정적인 약점을 알고 있는 자의성의 요새만을 공격의 대상으로 선택한 것은 아니냐고 할지도 모른다. 그렇지 않다. 각각의 경우를 연구하기 시작했을 때 나는 다른 모든 사람과 마찬가지로 당혹스러웠으며 해답을 어디에서 찾을 수 있을지 아무것도 알지 못했다. 사실 내가 선택한 사례는 나의 기본적인 전제들과 모순되는 것 같았기 때문에 나에게 가장 흥미로웠던 경우들이다.

나는 먼저 내가 인류의 수수께끼 같은 식습관의 한 단편을 건드린 데 불과하다는 것을 인정한다. 이 외에도 수수께끼는 셀 수 없을 정도로 많으므로 나는 일반적으로 사람들이 무엇을 먹는 데에는 실제적인 이유가 있음을 증명할 수 있는 사례를 아무렇게나 쉽게 찾을 수 없다. 당혹스러운 수수께끼 몇 개를 성공적으로 풀었다고 해서 남아 있는 모든 수수께끼를 성공적으로 풀 수 있는 것도 아니다.

그러나 이는 회의론자들이 자신이 좋아하는 실용적이지 않고 합리적이지 않으며, 쓸모없고 유해한 식습관에 대해 좀더 회의적인 태도를 취해야 한다는 것을 제시한다. 만약 모든 사람이 당혹스러움을 겪자마자 등을 돌린다면 어려운 문제는 전혀 해결할 수 없을 것이다. 그렇게 되면 세계에서 발생하는 모든 일이 대개 자의적인 것으로 보이지 않겠는가. 그러면 첫 번째 수수께끼로 넘어가보자. 백문(百聞)이 불여일식(不如一食)이다.

2

고기를 밝히는 사람들

식물성 식품은 단지 생명을 유지시켜줄 뿐이지만

동물성 식품은 단순한 생존을 넘어서 건강과 행복을 준다.

농업사회에서 동물성 식품은 영양상으로는 아주 좋지만

생산하기에는 특별히 힘이 든다.

따라서 동물성 식품은 매우 유용하지만

양이 부족하기 때문에 상징적 힘을 갖는다.

고기를 왜 밝히는가

낡은 우비를 입고 한 손에는 우산을, 다른 한 손에는 잡동사니가 들어 있는 비닐봉지와 서류가방을 든 채 줄 서 있는 사람들을 상상해보라. 여명 속에서 그들은 조금씩 앞으로 움직여간다. 앞줄에 서 있던 사람들은 임산부나 아이를 안고 있는 여자들에게 마지 못해 자리를 내준다. 뒷줄에 서 있는 사람들은 아침에 줄을 서려고 옷 안에 베개를 쑤셔 넣거나 아이를 빌려오는 사람들이 있다면서 투덜거리며 빈정거린다. 털모자를 쓴 한 여자가 이렇게 말한다.

"이 가게에서 값이 오른 건 아무것도 없어요. 여기에는 아무것도 없으니까요."

이렇게 폴란드인은 일상적인 고기사냥을 시작하고 있었다.

고기공급 문제는 폴란드 국가사회주의 체제의 안전을 위협하고 있다. 만약 정육점 앞에 서 있는 사람들의 줄이 더 길어지고 선반이 더 비게 된다면 이를 경계해야 한다. 1981년 정부는 보조하는 고기배급을 20퍼센트 줄이겠다고 발표하고 나서 질서를 회복하기 위해 계엄령을 선포해야 했다. "주부들의 인내가 한계에 달했다"고 『이코노미스트』지 특파원은 보도했다.

"몇 시간씩 줄을 서서 텅 빈 시장바구니를 들고 끝내 차례가 오지 않는 고기배급을 기다리는 것에 지친 사람들 수천 명이 거리로 나와 시끄럽게 깃발을 흔들며 쿠트노, 우치, 바르샤바와 그 외 주요 도시를 향해 굶주림의 행진을 벌였다."

"우리에게 고기를 달라"고 군중들은 요구했다(굶주리는 군중은 빵이나 밥을 달라고 하는 것 아닌가). 많은 영양학자는 고기를 사치라고 생각한다. 고기가 건강에 안 좋다고 말하는 사람들도 점점 많아지고 있지만 폴란드인은 이처럼 고기가 부족한 상황에 필사적으로 반응한다.

왜 폴란드인과 동유럽인들은 선반에 있는 햄과 소시지가 다 없어질까봐 뉴욕에 줄린 듯 겁을 내는 걸까. 그들은 영양실조에 걸린 건가. 그들의 식단에 칼로리나 단백질이 부족한가. 최근 세계보건기구 식량농업국의 권고에 따르면 몸무게가 80킬로그램인 성인 남성이 하루에 필요한 단백질은 약 60그램이다. 1980년에 폴란드인이 하루에 섭취한 단백질은 60그램이 아니라 100그램이었다. 그들은 고기, 생선, 닭고기와 유제품 등 동물성 식품으로만 단백질 61그램을 섭취했다. 이것은 식물성 식품으로 섭취하는 단백질은 계산에 넣지 않고도 단백질 권장량을 충분히 채우는 양이다. 칼로리를 봐도 그들은 1인당 하루 3,000칼로리 이상을 섭취한다.

1980년 미국의 동물성 단백질 소비량은 1인당 하루 평균 65그램으로 폴란드인보다 단지 4그램 많을 뿐이고 칼로리 소비량은 거의 똑같다. 나는 1인당 평균이라는 말 뒤에 다소 고통스러운 일들이 가려져 있음을 인정한다. 폴란드에서는 다른 동물성 식품과 고기가 일정하게 공급되지 않는다. 고기는 정육점으로 실려 오자마자 전부 팔려나간다. 고기를 많이 사는 사람도 있고 아주 조금밖에 사지 못하는 사람도 있다. 그러나 이런 문제는 고기가 동이 날까봐 한꺼번에 고기를 사들이기 때문에 생기는 결과다. 여기서 내가 말하고 싶은 것은 폴란드인은 영양실조에 걸릴 위험이 없으며 고기를 더 적게 먹어도 좋은 영양 상태를 유지할 수 있다는 것이다. 그런데도 그들은 기를 쓰고 더 많은 고기와 동물성 식품을 사기 위해 생활의 많은 부분을 허비한다. 왜 그런 걸까.

국민들이 식량문제에 만족하도록 폴란드 정부가 열심히 노력했다고 생각하는 사람도 있을 것이다. 그러나 정부는 위기가 생길 때마다 국민들의 영양 섭취는 이미 적절하게 이루어지고 있으므로 더 이상 고기는 불필요하다고 주장하기보다는 국민에게 더 많은 고기를 약속하는 식으로 대처해왔다. 정부는 경제의 다른 부분을 크게 희생하면서 고기와 생선, 닭고기 생산을 1970년에서 1975년 사이에 40퍼센트나 증가시켰다. 1980년에 정부는 값싼 고기를 배급하는 국영상점에 매달 보조하는 데 국가 식량보조 예산 총액의 약 절반인 25억 달러를 썼다.

폴란드 정부만 이렇게 고기에 대한 대중의 수요를 인정하는 것은 아니다. 소련은 식량폭동이 일어날 기미가 없는데도 막대한 예산을 들여 콩·옥수수·밀을 4,000만 톤 수입했다. 그들이 이렇게 엄청난 노력을 하는 유일한 목적은 가축용 사료를 마련하기 위해서다. 즉 질이 낮은 국산곡물은 가축에게 먹이고 수입곡물은 사람들이 먹는 것이다. 1981년 소련의 국민들이 곡물 1억 2,600만 톤을 소비한 데 비해 가축은 곡물 1억 8,600만 톤을 소비했다. 서유럽인의 시각으로 보면 엄청난 곡물수입은 소련 농장제도가 완전히 실패했음을 입증하는 것 같다. 그러나 소련의 관점에서 이는 정부가 모든 사람에게 더 많은 고기를 제공하기 위해 최선을 다하고 있다는 증거로 보인다.

소련에서 생산되는 곡물은 사람을 먹여 살리는 데는 전혀 부족하지 않다. 사실 사람이 먹을 곡물은 해마다 남아돈다. 소련 농업제도의 문제는 모든 동물까지 먹일 수가 없다는 데 있다. 식용 동물을 기르는 것이 식용 식물을 기르는 것보다 더 많은 비용이 들기 때문이다. 이를 칼로리 측면에서 보면 1킬로그램을 고기로 공급할 경우에는 곡물로 공급할 때보다 추가로 9칼로리가 더 필요하다. 단백질의 측면에서 보면 육류 단백질 1그램을 만드는 데는 곡물 단백질 4그램이 필요하다. 미국이 현재의 고기소비 습관을 유지하기 위해서는 미국에서 재배하는 곡물의 80퍼센트를 동물에게 먹여야 한다.

수치가 이런데도 소련은 미국을 따라잡기로 다짐해왔다. "우리는 너희를 묻어버릴 것이다"라는 흐루쇼프(Nikita Khrushchev)의 연설과 함께 소련은 고기와 우유생산에서 미국을 따라잡기 위해 막대한 양의 곡물을 수입해 보충하며 곡물량을 증가하는 데 힘써왔다. 그들은 우유생산에서 목표치는 거의 달성했지만—미국에서 우유소비가 감소한 것이 목표를 달성하는 데 약간 도움이 되었다—고기생산에서는 아직 한참 뒤처져 있다. 사실 그들은 아직 폴란드도 따라잡지 못했다.

폴란드인은 단지 자의적인 문화적 입맛에 몰두하고 있는 것인가. 고기를 향한 폴란드인의 탐욕은 폴란드제 국가사회주의를 거부하는 상징인가. 국가의 관료와 반체제인사 모두 고기가 혁명사상을 불러일으킬 수 있는 힘을 가진 상징이라는 것을 인정한다. 그러나 고기를 향한 그들의 갈망을 단지 굶주림의 상징적 형태에 불과하다고 보는 것은 폴란드인에게는 불공평한 처사다. 폴란드인과 그 밖의 동유럽인들이 고기배급이 삭감되는 것에 우려를 나타내는 데는 타당한 이유가 있다.

나는 동물성 식품과 식물성 식품이 인간의 식생활에서 서로 근본적으로 다른 생물학적 역할을 한다고 주장한다. 최근 풍요로운 사회에서 동물성 지방과 콜레스테롤이 퇴행성 질환과 관련이 있다는 것이 밝혀지고 있다. 하지만 건전한 영양 섭취를 위해서는 동물성 식품이 식물성 식품보다 더 중요하다. 나는 식물성 식품을 전혀 먹지 않아도 괜찮을 만큼 동물성 식품이 좋다고 말하려는 것은 아니다. 이 두 가지를 함께 먹을 때 가장 좋다.

나는 식물성 식품은 단지 생명을 유지시켜줄 뿐이지만 동물성 식품은 단순한 생존을 넘어서 건강과 행복을 준다는 것을 말하는 것이다. 농업사회에서 동물성 식품은 영양상으로는 아주 좋지만 생산하기에는 특별히 힘이 든다. 따라서 동물성 식품은 매우 유용하지만 양이 부족하기 때문에 상징적 힘을 갖는다. 그러므로 나는 폴란드에서처럼 세계 다른 모든 지역에서 사람들이 동물성 식품을 식물성 식품보다 귀하게 여기고 갈망하며, 이를 생산하는 데 에너지와 부를 과하게 쏟아붓는 것이 자의적인 문화적 사실이라고 생각하지 않는다.

그렇다고 내가 수백만의 채식주의자와 동물성 식품보다 식물성 식품을 더 좋아하는 사람들을 잊은 것은 아니다. 그러나 채식주의자라는 말은 오해를 불러일으키기 쉽다. 고기와 생선, 닭고기 그리고 그 밖의 고기를 먹지 않는 사람은 많지만 달걀·우유·치즈 또는 다른 유제품에 이르는 모든 종류의 동물성 식품을 먹지 않겠다고 공언한 사람들은 극소수의 사제, 수도사, 신비주의자뿐이다. 진정한 채식주의자를 전문용어로 비건(vegan)이라고 한다. 현미·간장·엽차만 먹으며 살고자 하는 '장수식'의 지도자 오사와(George Ohsawa)의 추종자 같은 사람은 극히 드물다. 그리고 그럴 만한 이유도 없다. 진정한 채식주의자들이 사람은 보편적으로 동물성 식품을 선호한다는 사실을 반박하지 않는 것은 단식하고 있는 성인(聖人)이 사람은 굶는 것보다는 먹는 것을 좋아한다는 것을 반박하지 않는 것과 같다. 이처럼 보기 드문 진정한 채식주의자의 이야기에서 끌어내야 하는 교훈은 스스로 굶어죽는 사람들이 아주 가끔 생기는 데서 얻을 수 있는 교훈과 마찬가지로 이런 것이 매우 일반적이지 않을 뿐 아니라 오래가지 못한다는 것이다.

종교와 육식

세계에 존재하는 어떤 주요한 종교도 신자에게 극단적 채식주의를 강요하지 않았으며 보통사람들의 식단에서 달걀이나 동물의 고기를 완전히 금지하지도 않았다. 이런 점에서 힌두교도의 식생활은 일반적인 고정관념과는 아주 다르다. 인도인들은 우유·버터·치즈·요구르트를 맘껏 즐긴다. 또 물소젖 버터나 정제버터는 전통적인 인도 요리법에서 즐겨 쓰는 요리용 기름이다.

성직자인 브라만 계급의 일부는 고기를 전혀 먹지 않지만 브라만 대부분은 달걀과 닭고기, 물고기는 먹으며 우유와 유제품은 많이 먹는다. 어쨌든 브라만이 인도 인구 가운데 차지하는 비중은 아주 작다. 다른 모든 카스트는 유제품·달걀·닭고기·양고기·생선·돼지고기·염소고기 심지어 쇠고기까지도 먹는다. 인도의 힌두교도가 하루에 소비하는 고기의 전체 양이 1인당 1그램도 안 된다는 것은 사실이다. 그러나 이처럼 동물성 식품의 공급이 부족한 것은 인구가 엄청나게 많기 때문이다. 농업전문가 나이르(Narayanan Nair)는 힌두교도 대부분은 양고기·염소고기·닭고기를 "맛있는 음식으로 생각하고 가능하면 더 많이 먹으려고 한다"고 말했다.

서양인들은 또 다른 세계적 종교인 불교의 음식선호와 극단적인 채식주의를 흔히 혼동한다. 여기서도 모든 종류의 동물성 식품을 금지하고 있는 사람들은 극히 불심이 깊은 승려들로 비교적 소수이며 이들은 자발적으로 동물성 식품을 먹지 않는다. 불교도들은 동물을 죽이거나 죽이는 것을 봐도 안 된다. 그러나 그들이 그 동물을 죽이는 데 책임이 없다면 동물의 고기는 먹어도 된다. 부처 자신도 멧돼지고기 먹는 것을 포기한 적이 없으며 티베트·스리랑카·미얀마·타이의 불교 승려들은 유제품은 물론 고기도 먹는다. 불교도들은 고기와 생선을 마음껏 먹으며 생태학적인 조건상 젖소를 기를 수 없는 곳에서는 더욱더 많이 먹는다. 미얀마·타이·캄보디아의 불교도들은 굉장한 생선애호가이며 그들은 생선을 회를 치거나 말리거나 소금에 절이거나 젓을 담가 먹는다. 타이의 불교도들은 생선 외에도 돼지고기·물소고기·쇠고기·닭고기·오리고기·누에·달팽이·게·새우를 많이 먹는다. 우기가 되면 그들은 개구리를 일주일에 약 453.6그램 잡아먹는다. 캄보디아의 불교도들은 생선·새우·개구리·홍합·털거미 종류를 잡아먹으며 털거미는 별미로 꼽힌다. 불교의 종교적 원리는 유연하다. 기독교 국가에서와 마찬가지로 현실은 높은 이상에 미치지 못하거나 이를 회피한다. 칭기즈칸(Chingiz Khan)과 그의 몽골 불교도 무리를 보라. 그는 칼로 살다가 칼로 죽었을 뿐 아니라 굉장한 양고기와 말고기 애호가였다(뒤에서 더 자세히 다루겠다).

불교도들은 성장하면서 동물을 죽이지 말라는 금기를 지키는 데 대해 크게 걱정한다. 그러나 그들은 언제나 다른 누군가가 이 더러운 일을 하도록 할 수 있다. 타이와 미얀마에서는 진실로 덕이 있는 사람이 되려면 달걀을 깨서는 안 된다. 가게주인들은 '우연히' 깨진 달걀을 계속 공급함으로써 이 규제를 벗어난다. 부유한 불교도들은 하인을 시켜 달걀을 깨도록 한다. 주인은 자신이 달걀을 깨지 않았으므로 죄를 피하고 하인은 명령을 받아 깬 것이므로 죄를 면한다.

브라만교, 불교 그리고 영향력이 적은 자이나교와 제7일 안식일 예수재림교 같은 종교 신자들이 동물의 고기를 혐오하는 이유를 설명하자면 본론에서 너무 벗어나게 될 것이다. 단지 여기서 말하려고 하는 것은 어떤 고기든 자발적으로 먹지 않는 사람은 전 세계 인구의 1퍼센트도 안 되며 진정한 채식주의자들은 0.1퍼센트도 안 된다는 것이다. 저개발국 국민들에게서 나타나는 동물성 식품의 소비유형을 특징짓는 것은 자발적인 절제라기보다는 비자발적인 절제다. 이는 1인당 소득이 향상됨에 따라 식물성 식품과 동물성 식품의 소비 비율이 변화하는 데서 알 수 있다.

일본의 경험은 아시아에서 발생할 변화를 예고하는 것으로 볼 수 있다. 1961년부터 1971년까지 일본에서 동물성 단백질 소비는 37퍼센트 증가한 반면, 식물성 단백질 소비는 3퍼센트 감소했다.

전 세계적으로 봐도 가축이 소비하는 곡물의 양이 인간이 소비하는 곡물의 양보다 두 배나 빨리 증가하고 있다. 선진국이든 후진국이든 대부분의 나라에서 소득계층이 높을수록 식사에서 동물성 단백질이 높은 비중을 차지한다. 이에 관한 고전적인 연구에 따르면 50개가 넘는 국가에서 소득계층이 높은 사람들이 소득계층이 낮은 사람들보다 더 많은 지방·단백질·칼로리를 동물성 식품으로 섭취하는 것으로 나타났다. 소득에 비례해 동물성 지방으로 섭취하는 칼로리가 늘어나고 그만큼 식물성 지방과 탄수화물에서 얻는 칼로리가 줄어든다. 또 동물성 단백질에서 섭취하는 칼로리가 늘어나고 그만큼 식물성 단백질에서 얻는 칼로리가 줄어든다. 예를 들어 자메이카에서 최하 25퍼센트에 해당하는 빈곤층 인구는 밀가루에서 가장 많은 단백질을 얻으며 쇠고기는 열 번째, 닭고기는 열세 번째로 단백질을 얻는다. 그러나 상위 5퍼센트는 쇠고기와 닭고기에서 가장 많은 단백질을 얻으며, 밀가루는 일곱 번째에 해당한다.

이러한 상관관계는 전 세계적으로 나타난다. 마다가스카르의 엘리트들은 사회계층의 최하위에 있는 사람들보다 동물성 단백질을 열두 배 더 섭취한다. 미국에서조차도 상위 25퍼센트의 사람들이 하위 25퍼센트의 사람들보다 더 많은 고기를 먹는다. 인도에서는 최상위 소득집단이 최하위 소득집단보다 동물성 단백질을 일곱 배 이상 더 많이 먹는다.

부족사회와 고기를 향한 갈망

수렵·채집사회에서 산업사회에 이르기까지 서로 다른 다양한 문화가 동물성 식품에 대해 비슷한 선호를 보인다. 서로 멀리 떨어진 곳에 사는 인류학자들은 고기를 갈망하는 사례를 규칙적으로 보고한다. 이는 고기를 더 많이 소비하기 위한 현대의 노력에 필적한다. 이런 현상은 남아메리카 토착민 사이에서 특히 흔하다. 이는 아마도 그들에게 동물성 식품을 공급해줄 가축이 전혀 없기 때문일 것이다.

시스킨드(Janet Siskind)는 페루 동부 밀림에 사는 샤라나후아족(Sharanahua)이 고기 부족 문제를 어떻게 다루며 일상생활을 하는지 자세히 설명한다. 샤라나후아족 여자는 남자가 사냥을 나가 더 많은 고기를 잡아오도록 그들을 사정없이 부추기고 협박한다. 만약 고기가 없는 날이 이틀이나 사흘쯤 계속되면 여자들은 함께 모여 구슬을 꿰어 몸에 걸치고 얼굴에 색칠을 하고는 남자들을 한 사람씩 마을에서 몰아붙인다. 그들은 남자의 윗도리나 허리띠를 부드럽게 잡아당기면서 노래를 부른다. "우리는 너를 숲속으로 보낸다. 우리에게 고기를 가져다 줘." 남자들은 못 들은 척하지만 다음 날 아침이면 사냥을 간다. 그들은 마을에 고기가 없는 한 여자들이 자신과 같이 자려고 하지 않을 것임을 안다. 시스킨드는 이렇게 썼다.

샤라나후아족에게 고기는 끊임없이 문제가 되었으며, 남자와 여자, 아이 할 것 없이 모두 지나치게 많은 시간을 고기에 대해 말하거나 고기가 있는 집을 찾아갈 계획을 세우거나 자기 집에 고기가 있다고 거짓말을 하며 보낸다.

남아메리카의 밀림 사람들과 함께 사는 다른 민족지학자들 역시 이와 아주 비슷한 태도와 행위를 보고한다. 카잉강족(Kaingang)에 관해 헨리(Jules Henry)는 "식사의 주된 음식은 고기다. 그 외의 것은 전부 장식물이다"라고 썼다. 카르네리오(Robert Carnerio)는 아마우아카족(Amahuaca)에 대해 "아마우아카족의 식사는 고기 없이는 결코 완성되지 않는다"라고 말했다. 홀름버그(Allen Holmberg)는 시리오노족(Siriono)에 대해 "고기는 시리오노족이 가장 먹고 싶어 하는 음식이다"라고 말했다. 루이스(David Lewis)는 샤반테족(Shavanté)에 관해 "고기는 샤반테족의 생각과 대화 속에서 다른 음식을 능가한다"라고 말했다.

다른 대륙의 부족과 부락민에 관한 보고서에도 비슷한 양상이 나타난다. 아프리카의 칼라하리사막에 사는 쿵족(Kung)에 관한 연구에서 리(Richard Lee)는 남녀 모두 식물성 식품보다 동물성 식품을 더 가치 있게 여긴다고 말했다. "고기가 부족해지면 채소가 풍부하더라도 모든 사람이 고기를 향한 갈망을 표현한다."

오스트레일리아와 남태평양군도의 원주민들 역시 비슷한 느낌을 나타낸다. 뉴기니에서는 얌과 고구마, 사고 야자가루, 토란 그리고 다른 채소를 즉시 구할 수 있는데도 사람들은 돼지를 기르는 데 비정상적으로 많은 시간을 쏟는다. 그들은 돼지고기를 다른 어떤 음식보다도 좋아하며 돼지고기를 토하기 직전까지 먹어대는 돼지고기 대축제를 연다.

고기가 부족하기 때문에 평소 식사에서 고기가 차지하는 부분은 적으며 고기를 곡물이나 탄수화물과 함께 먹는다. 그러나 동물성 음식이 약간이라도 있다는 사실만으로 사람들은 기분이 좋아진다. 수렵·채집인들과 부락의 원시농경민들은 "고기가 먹고 싶다"고 흔히 불평을 한다. 이때 그들은 다른 음식을 먹고 싶을 때 쓰는 말과는 다른 말을 쓴다. 아마존에 사는 카넬라족(Canela)은 "먹고 싶다"는 말을 할 때 이모 프람(ii mo plam)이라고 말하지만 "고기가 먹고 싶다"고 할 때는 이야테(iiyate)라고 한다. 말레이시아 밀림의 원주민 세마이족(Semai)은 쌀이나 다른 녹말이 부족하면 불만스러워 한다. 그러나 한동안 동물의 고기를 먹지 못하면 "나는 며칠 동안 굶었다"고 말할 것이다. 야노마모족(Yanomamo)에게도 고기를 향한 갈망을 표현하는 특별한 방식이 있다. 그것은 그들이 먹는 플랜테인(바나나의 일종)의 양을 먹을 수 있는 고기의 양으로 정하는 것이다. 그들은 고기와 플랜테인을 한 입씩 번갈아가며 먹는다(플랜테인은 거의 부족하지 않다). 이는 영양학적으로 '단백질을 아끼는' 식사라는 개념에 잘 부합된다. 만약 고기와 칼로리가 풍부한 탄수화물 음식을 같이 먹지 않는다면 고기 안에 있는 단백질이 에너지원으로 쓰여 다른 생물학적 기능을 위해 사용되지 못할 것이다.

실제로 인류학자들이 연구한 바, 모든 부족과 부락사회는 동물의 고기에 특별한 가치를 두며 이웃과 친족을 하나로 묶는 사회적 유대를 강화하는 데 고기를 사용한다. 동물성 식품은 식물성 식품보다 생산자와 소비자 간에 훨씬 더 호혜적으로 분배되어야 한다. 고기를 먹는 것은 내가 지금까지 말한 모든 집단에서 이루어지는 가장 본질적인 사회적 행사다. 가령, 야노마모족 수렵인들은 잡은 것을 나눠 먹지 않는다면 사냥기술을 잃어버리게 될 것이라고 믿는다. 각 개인이나 가족들이 플랜테인이나 다른 곡물을 나눠먹는 일은 드물다. 그러나 사냥꾼이 무언가 잡으면 이를 반드시 여러 조각으로 나눠 마을의 중요한 인물들에게 나눠주며 그들은 자신들이 받은 것을 다시 여자와 아이들에게 나눠준다.

마셜(Lorna Marshall)은 쿵족의 고기분배를 묘사한 바 있다. 사냥꾼이 잡아온 고기는 그를 도와준 사람들에게 분배된다. 그 고기는 다시 가까운 친척들뿐만 아니라 먼 친척들과 인척들에게, 마침내는 설령 그것이 겨우 한 입 거리밖에 안 되더라도 부락 사람 모두에게 파도처럼 분배된다. 쿵족은 어떤 가족이 고기를 먹는데 다른 가족은 고기를 못 먹는 것은 상상도 하지 못한다. 그들은 "사자라면 그렇게 하겠지만 사람은 안 그렇지요"라고 말한다. 마셜에 따르면 고기를 나눠 먹음으로써 "굶주림에 대한 공포가 완화된다. 나눠 받은 사람은 나중에 자신이 고기를 얻으면 다시 다른 사람들과 나눠 먹을 것이다. 사람들은 상호의무의 그물망에 지탱되고 있다." 쿵족은 고기가 아닌 다른 음식도 나눠 먹지만 어떤 음식의 경우에도 한 집의 화덕에서 다른 집의 화덕으로 고기가 옮겨질 때처럼 조심하거나 주의를 기울이지는 않는다.

고기에 집착하는 것에는 다른 측면도 있다. 고기를 향한 열망은 융화를 이루는 힘뿐 아니라 파괴적이고 강력한 힘이 될 수 있다. 부족과 부락사회, 특히 고기와 달걀, 우유를 공급하는 중요한 가축이 없는 사회에서는 사냥에 실패할 경우 공동체를 분열하게 하는 분쟁이 생길 수 있으며 이웃 부락이나 주민들과 전쟁이 일어날 수 있다. 고기분배 때문에 발생하는 분쟁은 반드시 영양학적 측면에서 고기나 동물성 또는 식물성 단백질이 실제로 '결핍'되기 때문에 발생하는 것은 아니다. 폴란드인과 마찬가지로 야노마모족 역시 일반적으로 영양 상태가 좋다. 그들은 1인당 하루에 동물성 단백질 75그램을 섭취하며 그들에게서 단백질 결핍 증세는 거의 찾아볼 수 없다.

그러나 부락의 인구가 늘어나면 인근에 있는 사냥감이 고갈된다. 고기 없는 날이 많아지고 고기 부족 현상에 대한 불평이 늘어난다. 일부 사람들은 그들이 받은 고기를 다른 사람에게 나눠주는 의무를 이행하기가 점점 어려워진다. '상호의무의 그물망'은 상호의심의 망이 된다. 고깃덩이는 점점 더 작게 잘라야 하며 어떤 부락은 모두 함께 떠나지 않으면 안 된다. 노여움이 생기고 곧 사냥꾼들은 서로를 교묘히 모욕한다. 고기공급이 줄고 긴장이 높아짐에 따라 야노마모족 같은 집단은 적대적인 분파로 나뉘어 사냥감이 더 많은 지역에 새로운 부락을 건설하기 위해 떠나간다.

또는 사냥터를 넓히기 위해 적의 부락을 공격한다. 최근의 연구들은 아마존과 그 밖의 열대 강우림지역 원주민에게서 발견되는 풍토적인 전쟁의 배후에는 동물자원의 감소라는 문제가 놓여 있음을 보여준다.

고기에 대한 집착은 더 복잡한 사회의 식생활도 지배한다. 세계적인 영웅과 지도자들이 추종자나 손님들에게 잔치를 베풀고 많은 고기를 줌으로써 자신들의 승리를 축하한 것은 우연이 아니다. 히브리의 「레위기」(Leviticus)나 힌두교의 『리그베다』(Rig Veda)에 묘사된 것처럼 사제 계급이 종교적인 살해를 하며 가축을 먹는 것을 자신들 예배의 주요한 초점으로 삼았던 것도 우연이 아니다.

기독교와 힌두교, 유대교 그리고 이슬람교가 형성될 때 중요한 교리였던 희생제물이라는 개념 자체가 선사시대의 막사와 부락에서 행해지던 고기분배에서 생겨났다. 사냥꾼들이 상호의무의 망을 만들어 질서와 분쟁을 막고 세계의 보이지 않는 지배자들과 그들이 창조한 이 세상 모든 것을 포함한 공동체를 보존하기 위해 그날 잡은 것을 서로 나눠야 했듯이, 가축이 생기면서부터는 고기, 피, 우유를 조상과 신들과 함께 나눠 먹어야만 했던 것이다. 고대인은 동물을 도살하는 것을 희생제의로 신성화하고 신에게 동물의 고기를 먹임으로써 자신들이 고기와 그 밖의 동물성 식품을 열망한다는 것을 표현했다. 약간 다른 관점에서 본다면 동물의 고기가 너무 좋기 때문에 인간은 신이 자신들과 동물의 고기를 기꺼이 나눠 먹을 것이라는 걸 조심스럽게 확인한 경우에만 이를 먹으려 했는지도 모른다.

능숙한 사냥꾼 침팬지

여러 문화가 이 점에서 서로 일치한다는 사실은 동물성 식품이 인류라는 종의 생리에 영양학적으로 특별한 역할을 한다는 내 이론을 뒷받침한다. 게다가 인간은 고기를 좋아하는 동물들의 긴 계보를 조상으로 두고 있는 것 같다. 얼마 전까지 인류학자들은 원숭이와 유인원이 순수한 채식동물이라고 믿었다. 그러나 야생 상태에서 더욱 가깝고 신중하게 원숭이와 유인원을 관찰한 결과 유인원 대부분이 우리처럼 잡식성이라는 것이 밝혀졌다. 많은 종류의 원숭이와 유인원은 잡식성이라는 점뿐 아니라 고기를 먹을 때 큰 법석을 떤다는 점에서 더욱더 인간과 닮았다.

원숭이는 생각보다 작은 동물이라 대개 큰 동물보다는 벌레를 먹는다. 그들은 우리가 생각했던 것보다 훨씬 더 많은 시간을 벌레를 잡고 먹는 데 보낸다. 이는 야생 상태에서 원숭이가 먹는 방식에 관한 오랜 수수께끼를 말끔히 풀어주었다. 많은 종의 원숭이가 빽빽한 밀림을 지나가면서 잎사귀와 과일 씹은 조각들을 우박처럼 끊임없이 떨어뜨린다. 그들이 먹다가 버린 조각을 면밀히 연구한 결과 그들이 과일을 되는대로 먹는 것이 아니라 아주 까다롭게 먹는다는 것을 알게 되었다. 그들은 원하는 과일 하나를 따기 전에 여러 번 냄새를 맡아보고 만져보고 시험 삼아 조금씩 갉아먹어보고 뱉곤 한다. 그들이 찾는 것은 잘 익고 흠이 없는 에덴동산의 사과가 아니다. 그들은 벌레가 들어 있는 과일을 찾으려고 애쓴다. 실제로 아마존에 사는 어떤 종은 과일보다 유충에 더 관심이 많다. 그들은 벌레 먹은 무화과를 벌려 벌레는 먹고 무화과는 버린다. 또 다른 종은 과일과 유충을 모두 먹는데 벌레 먹지 않은 부분은 뱉어버린다. 어떤 종은 벌레 먹은 자국이 없는 과일은 아예 무시한다. 우리는 원숭이가 벌레가 들어 있는 과일을 찾는 것에서 '단백질을 절약하는' 효과를 위해 칼로리가 풍부한 탄수화물과 고기를 같이 먹는 인간의 식사방식이 비슷한 점을 엿볼 수 있다. 인간이 고기 한 입과 플랜테인 한 입을 교대로 먹으며 얻는 효과를 원숭이들은 단순히 벌레가 많이 든 플랜테인을 먹음으로써 얻는다.

우리는 몇몇 종류의 원숭이가 벌레뿐 아니라 작은 동물도 잡아먹는다는 것을 알고 있다. 개코원숭이(baboon)는 특히 뛰어난 사냥꾼이다. 하딩(Robert Harding)은 케냐에서 겨우 1년 동안 개코원숭이를 관찰하며 개코원숭이가 새끼가젤과 영양을 포함해 작은 척추동물 47마리를 잡아먹는 것을 보았다. 야생 상태에 있는 개코원숭이는 보통 식물성 음식을 먹으며 대부분의 시간을 보낸다. 그러나 개코원숭이가 많은 비자발적인 인간 '채식주의자'들처럼 적은 양의 고기만 먹는 것은 어쩔 수 없기 때문일 것이다. 다시 말해 적당한 먹잇감을 찾아서 잡기 어렵기 때문이다. 해밀턴(William Hamilton)은 자신이 나미비아와 보츠와나에서 관찰한 개코원숭이는 선택의 기회가 있을 때는 동물성 음식을 먹는 것을 가장 좋아했다고 말했다. 두 번째로 좋아하는 것은 뿌리와 씨앗, 과일과 꽃이고, 잎사귀 종류와 풀이 세 번째라고 한다. 벌레가 많은 계절에 개코원숭이는 자신의 시간 가운데 72퍼센트를 벌레를 잡아먹는 데 쓴다.

인간 이외 유인원들의 육식에 관한 것 가운데 가장 놀라운 사실은 동물의 왕국에서 우리와 가장 가까운 친척인 침팬지가 매우 능숙한 타고난 사냥꾼이라는 것이다(이전에는 유인원 가운데 인간만이 유일하게 다른 동물을 죽인다는 이론이 일반적으로 받아들여졌다). 텔레키(Geza Teleki)는 탄자니아의 곰베 국립공원에서 10년에 걸쳐 관찰한 것을 기초로 침팬지가 자신들의 시간의 10퍼센트를 새끼개코원숭이, 다른 종의 원숭이, '야생돼지' 등 작은 포유동물을 잡는 데 쓴다고 계산했다.

랭엄(Richard Wrangham)이 곰베에서 관찰한 바에 따르면 침팬지가 잘 잡아먹는 동물은 콜로부스원숭이, 야생돼지, 빨간꼬리원숭이, 파란원숭이, 개코원숭이 순이다. 텔레키는 다 자란 수컷의 경우 2주에 한 번 정도 벌레가 아닌 고기를 먹는다고 산출했다. 침팬지들은 종종 서로 협력해 사냥한다. 대개 수컷 아홉 마리가 사냥감을 포위하고 사냥감이 도망치지 못하도록 때로 한 시간 넘게 위치를 바꿔가며 행동을 조정한다. 사냥감을 잡은 후 침팬지들은 그 시체를 찢고 먹으면서 몇 시간을 보낸다. 어떤 놈은 지배자 수컷의 턱 밑에 손바닥을 내밀어 한 입 달라고 '구걸'한다. 또 어떤 놈은 다른 침팬지에게서 고기 조각을 가로채거나 떨어진 조각을 찾아 서성거린다. 이런 행동은 식물성 음식을 먹을 때는 좀처럼 찾아보기 힘들다. 이런저런 수단을 통해 대부분 수컷 침팬지 열다섯 마리 정도가 동물고기 하나를 나눠 먹는다.

나는 동물성 식품이 그토록 많은 인간집단뿐 아니라 우리의 원시사촌들 사이에서도 특별한 행위를 유발하는 것이 자의적인 것인지 우연의 일치인지 알 수 없다. 그러나 그렇다고 해서 나는 사자나 독수리 같은 진짜 육식동물들이 고기를 먹도록 되어 있듯이 인간이 유전자에 의해 동물성 식품을 먹도록 정해져 있다고 생각하지는 않는다. 동물성 식품을 본능적으로 '우리가 먹어야만 하는' 것이라고 생각하기에는 각 문화의 식생활마다 식물성 식품과 동물성 식품이 차지하는 비율이 너무나 다양하게 나타난다. 더욱 그럴듯한 설명은 인간이라는 종의 생리와 소화과정이 동물성 식품을 더 좋아하게 할 여지가 있다는 것이다. 인간과 인간의 원시사촌들이 동물성 식품에 특별한 관심을 기울이는 이유는 동물성 식품이 특별히 영양가가 높기 때문이다.

사람은 왜 빵만으로 살 수 없는가

동물성 식품은 왜 그렇게 영양가가 높은가. 우선 동물성 식품은 대부분의 식물성 식품보다 단백질을 많이 함유한다. 고기와 닭고기, 생선에는 식물성 식품에 비해 단백질이 더 많이 들어 있다. 게다가 한두 가지 예외를 제외하고는 동물성 식품에 들어 있는 단백질의 질이 식물성 식품에 들어 있는 단백질의 질보다 높다.

단백질이 영양상 중요한 것은 단백질이 신체조직의 발육을 촉진하고 조정한다는 데 있다. 근육·내장·세포·호르몬·효소는 여러 종류의 단백질로 구성되어 있다. 이 단백질은 복합적인 사슬 형태로 아미노산을 연결한 특수한 복합아미노산으로 이루어져 있다. 조리한 고기·생선·닭고기와 우유 고형분의 15퍼센트에서 40퍼센트는 단백질이다. 이와는 대조적으로 요리한 곡물에는 단백질이 2.5퍼센트에서 10퍼센트 정도만 들어 있다. 요리한 깍지콩이나 그 외 땅콩·렌틸콩·완두콩 등 갖가지 콩에도 단백질이 이와 비슷하게 들어 있다(말린 콩에는 더 많은 비율의 단백질이 들어 있지만 요리하지 않은 상태에서는 소화가 잘 안 된다). 감자나 얌, 타피오카 같은 뿌리녹말 작물과 과일, 푸른 잎 채소에 들어 있는 단백질은 그 무게의 3퍼센트 이하다. 견과류, 땅콩 그리고 대두만이 식물성 식품 가운데 유일하게 고기·생선·닭고기·우유 고형분만큼 단백질이 풍부하다. 그러나 대두를 제외하면 식물성 식품에 들어 있는 단백질의 질은 견과류와 깍지콩을 포함해 동물성 식품에 들어 있는 단백질의 질보다 훨씬 낮다. 이를 좀더 명확히 살펴보자.

앞서 말했듯이 단백질은 아미노산으로 구성되어 있다. 우리 몸에 필요한 상이한 단백질 수천 가지를 형성하기 위해서는 22가지의 아미노산이 필요하다. 그중 열두 가지는 녹말이나 설탕, 식물성 지방, 물 같은 다른 종류의 영양소를 먹음으로써 얻을 수 있는 분자로 신체가 스스로 합성할 수 있다. 그러나 나머지 열 가지는 합성할 수 없다. 이 열 가지 아미노산을 '필수'아미노산이라고 부른다. 우리는 필수아미노산을 합성할 능력이 있는 식물을 먹거나 필수아미노산을 먹은 동물을 먹음으로써만 이를 얻을 수 있다. 우리가 단백질이 포함된 음식을 먹으면 단백질은 그 구성성분인 아미노산으로 분해된다. 그러다 이것은 다시 몸 전체에 흩어져 저장되어 있다가 여러 내장이나 조직의 세포가 이를 필요로 할 때 사용된다. 우리가 필수아미노산이 함유된 음식을 먹지 않으면 공급이 가장 부족한 필수아미노산이 전부 소모될 때까지 아미노산이 신체를 유지하고 치료하고 성장하는 데 필요한 단백질을 합성한다. 필수아미노산이 단 하나만 고갈되더라도 다른 필수아미노산이 얼마나 저장되어 있는지에 상관없이 아미노산은 단백질로 합성되지 않는다(아미노산이 단백질 합성에 사용되지 않으면 이는 재빨리 에너지로 변해 타거나 지방으로 저장된다).

동물성 식품뿐 아니라 많은 식물성 식품이 이 열 가지 필수아미노산을 전부 함유한다. 그러나 문제는 각 필수아미노산이 생기는 비율이 아미노산이 단백질로 전환되는 능력을 제한한다는 데 있다. 식물성 식품에 들어 있는 필수아미노산의 비율은 인간의 신체 안에 있는 필수아미노산의 비율과 아주 다르다. 인간에게 가장 필요한 필수아미노산이 식물에 가장 적게 들어 있기 때문에 식물성 식품에 들어 있는 단백질은 동물성 식품에 들어 있는 단백질보다 빨리 합성될 수 없다. 예를 들어 인간에게는 필수아미노산 가운데 메티오닌이 트레오닌보다 두 배 더 필요한데 콩에는 트레오닌이 메티오닌보다 네 배나 많이 들어 있다.

엄밀히 말하면 인간의 살 그 자체가 인간이 먹기에 가장 질 좋은 단백질을 함유하고 있다. 식인주의자라는 빈정거림을 피하기 위해 영양학자들은 관행적으로 그들의 비교기준으로 달걀의 단백질 구성을 설정해왔다. 일단 인간의 내장에 들어간 뒤의 상대적인 소화율까지 계산할 때 동물성 단백질 대부분은 콩이나 밀·옥수수(여기서도 대두는 분명히 제외된다)처럼 단백질이 가장 풍부한 식물성 식품보다 단백질을 25퍼센트 또는 50퍼센트 더 많이 함유한다.

모든 영양학자가 알고 있듯이 식물성 식품을 토대로 단백질의 질을 높이는 전략이 있다. 곡물과 콩을 같이 먹으면 필수아미노산의 균형이 상당히 개선된다. 예를 들어 밀가루에는 필수아미노산 가운데 라이신이 상대적으로 적게 들어 있어서 달걀에 비해 단백질 활용률이 42퍼센트밖에 안 된다. 콩 역시 메티오닌이 적게 들어 있어 단백질 활용률이 낮다. 그러나 밀과 콩을 같이 먹으면 단백질 활용률이 90퍼센트로 향상된다. 그러면 이것으로 단백질원으로서의 식물과 동물의 상대적인 영양학적 가치가 바뀔 수 있을까. 전혀 그렇지 않다. 그래도 양적으로나 질적으로 동물성 식품이 식물성 식품보다 더 좋은 단백질원이다.

세계에서 발생하는 기아와 영양실조에 대한 해결책으로 칼로리냐 단백질이냐 하는 논쟁이 나의 주장에 어떠한 영향을 미치는지를 명백히 해야겠다. 일부 영양학자들은 서유럽 과학자들이 제3세계에서 일어나는 영양실조와의 싸움을 해결하기 위해 단백질 섭취를 늘리려는 것은 어리석은 일이라고 주장한다. 영양실조를 완화하기 위한 더욱 현실적인 방안은 곡물이나 뿌리작물의 공급을 늘리고 여기에 콩을 추가함으로써 동물성 식품을 전혀 먹지 않아도 하루 단백질 권장량에 도달할 수 있도록 하는 것이다. 이런 견해에 따르면 세계의 식량문제는 식물성 식품이 열등한 아미노산을 공급하기 때문이 아니라 칼로리가 부족한 식사 때문에 식물에 든 아미노산이 몸속에 '저장'되어 단백질로 사용되지 않고 에너지로 사용되기 때문이라는 말이 된다. 즉 식사에서 칼로리가 차지하는 비율을 높이면 단백질 결핍 문제를 해결할 수 있음을 뜻한다. 과학자들은 '단백질 위기'와 '단백질 결핍'이 해결해야 할 문제라는 것을 깨닫지 못하고, 오히려 '단백질 신화'를 믿거나 '단백질에 대해 완전히 그릇된 생각'을 품고 있다.

1970년대에는 이 견해를 토대로 하루 단백질 권장량을 낮춰 조정했다. 그러나 1981년 유엔 세계보건기구와 식량농업기구 영양위원회 회의에서 이 권장량을 몸무게 1킬로그램당 하루 0.57그램에서 0.75그램으로 대폭 늘렸다. 이는 1973년에 비해 30퍼센트가 증가한 것이다. 단백질을 옹호하는 영양학자들은 오래전부터 1973년의 기준은 건강하고 정상적인 성인에게 필요한 양을 기초로 한 것이며 성인도 아니고 건강하지도 정상적이지도 않은 사람의 경우를 전혀 고려하지 않았기 때문에 이 수치는 너무 낮게 책정되었다고 주장해왔다. 예를 들어 질병에서 회복 중인 사람에게는 예전의 기준량에 해당하는 단백질은 충분치 않다. MIT 대학 식량과학 영양학과의 스크림쇼(Nelvin Scrimshaw)의 설명에 따르면 전염병에 걸리면 아미노산 요구량이 증가한다. 스트레스를 받으면 여분의 에너지를 생산하기 위해 신체는 근육과 다른 조직에서 이용할 수 있는 모든 아미노산을 글루코오스로 전환시킨다. 동시에 신체는 면역을 위해 항체도 더 많이 생산해야 한다.

"질병에 걸리면 빠르게 회복하기 위해 정상적인 단백질 요구량보다 더 많은 단백질이 필요하다. 그렇지 않으면 병이 심해져 단백질을 더욱 고갈시킨다."

특히 젊은이들은 정상 권장량보다 단백질을 더 많이 먹는 것이 좋다. 홍역이나 디프테리아 같은 유아기 질병을 치른 어린이는 단백질을 충분히 섭취할 경우 평소보다 다섯 배 빨리 자란다.

임신 중이거나 수유 중인 여자들도 일반 성인에게 필요한 권장량보다 훨씬 더 많은 단백질을 먹어야 한다(이들이 종종 단백질을 더 많이 섭취하지 않고 오히려 더 적게 섭취하는 것에 관한 수수께끼에 대해서는 나중에 다룰 것이다). 장이나 핏속에 기생충이 있거나 부상을 당했거나 화상을 입은 사람도 마찬가지다. 만약 이렇게 위험한 상황에 있는 사람이 주로 식물성 식품에서 단백질을 섭취해왔다면 식물성 식품을 더 많이 먹는 것은 좋지 않을 것이다. 그들은 이미 많은 양의 식사를 하고 있기 때문에 곡물이나 곡물과 콩을 배합해서 추가로 단백질을 얻으려고 하면 배가 터질 지경까지 먹어야 될 것이다. 특히 외상이나 병균 때문에 병에 걸린 사람들의 경우 고기나 생선, 닭고기, 낙농제품을 먹으면 보통사람들이 먹을 수 없을 정도로 식사를 많이 하지 않고도 추가로 필요한 단백질 양을 '채울 수' 있다. 이것이 "왜 사람은 빵만으로 살 수 없는가"에 대한 답 가운데 하나다. 밀에는 모든 종류의 필수아미노산이 들어 있지만 그 가운데 적게 들어 있는 아미노산을 충분히 섭취하려면 몸무게가 80킬로그램인 사람의 경우 순전히 밀로 만든 빵을 하루에 1.5킬로그램이나 쑤셔 넣어야 한다. 이에 비해 고기는 340그램만 먹어도 같은 양의 단백질을 얻을 수 있다.

질 좋은 단백질이 더 많이 들어 있다는 것이 인간이 고기를 좋아하는 이유 가운데 하나이기는 하지만 가장 중요한 이유는 아니다. 고기·생선·닭고기·낙농제품에는 비타민 E뿐 아니라 비타민 A와 비타민 B 복합체가 많이 들어 있으며 더욱이 이 제품들은 비타민 B12를 유일하게 공급한다. 비타민 B12가 부족하면 악성빈혈, 신경과민, 정신병적 행동이 발생한다. 극단적인 채식주의자들이 비타민 B12 결핍증에 걸리지 않았다면 그것은 오직 벌레의 알이나 코발트를 소화시키는 박테리아에 오염된 채소를 먹었기 때문이다. 이것이 힌두교의 극단적인 채식주의자들이 인도에서 영국으로 이주한 뒤, 악성빈혈에 더 자주 걸리는 이유를 설명해준다. 영국에서는 살충제를 사용하며 과일과 야채를 열심히 씻어 먹기 때문에 비타민 B12의 공급원을 씻어내게 된다.

극단적인 채식주의자들은 비타민 D가 부족해 뼈가 굽는 병인 구루병에 걸릴 위험이 있다. 보통 우리는 피부에 닿는 햇빛의 작용으로 비타민 D를 충분히 얻을 수 있다. 그러나 위도가 높은 지역에서는 겨울이 길고 안개 끼고 흐린 날이 많아 식사를 통해 비타민 D를 흡수하는 것이 결정적으로 중요하다. 그 가장 좋은 공급원은 달걀·생선·간 같은 동물성 식품이다. 동물성 식품에는 비타민 C도 하루 권장량에 충분할 만큼 들어 있다. 에스키모족(Eskimo)은 동물의 살코기와 골수를 많이 먹음으로써 순전히 고기만 먹고도 구루병이나 다른 비타민 C가 부족해서 생기는 질병에 걸리지 않고 매우 훌륭한 건강상태를 유지한다(최근 들어 에스키모족은 외부인과 접촉하면서 단것과 녹말 음식을 먹어 건강과 식습관이 나빠졌다).

동물성 식품에는 필수미네랄도 많이 들어 있다. 혈액에 산소를 공급하기 위해 필요한 철은 시금치나 다른 잎채소들보다 동물성 식품(우유 제외)에 훨씬 더 많이 그리고 더 유용한 형태로 들어 있다. 우유와 낙농제품들은 뼈가 성장하는 데 필수적인 칼슘의 가장 좋은 공급원이다. 동물성 식품은 남성 생식에 필수적인 아연의 뛰어난 공급원일 뿐 아니라 구리와 아이오딘, 기타 거의 모든 필요한 요소를 조금씩 함유하고 있다.

섬유소에 관한 신화

나는 동물성 식품이 특히 좋은 음식이라고 해서 식물성 식품을 전혀 먹지 않고 지낼 수 있다거나 모든 종류의 동물성 식품을 아무리 먹어도 해롭지 않다고 말하는 것은 아니다. 역설적으로 동물성 식품에는 영양분이 없는 섬유소가 매우 부족하다. 섬유소는 큰창자에 내용물이 많아지게 해 연동운동을 촉진하고 소화되지 않은 채 배설된다. 섬유소가 부족한 식사는 대장암과 관련이 있다는 증거를 심각하게 받아들여야 한다.

어떠한 이론에 따르면 섬유소가 부족하면 소화된 음식이 통과하는 데 시간이 오래 걸려 장에 발암물질이 축적된다고 한다. 또 다른 이론에 따르면 곡물 섬유소를 구성하는 성분 가운데 하나인 피트산이 잠재적인 발암물질과 결합하여 그것을 배설시킨다고 한다.

그러나 풍요로운 산업사회에서는 섬유소 부족 현상이 심각한 문제가 되고 있지만 선사시대와 역사 전체를 놓고 볼 때는 섬유소를 너무 적게 섭취한 것이 문제가 아니라 너무 많이 섭취하는 것이 문제였다. 20세기까지도 섬유소는 가장 손쉽게 구할 수 있는 가장 싼 식품이었으며 섬유소가 없는 동물성 식품에는 부정적인 측면보다 긍정적인 측면이 많았다. 모든 사람이 완전히 도정되지 않은 곡물을 먹는 것만으로도 필요량보다 많은 섬유소를 먹게 되었다. 야채와 과일을 통해 섬유소를 또 섭취하는 것은 쓸모없을 뿐 아니라 몇 가지 해로운 결과를 야기했다. 아무런 영양가도 없는 섬유소는 칼로리를 하나도 제공하지 않으면서 그저 배만 부르게 할 뿐이다.

사실 인간 생리의 가장 두드러진 특징은 우리의 소화기관이 아주 적은 양의 섬유소만 처리할 수 있다는 것이다. 섬유질이 많은 음식에서 필수적인 영양소와 에너지를 얻기 위해서는 길고 큰 내장이나 소와 양 같은 동물에게 있는 '배트'라는 특수한 효소가 있어야 한다('배트'에 대해서는 뒤에서 더 자세히 다루겠다). 섬유소가 많은 식물을 먹고사는 동물은 하루의 대부분을 먹는 데 보내야 한다. 덩치가 큰 유인원 중에는 섬유질이 많고 영양가가 적은 잎이나 식물의 목질부를 먹고사는 동물의 특질을 보이는 것들이 있다. 고릴라는 끊임없이 먹고 느리게 소화하며 섬유소를 큰창자에서 발효해 소화시킨다. 실험에 따르면 고릴라나 침팬지가 먹은 음식이 배설물로 나타나기까지는 35시간이 걸린다고 한다. 인간은 고릴라나 침팬지와 마찬가지로 기다란 작은창자를 갖고 있지만 큰창자는 두드러지게 짧다. 비록 큰창자에서 일부 영양소가 흡수되기는 하지만 큰창자의 주요 기능은 (배설을 제외하면) 수분을 재흡수하는 것이다.

음식이 인간의 내장을 통과하는 데 걸리는 시간은 아주 짧다. 음식에 작은 플라스틱 표시물을 섞어 먹으면 이것이 배설되는 데 약 25시간밖에 걸리지 않는 것을 알 수 있다. 이는 우리의 내장이 섬유질이 많은 음식에 잘 적응되어 있지 않다는 것을 보여준다. 오히려 인간은 "양이 적으면서 소화가 빨리 되는 질 좋은 음식"에 적응된 것 같다. 동물성 식품이야말로 이러한 요구에 완전히 부합된다.

섬유소와 암 사이에 있는 개연성이 밝혀지기 훨씬 전부터 섬유소가 부족한 음식을 경고하는 보고서들이 존재했다. 그것은 밀, 쌀, 기타 곡물 등 섬유질이 많은 껍질에 비타민 B1이 많이 들어 있다는 것을 알게 되었기 때문이다. 완전히 도정한 곡물과 밀가루를 더 선호한 결과 각기병이라는 비타민 B1 결핍증이 동양 전역에 널리 퍼지게 되었다. 오늘날 밀 공장의 걸작인 흰 빵의 예처럼 완전히 도정한 밀가루를 선호하는 현상은 자의적일 뿐 아니라 해로운 음식을 선호하는 대표적인 예로 흔히 인용된다.

그러나 완전히 도정한 밀을 선호하기 시작했던 전 산업사회 식량생산의 역사적 맥락을 살펴보면 아주 다른 상황을 볼 수 있다. 최근 연구에 따르면 완전히 도정한 밀을 먹을 수 없었던 사람들은 피트산이 철과 아연과 결합함으로써 철 결핍성 빈혈에 걸릴 위험이 있음을 보여준다. 즉 그들은 각기병과 빈혈 가운데 하나를 골라야 하는 양자택일의 상황에 처했던 것이다.

어느 경우든 동물성 식품을 약간 첨가해서 먹으면 '지나치게' 도정해서 손실된 지아민이나 도정을 '덜해서' 일어나는 아연과 철의 손실을 모두 완전히 보완할 수 있다. 고기와 생선 또는 닭고기를 많이 먹는 사람들은 완전히 도정한 밀가루로 대량생산해 만든 식품을 마음 놓고 먹어도 된다. 그 식품에는 많은 비난을 받는 공장에서 생산된 흰 빵뿐 아니라 예전에는 오로지 왕실 특권층만 먹었던 모든 종류의 유럽식 과자와 케이크가 포함된다.

동물성 지방과 콜레스테롤의 양면

섬유소가 결핍되었다고 해서 동물성 식품의 영양가가 실질적으로는 떨어지지 않는다. 그러나 동물성 식품에 다른 요소, 특히 지방과 콜레스테롤이 들어 있다는 것은 내가 주장하는 것보다 동물성 식품을 훨씬 좋지 않은 음식으로 보게 하는 것 같다. 예를 들어 콜레스테롤과 포화지방을 과하게 섭취하는 것이 심장혈관질병과 관련이 있음을 보여주는 증거가 많다. 음식에 들어 있는 콜레스테롤은 동물성 식품에만 있는데, 특히 달걀에 많다. 우리는 간에서 콜레스테롤을 합성하거나 식사를 통해 콜레스테롤을 얻는다. 일반적으로 콜레스테롤과 동물성 지방을 많이 먹는 사회에서는 심장질환으로 인한 사망률이 높다. 몇몇 연구에 따르면 콜레스테롤 수치를 낮추면 심장질병에 걸릴 위험도 낮아진다. 지방연구진료소가 진행한 관상동맥 일차예방 실험―이런 연구 가운데 가장 잘 짜여진―에서는 중년 남자를 두 집단으로 나누었다. 한 집단에게는 콜레스테롤을 낮추는 약인 콜레스트리아민을 주고, 다른 환자들에게는 가짜 콜레스트리아민을 주었다. 7년이 지난 후 치료를 받지 않은 집단은 19퍼센트나 더 '심장혈관' 질병 같은 심장병에 걸렸다.

이런 증거가 있는데도 동물성 지방과 콜레스테롤 섭취, 식단에 있는 콜레스테롤과 지방, 심장혈관 질환의 상관관계는 여전히 불명확하다. 그래도 많은 것이 설명되지 않는다. 예를 들어 예방 실험에서 콜레스트리아민의 치료효과는 진료소마다 다르게 나타났다. 실험에 참여한 진료소 열두 개 가운데 다섯 개에서는 가짜 약을 먹은 사람들도 치료를 받은 집단과 같은 수준의 심장혈관 질환 발병률을 보였다. 그 가운데 한 군데에서는 가짜 약을 먹은 사람들이 진짜 약을 먹은 사람들보다 실제로 더 잘 지냈다. 게다가 전체 사망률은 두 집단이 똑같았다.

심장병 환자의 50퍼센트나 60퍼센트는 콜레스테롤 수치가 높지 않다. 에스키모족이나 라프족(Lapp)처럼 동물성 지방과 콜레스테롤이 든 음식을 극도로 많이 먹는 사람들은 생각보다 심장혈관 질병에 걸릴 확률이 낮다. 게다가 식단과 콜레스테롤 수치를 낮추는 약을 사용해 병적으로 높은 콜레스테롤 수치를 낮출 수는 있겠지만 음식만으로 건강한 사람이 병적으로 높은 콜레스테롤 수치를 나타낼 수 있음을 보여주는 연구는 하나도 없다. 예방 실험이 연구대상으로 삼은 모든 사람은 처음부터 병적으로 높은 콜레스테롤 수치를 보였다. 이는 당뇨병 환자에게서 나타나는 높은 혈당치를 해석할 때 발생하는 문제와 비슷한 문제를 제기한다. 즉 시이요법으로 혈당치를 낮출 수는 있지만 음식만으로 당뇨병이 생기지는 않는다.

이 모든 것을 통해 우리는 콜레스테롤과 동물성 지방 이외의 다른 요인들이 콜레스테롤과 동물성 지방을 많이 먹는 나라에서 발견되는 심장혈관 질환의 높은 발병률과 더 많은 관련이 있음을 알 수 있다. 심장질환을 일으킬 위험이 있다고 알려진 다른 음식으로는 칼로리가 너무 높은 음식, 너무 짠 음식, 너무 많은 술이 있다(칼슘을 너무 많이 먹는 것도 심장에 안 좋은 것들의 마지막 대열에 끼어 있다).

먹는 것 말고도 다른 많은 요인이 심장질환의 원인이 된다. 그 가운데 몇 가지만 들어보면 고혈압·흡연·대기오염·운동부족·울화 등이 있다. 현대의 생활방식대로 사는 사람 가운데 음식과 이와 상호작용하는 다른 요인이 합쳐져 생긴 발병률에서 높은 콜레스테롤과 동물성 지방으로 인한 발병률이 차지하는 비중이 얼마나 되는지는 아무도 모른다.

동물성 음식과 암의 연관성에 관한 이해 역시 이에 못지않게 단편적이다. 식용 지방—콜레스테롤이 아니라—은 흉부암이나 대장암의 원인이 된다. 그러나 모든 형태의 지방을 너무 많이 먹어서 생기는 것인지 아니면 특히 동물성 포화지방을 너무 많이 먹어서 생기는 것인지는 알 수 없다. 포화지방은 불포화지방보다 더 밀도가 높고 굳으며 녹는점이 낮다. 심장질환을 예방하는 측면에서는 좋은 가장 포화되지 않은 지방—채소의 고도 불포화지방—이 암을 예방하는 측면에서는 더 좋지 않다는 증거도 있다. 대장암은 제2차 세계대전 이래 몇 배나 증가했는데, 이 기간은 미국에서 마가린과 다른 고도 불포화 식물성 지방이 버터와 라드를 대체한 기간과 일치한다.

증거들이 서로 모순되고 단편적인데도 풍요로운 사회에서 해야 할 합리적인 일은—영양과 인간의 필요에 관한 상원의 특별위원회가 말했듯이 '신중하게' 해야 할 일은—콜레스테롤과 동물성 지방의 섭취를 줄이는 것이다. 그러나 동물성 식품에서 몇 가지 해로운 요소를 줄이는 신중한 일과 동물성 식품 전체를 먹지 않는 경솔한 일은 구별해야 한다.

풍요로운 사회에서 영양을 과다 섭취해 생긴 해로운 결과를 성급하게 뒤집으려고 전 인구가 어린 시절부터 콜레스테롤 섭취를 갑작스럽게 줄인다면 무슨 일이 생길지 알 수 없다는 것을 잊어선 안 된다. 지방섭취량을 줄이는 데도 위험이 숨어 있을 수 있다. 어쨌든 지방은 건강한 식사를 위해 필요하다. 지방은 시력을 향상시키는 비타민 A, 뼈를 튼튼하게 하는 비타민 D, 생식에 관한 비타민 E, 피를 응고시키는 데 필요한 비타민 K를 흡수하고 전달하고 저장할 때 필요하기 때문이다. 가령 지방이 심각하게 부족한 식사는 비타민 A 선행체를 흡수할 능력을 저하시켜 눈을 멀게 하는 안구건조증을 유발할 수 있다. 안구건조증에 대해서는 뒤에서 자세히 설명하겠다.

지방의 공급원으로서 동물성 식품이 점점 더 인기가 없어지는 현상 역시 역사적인 맥락에서 이해해야 한다. 동물성 식품은 섬유소가 거의 없기 때문에 바람직하지 않은 식품이 아니다. 오히려 최근까지 동물성 식품은 오히려 지방이 많아 바람직한 식품이었다. 전 세계적으로 고기를 향한 갈망은 실제로 기름진 고기를 향한 것이다. 그 이유는 순살코기를 먹을 때는 칼로리가 풍부한 식품을 같이 먹음으로써 고기의 아미노산이 신체를 구성하는 단백질을 형성하는 데 쓰이지 않고 에너지로 전환되는 것을 막아야 하기 때문이다. 단백질을 절약하는 데는 탄수화물에 들어 있는 칼로리가 지방보다 13퍼센트 더 효율적이지만 지방은 탄수화물(설탕이나 녹말)보다 1그램당 100퍼센트나 더 많은 칼로리를 생산한다. 지방을 먹으면 탄수화물보다 훨씬 적은 양으로도 똑같은 단백질 절약효과를 낼 수 있는 것이다. 달리 말하면 기름진 고기를 먹으면 고기 한 점과 타피오카나 과일 한 조각을 번갈아 먹을 필요가 없다는 것이다.

소·돼지·닭에게 곡물과 생선 먹이, 성장 호르몬, 항생제를 먹이는 산업방식이 개발되기 전에는 대부분의 고기 문제는 고기가 너무 살코기뿐이어서 단백질 절약효과를 얻을 수 없었다. 현대의 고지방 고기에는 지방이 30퍼센트 이상 들어 있다. 이와 대조적으로 야생 상태에 있는 아프리카 초식동물 15종에 대한 연구에 따르면 그 살코기에는 지방이 3.9퍼센트밖에 없었다. 이는 사냥으로 단백질을 섭취하려는 사람들 사이에서 전적으로 비합리적이고 자의적인 것 같은 관행이 나타나는 이유를 잘 설명한다.

모든 영양소의 공급이 부족한 '배고픈 계절' 동안 수렵·채집인은 흔히 사냥한 고기의 특정 부위를 먹지 않거나 심지어 고기 전체를 먹지 않는다. 예를 들어 오스트레일리아의 피탄다라족(Pitjandjara)은 죽은 캥거루에게 다가가 꼬리를 살펴보아 살이 쪘는지 알아본 뒤 살이 찐 것 같지 않으면 그냥 썩게 놔두고 가버린다. 고고학자들은 오래전부터 미국 대평원에서 발견되는 고대의 물소 사냥 현장에서 고대인들이 이 죽은 동물들의 일부분만 떼어내어 먹고 나머지는 그 동물이 쓰러진 자리에 고스란히 남겨둔 것을 보고 의아하게 생각해왔다. 이 비합리적이고 엉뚱하게 보이는 관행은 사냥꾼들이 순살코기만 너무 많이 먹으면 굶어 죽을 위험이 있기 때문에 생긴 것이다.

스테판슨(Vilhjalmur Stefansson)은 몇 해 동안 에스키모족과 함께 살면서 요리하지 않은 음식만 먹고도 훌륭히 건강을 유지하는 법을 배웠는데 이런 경우 고기가 기름져야 한다고 말했다. 에스키모족, 인디언 그리고 많은 초기 서부 탐험가는 비쩍 마른 토끼를 너무 많이 먹으면 '토끼기아'라는 증상에 걸린다는 것을 알았다. 스테판슨은 이에 대해 생생한 기록을 남겼다.

만약 지방이 정상적으로 들어 있는 음식을 먹다가 갑자기 토끼고기만 먹으면 처음 며칠 동안 토끼고기를 점점 많이 먹게 되고 일주일 정도 지나면 처음보다 서너 배나 더 많이 먹게 될 것이다. 그때가 되면 기아와 단백질 중독 증상이 나타난다. 자꾸만 먹게 되고 아무리 먹어도 배가 고프다. 너무 많이 먹어 위가 팽창해 불편해지고 막연히 들뜬 상태를 느끼기 시작할 것이다. 일주일에서 열흘째가 되면 설사가 시작되고 지방을 먹을 때까지 멈추지 않는다. 그렇게 몇 주가 지나면 결국 죽음에 이른다.

심하게 다이어트를 하는 사람은 이것이 돈벌이도 되고 효과적이라는 것을 깨달을 것이다. 하지만 동시에 약학박사 스틸맨(Irwin Stillman)의 매우 위험한 식단도 생각날 것이다. 그 식단은 사람들에게 기름기 없는 고기와 닭고기, 생선은 먹고 싶은 만큼 먹되 그 외에는 어떠한 것도 먹지 말라고 되어 있다(아마도 토끼고기의 살코기를 가장 처음 독점한 다이어트 클럽은 더 많은 돈을 벌수 있을 것이다).

야생동물의 고기에는 지방이 적게 들어 있으며 그 구성도 다르다. 야생동물은 가축보다 1그램당 다섯 배나 많은 다불포화지방(에이코사펜타엔산)을 함유하고 있다. 또 한 가지 중요한 사실은 야생동물의 고기가 현재 항동맥경화 작용을 하는 요소로 연구되는 다불포화지방을 함유한다는 것이다. 가축에는 이 지방이 거의 들어 있지 않다.

동물성 식품에 들어 있는 콜레스테롤과 지방을 너무 많이 섭취하는 것이 건강에 대한 새로운 위협으로 떠오르고 있다. 그러나 엄격히 말해 미국과 풍요로운 다른 국가들의 고기와 생선, 닭고기, 낙농제품 소비수준을 낮추는 것이 영양학적으로 좋다는 근거는 없다. 왜 그런가. '토끼기아' 현상이 보여주듯이 동물성 식품을 많이 섭취한다고 콜레스테롤과 불포화지방을 많이 섭취하는 것은 아니기 때문이다.

여러 정부 위원회가 포화동물성 지방을 통한 에너지 섭취량을 전체의 10퍼센트로 줄이고 콜레스테롤 섭취량을 하루에 300그램 이하로 줄여야 한다고 권장한다. 그런데 콜레스테롤과 포화

지방이 적은 식품을 골라 먹으면 현재의 동물성 식품 소비수준을 줄이지 않고도 이 정도 수치에는 쉽게 도달할 수 있다(즉 쇠고기와 돼지고기의 살코기 부분, 생선과 닭고기, 탈지유(脫脂乳)와 탈지유제품 등. 달걀도 노른자에만 콜레스테롤이 있고 흰자에는 없으므로 이에 포함된다). 살코기와 생선, 닭고기에는 1그램당 1밀리그램 이하의 콜레스테롤과 60칼로리 이하의 칼로리가 들어 있다. 따라서 지방이나 콜레스테롤의 권장량을 넘지 않고도 하루에 살코기, 생선 또는 닭고기 283그램을 먹을 수 있다. 이는 1년이면 10만 3,400그램으로 미국인들이 현재 소비하는 고기, 닭고기, 생선의 양과 비슷하다.

무조건 고기를 너무 많이 먹어서 암이나 심장질환에 걸렸다고 말하기 전에 우리의 선조인 수렵·채집인들이 가축을 기르고 식물을 재배하기 전에 어떻게 했는지 살펴보는 것이 좋다. 고고학과 고생물학, 현대의 수렵·채집인에 관한 연구를 종합해보면 구석기시대의 선조들이 얼마나 많은 고기를 먹었는지 알 수 있다.

애틀랜타 에머리 대학의 이턴(Stephanie Eaton)과 코너(Melvin Konner)는 『뉴잉글랜드 의학저널』에 실린 논문에서 온화한 기후에 살던 농경 이전 시대 사람들은 칼로리의 35퍼센트를 고기에서 얻었다고 신중하게 산정했다. 이는 인간의 역사에서 대부분의 기간에 우리의 신체가 하루에 붉은 고기를 788그램 먹는 데 적응해왔다는 것을 의미한다. 이는 현재 미국인들이 소비하는 1인당 쇠고기·돼지고기·양고기·염소고기의 평균량보다 네 배나 많다. 또한 선조들은 아마도 두 배나 많은 콜레스테롤을 섭취했을 것이다. 그러나 지방은 지금의 3분의 1 정도밖에 먹지 않았다. 이것이 "본질적·유전학적으로 형성된" 인간의 유형이다.

덧붙이자면 구석기시대에는 식사의 칼로리나 단백질에서 곡물이 차지하는 양은 아주 적었다. 곡물이 인간의 주요 식량이 된 것은 농경이 시작된 후로 겨우 만 년 전에 일어난 일이다. 밀이나 쌀을 더 많이 먹는 것이 고기를 많이 먹는 것보다 본성적으로 더 '자연적'이라고 주장하는 사람은 문화에 대해서도 자연에 대해서도 모르는 사람이다. 물론 조상들은 우리가 고기를 통해 먹게 되는 화학적 혼합물이나 방부제, 다불포화지방을 먹지는 않았다(그들은 화학적으로 키운 곡물도 먹지 않았다).

수명과 동물성 식품

우리는 동물성 식품을 많이 먹어 암과 심장질환에 걸린다고 결론을 내리기 전에 이러한 병이 긴 퇴행과정에서 온다는 사실에 더 유의해야 한다. 미국과 부유한 다른 사회에서 심장질환과 암이 사망의 첫째 원인과 둘째 원인이 된 근본적인 이유는 인간수명이 길어졌기 때문이다. 그렇다고 해서 심장질환과 암이 오래 살았기 때문에 생긴다거나 어떤 점에서 피할 수 없다는 말은 아니다.

그러나 모든 위험 요인―식사와 식사 외의―의 영향이 오랜 시간에 걸쳐 스스로를 드러낸다는 데 유의해야 한다. 일반적으로 이런 질병이 신체의 방어체계를 무너뜨리기 전에 오래 살아야 한다. 어떻게 해서 우리가 그렇게 될 때까지 오래 살 수 있게 된 걸까. 심장질환과 암으로 인한 사망자 수를 줄이려고 서두르다가 동물성 식품을 많이 먹고 곡물을 적게 먹게 된 것이 수명이 길어진 것과 관련 있다는 사실을 명심해야 한다. 1909년부터 1976년 사이에 출생한 미국인의 예상수명은 40퍼센트나 올랐다. 같은 기간에 1인당 붉은 고기, 생선, 닭고기 소비량은 35퍼센트 증가했다(유제품의 소비량은 52퍼센트 하락했다). 이런 일은 미국에서만 일어난 것이 아니다. 기대수명이 가장 높았던 모든 나라가 식사에서 비슷한 변화를 겪었다.

이 과정의 단순한 상호관계를 인과관계의 증거라고 볼 수는 없다. 그러나 동물성 식품이 필수적인 단백질과 미네랄, 비타민을 풍부하게 함유하고 있음을 안다면 수명이 길어진 것이 완전히 다른 요인 때문이라고 결론을 내리는 것은 경솔하지 않을까. 몸에 해롭다고 생각되는 지방과 콜레스테롤이 동물성 식품에 들어 있긴 하지만 동물성 식품을 많이 먹음으로써 얻을 수 있는 유용한 효과를 생각하면 우리는 이 해로운 물질을 제거해 영양가를 더 높이도록 해야 할 것이다. 이는 1980년 이후 미국에서 고기와 생선, 닭고기 소비가 급격히 증가하고 있는 데서 드러나듯이 이미 그렇게 되고 있다.

영양과다보다 영양부족이 일차적인 문제인 제3세계에서는 영양학적 관점에서 볼 때 고기와 생선, 닭고기 그리고 낙농제품에 들어 있는 지방과 콜레스테롤의 양을 낮추지 않아도 식물성 식품에 비해 동물성 식품이 영양학적으로 확실히 유용하다. 따라서 더욱 많은 고기와 생선, 닭고기, 우유를 향한 세계의 지속적인 열망은 인간의 생명활동과 두 가지 식품의 영양학적 구성의 상호작용에서 발생하는 완전히 합리적인 선호를 보여준다. 어느 나라에 대해서도 동물성 식품을 더 적게 먹는 것이 건강에 가장 좋다고 말할 수는 없다(동물성 지방과 콜레스테롤을 적게 먹는 것에서 분명해졌듯이).

폴란드 이야기로 돌아가서 그러한 운명을 감수하지 않으려고 하는 국민을 탓할 수는 없다. 폴란드인에게 고기와 생선, 닭고기는 더 많이 먹고, 달걀은 덜 먹고, 탈지유는 많이 먹고, 버터와 라드는 적게 먹는 것이 좋다고 말해줄 수는 있을 것이다. 그러나 구세주를 자처하는 사회주의가 폴란드인에게 집에 가서 빵과 콩을 더 먹으라며 고기를 향한 그들의 열망을 무마하려고 한다면 큰 화를 입을 것이다.

3

신성한 암소의 수수께끼

왜 다른 동물이 아니라 소가 힌두교의 전형적인 상징이 되었는가.

그 답은 다른 어떤 동물(또는 다른 어떤 존재)도

인간을 위해 그렇게 많은 결정적인 헌신을 할 수 없기 때문이다.

다른 어떤 존재도 인도 혹소처럼

.쓸모가 많고 힘이 세고 효율적이지 않다.

우리의 어머니, 암소

동물고기에 이토록 영양분이 많기 때문에 사람들은 모든 사회가 모든 종류의 동물고기를 창고에 채우고 있으리라고 생각하기 쉽다. 그러나 확실히 그 반대의 경우가 더 많은 것 같다. 고기에 풍부하게 들어 있는 단백질, 칼로리, 비타민과 미네랄이 절실히 필요하면서도 특정한 종류의 고기를 먹지 않는 사람들이 전 세계에 널리 존재한다. 고기가 그렇게 영양가가 많다면 왜 사람들은 이렇게 많은 동물이 먹기에 적당치 않다고 생각하는 걸까. 가장 유명한 합리적인 식생활, 즉 소를 죽이고 먹는 것을 금지하는 인도의 식생활을 예로 들어보자.

인도 연방의 헌법에는 '국가정책의 지도원리'라는 장(章)이 있다. 여기에는 법률을 제정할 때 주 의회가 지켜야 하는 지침이 서술되어 있다. 48조는 "소와 송아지 또는 다른 젖 짜는 동물이나 수레 끄는 동물을 도살하는 것"을 금지한다. 케랄라와 서뱅골을 제외한 인도의 모든 주가 '소보호법'을 통과시켰다. 여기서 소란 인도 혹소(Bos indicus) 암수 모두를 일컫는다. 그러나 힌두교의 성자들과 수많은 소보호협회는 계속해서 인도 혹소만이 아니라 모든 소의 도살금지를 주장한다. 1966년 벌거벗은 소보호주의자 12만 5,000명이 뉴델리에 있는 인도 의회를 봉쇄하겠다고 위협했으며, 1978년에는 힌두교의 지도자 바베(Acharaya Bhave)가 케랄라와 서뱅골이 도살금지법을 제정할 때까지 단식하겠다고 위협하여 국가적 위기를 초래하기도 했다.

인도는 세계에서 소가 가장 많은 나라다. 물소 5,000만 마리를 제외하더라도 인도 혹소만 약 1억 8,000만 마리에 이른다. 이런 상황은 아무도 소를 죽이거나 먹으려 하지 않기 때문에 생긴 것이라고 할 수 있다.

인도는 세계에서 병들고 마르고 늙은 소가 가장 많은 나라다. 일부 조사에 따르면 전체 소의 4분의 1 또는 절반 정도가 시골 들판이나 고속도로, 도시의 거리를 방황하는 '쓸모없는' 존재라고 한다. 이것이 사실이라면 이 역시 소도살금지와 쇠고기 혐오에서 생긴 것이라고 말할 수 있다. 게다가 인도의 인구수는 7억이다. 이 거대한 인구 가운데 많은 사람이 더 많은 단백질과 칼로리를 필요로 한다는 것을 부인할 사람은 아무도 없을 것이다. 따라서 소를 도살하는 것과 먹는 것을 금지하는 것은 "경제적 이해에 완전히 반대되는" 것으로 보인다. '신성한 소'라는 속담은 아무런 합리적 근거가 없는 관습과 관행을 완강히 고수하는 것을 일컫는 말로 일반적으로 사용되지 않는가.

소보호와 쇠고기 혐오, 그 밖의 수많은 쓸모없는 소에 대한 한 가지 설명으로 종교적 열정을 들 수 있다. 힌두교는 인도의 지배적인 종교이고, 소숭배와 소보호는 힌두교의 중심을 이룬다. 예를 들어 서유럽 사람 중에는 아는 사람이 거의 없지만 간디(Mohandas Gandhi)가 성자로서의 명성을 얻고 대중적인 호소력을 가졌던 이유 가운데 하나는 그가 힌두교의 소보호 교리의 열렬한 신봉자였기 때문이었다. 간디는 이렇게 말했다. "힌두교의 중심 교리는 소보호다. ……소보호는 세계에 대한 힌두교의 선물이다. ……소를 보호하는 힌두교도가 있는 한 힌두교는 살아남을 것이다."

힌두교도는 암소(그리고 수소)를 신으로 모신다. 또한 집 근처에 두고 이름을 지어준다. 그들과 함께 이야기하며, 꽃과 술로 장식해 번잡한 통행로의 오른쪽을 차지하도록 놔두고, 소가 아프거나 늙어서 더 이상 집에서 돌볼 수 없으면 소보호소에 보내려 한다. 모든 시바 신전의 입구에는 수소 난디를 타고 하늘을 나는 복수의 신 시바의 초상이 걸려 있다. 오늘날 인도에서 가장 인기 있는 신인 자비와 어린이의 신 크리슈나는 힌두교 성전에서 암소 떼나 자신의 재산인 암소의 보호자로 묘사된다. 힌두교도는 암소(또는 수소)에게서 나온 모든 것이 신성하다고 믿는다. 성직자들은 우유와 굳은 우유, 버터, 오줌, 똥을 섞어 신성한 '넥타'를 만들어 조각상과 예배자들에게 뿌리거나 치덕치덕 바른다. 그들은 버터를 사원 램프의 기름으로 쓰고 사원에 있는 조각상을 매일 신선한 우유로 목욕시킨다(반대로 물소의 젖과 버터, 굳은 우유, 오줌, 똥에는 제의적인 가치가 전혀 없다).

소의 보호자 역할을 하는 신 크리슈나를 기념하는 축제에서 사제들은 소똥으로 신의 형상을 빚고 그 가운데 우유를 붓고 그 주변을 기면서 사원 마루를 돈다. 이 상(像)을 치워야 할 차례가 되면 소가 먼저 이를 짓밟아 뭉개야 한다. 크리슈나는 인간이 이를 부수는 것을 참지 못하기 때문이다. 크리슈나는 자신이 좋아하는 존재가 상(像)을 밟고 지나가는 것은 개의치 않는다. 다른 축제에서는 소가 지나가면서 일으키는 먼지 속에서 사람들은 무릎을 꿇고 자신들의 이마에 떨어지는 분비물을 바른다. 가정주부들은 마른 소똥과 소똥의 재를 청소하는 데 사용하며 마루와 난로를 정화하는 의식에도 사용한다. 마을 의사들은 소 발자국이 찍힌 흙을 치료에 사용하기까지 한다. 힌두교도는 암소를 보는 것만으로도 기쁨을 느낀다. 사제들은 암소를 돌보는 것 자체가 예배의 한 형태라고 생각하며, 모든 가족은 암소를 기르는 데서 오는 즐거움을 부정해서는 안 된다고 말한다.

암소보호와 암소숭배는 인간의 모성에 대한 보호와 숭배를 상징한다. 나는 젖통은 부풀어 오르고 얼굴은 아름다운 마돈나의 모습을 한 보석으로 장식한 화려한 암소가 그려져 있는 인도 벽걸이 달력을 소장하고 있다. 힌두의 암소숭배자들은 이렇게 말한다.

"암소는 우리의 어머니입니다. 그녀는 우리에게 우유와 버터를 줍니다. 그녀의 수송아지는 땅을 갈아 우리에게 음식을 줍니다."

너무 늙어 송아지를 낳을 수 없거나 우유를 짤 수 없는 암소를 계속 기르는 관습에 반대하는 자에게 힌두교도는 다음과 같이 답한다.

"당신은 당신의 어머니가 늙었다고 도살장에 보내겠습니까?"

암소의 신성성은 힌두교의 윤회설과 관련된다. 힌두교는 모든 존재를 열반을 향한 과정의 다양한 단계에 오르거나 떨어진 영혼으로 파악한다. 악마로부터 소에 이르려면 윤회를 86번 거쳐야 한다. 한 번 더 윤회를 거치면 인간이 된다. 그러나 이 영혼 역시 언제든지 뒤로 미끄러질 수 있다. 암소를 죽인 사람의 영혼은 가장 낮은 단계로 되돌아가 이 모든 과정을 다시 시작한다. 신은 암소 안에 살고 있다. 힌두교 신학자들은 암소의 몸 안에 남신과 여신이 3억 3,000만 명이나 있다고 말한다.

"암소를 먹이고 돌보면 다음에 올 21세대가 열반을 얻는다."

사랑하는 사람이 세상을 떠나면 친척들은 그 영혼이 구원의 길을 가도록 돕기 위해 힌두교 사원에서 기르는 암소 떼를 먹이는 데 필요한 돈을 기부한다. 그들은 죽은 자는 물살이 센 급류를 건너야 하는데 이 기부금으로 강을 건널 때 소의 꼬리를 잡을 권리를 살 수 있다고 믿는다. 이러한 이유에서 정통 힌두교도는 그들이 죽는 순간에 붙잡을 암소의 꼬리를 달라고 요구한다.

암소는 종교적 상징일 뿐 아니라 정치적인 상징이다. 힌두교도와 이슬람교도는 수세기 동안 이슬람교도는 암소살해자며 힌두교도는 자신들의 특이한 식생활 방식을 모든 사람에게 강요하는 폭군이라는 고정관념을 가지고 공동체 간의 투쟁을 선동해왔다. 영국에서 온 지배자들이 이슬람교도보다 훨씬 심한 암소살해자이자 쇠고기를 먹는 자라는 사실이 제2차 세계대전 이후 인도의 독립을 성취한 시민 불복종 운동의 초점이었다. 새 국가가 탄생한 초기에 제1당이었던 의회당은 암소와 송아지 그림을 국가적 상징 도안으로 선점했다. 그러자 자신이 선택한 그림에 X표를 함으로써 투표하는 문맹 유권자 사이에서 의회당 후보는 유리한 위치에 있을 수 있었다. 반대당은 곧 의회당 로고 위에 X표를 하는 것은 암소와 송아지를 한 마리씩 살해하는 셈이라는 소문을 퍼뜨림으로써 반격을 가했다.

누구나 알 수 있듯이 이 모든 것은 종교의 문제다. 난디는 시바가 타고 다니는 소이며, 크리슈나는 암소치는 사람이다. 악마에서 암소가 되려면 86번 환생해야 하고, 암소 한 마리에 남신과 여신 3억 3,000만 명이 있다고 미국인들이 믿는다면 그들이 "쇠고기는 어디 있지?"라고 묻지는 않을 것이다. 그러나 힌두교의 신념 때문에 쇠고기를 먹지 않는다는 것은 대답이라기보다는 오히려 또 다른 질문을 제기하는 하나의 수수께끼다. 왜 암소보호가 '힌두교의 중심교리'인가. 대부분의 주요 종교는 쇠고기를 먹기 좋은 음식으로 간주한다. 왜 힌두교는 그렇지 않은가.

정치와 종교 모두 쇠고기와 도살금지를 영속화하고 재강화하는 역할을 해왔다. 그러나 정치도 종교도 왜 소를 도살하는 것과 쇠고기를 먹는 것에 특별한 상징적 의미가 생겼는지는 설명하지 못한다. 왜 돼지나 말, 낙타가 아니라 암소인가. 나는 신성한 암소의 상징적인 힘을 의심하지 않는다. 내가 의심하는 것은 어떤 특별한 종류의 동물과 고기에 상징적인 힘을 부여하는 것이 확고하고 실제적인 제약에 기인하는 것이 아니라 자의적이고 일시적인 마음의 선택에 기인한다는 생각이다. 종교는 인도인의 식생활에 영향을 미쳤지만 반대로 인도인의 식생활은 종교에 훨씬 더 많은 영향을 미쳤다. 이렇게 말하는 근거는 힌두교의 역사를 보면 잘 알 수 있다.

소희생제에서 소도살금지로

힌두교의 역사에서 중심이 되는 사실은 암소보호가 언제나 힌두교의 중심 원리는 아니었다는 것이다. 최초의 힌두교 경전 『리그베다』는 베다의 신들과 관습과 소, 기원전 1800년에서 800년까지 북부 인도를 지배했던 농경민을 찬양한다. 베다 사회와 종교는 이미 사제인 브라만, 통치하는 전사장인 크샤트리아, 상인인 바이샤, 노예인 수드라를 근대 힌두교의 주요 네 계급의 카스트로 인정했다. 베다인들은 쇠고기를 배척하지도 암소를 보호하지도 않았다. 사실 베다시대 브라만 계급의 중심적인 종교적 의무는 소를 보호하는 것이 아니라 도살하는 것이었다.

앞서 말했듯이 베다인들은 유럽과 서아시아의 초기 전사 유목민으로 그들 사이에서는 제의적인 동물살해와 요란한 축제가 함께 행해졌다. 축제기간에는 베다의 전사와 사제들이 켈트족(Celt)과 이스라엘 민족처럼 부하들에게 충성에 대한 대가로서 그리고 힘과 권력의 상징으로서 고기를 푸짐하게 나눠주었다. 마을과 지역 전체가 이러한 고기 먹는 축제에 참여했다.

베다인들이 동물살해를 허용한 것은 브라만 사제들의 감독 아래서 수행되는 종교적인 의례에 한해서였다. 하지만 이러한 제약 때문에 사람이 먹을 수 있는 고기의 양이 제한되지는 않았다. 신은 편리하게 동물의 영적인 부분을 먹고 예배자들은 나머지 고기를 배불리 먹었다. 기념일이 없는 문화란 존재한 적이 없으므로 기념일에만 고기를 먹는 제약이 동물살해의 비율을 낮추는 데 거의 영향을 미치지 못했을 것이다. 전쟁에서의 승리, 결혼, 장례식, 동맹자들의 방문 등 이 모든 경우에 사람들은 동물을 희생하고 고기를 포식했다. 특정한 제의에 적합한 소의 크기와 모양·색깔에 관해 브라만 사제들이 설정한 강제적 규정은 고대 이스라엘 민족의 희생제의에 관한 「레위기」의 상세한 가르침과 아주 비슷하다. 힌두교 성전이 밝히고 있는 동물은 다음과 같다. 뿔이 아래로 처진 거세하지 않은 황소로 앞이마에 흰 점이 있는 것, 뿔이 잘린 수소, 거세된 흰 수소, 5년생 혹 없는 어린 수소, 다리가 굵은 암소, 새끼를 못 낳는 암소, 최근에 유산한 암소, 3년생 혹 없는 어린 암소, 검은 암소, 얼룩 암소 그리고 붉은 암소. 이 모든 것은 베다인들이 소를 다른 동물보다 더 많이 희생시켰으며 쇠고기가 기원전 첫 1,000년 동안 북부 인도에서 가장 흔하게 먹었던 육류였음을 의미한다.

베다의 추장들이 부의 원천으로 거대한 소 떼를 더 이상 유지할 수 없게 되자, 소를 도살해 흔하게 먹던 시대는 막을 내렸다. 인구가 증가하고 숲이 줄어들고 목초지를 경작하게 되자 종전의 반(半)목축적 생활방식이 집약적인 농업과 낙농업으로 바뀌어갔다. 이러한 변화를 추진한 것은 간단한 에너지 관계였다. 즉 고기 소비를 줄이고 주로 낙농식품과 밀·수수·콩 그리고 다른 식물성 식품을 먹음으로써 더 많은 사람이 살 수 있다는 것이다. 바로 앞 장에서 말했듯이 곡물을 동물이 먹고 동물을 인간이 먹는다면 10칼로리 가운데 9칼로리, 단백질 5그램 가운데 4그램이 인간의 소비를 위해 잃게된다. 낙농은 이러한 손실을 크게 줄일 수 있다.

현대의 젖소는 현대의 육우보다 다섯 배는 더 효율적으로 먹이를 이용할 수 있는 고기의 칼로리로 전환시킨다. 젖소는 현대의 육우보다 여섯 배나 더 효율적으로 먹이를 이용할 수 있는 단백질로 전환시킨다. 이 수치는 소가 죽었을 때 먹을 수 있는 부분에 있는 칼로리와 단백질을 포함한 것이다. 그러나 잠시 후 설명하겠지만 사람들이 쇠고기 먹는 것을 금지했을지라도 소가 궁극적으로 고기의 형태로 바뀌는 것을 막은 적은 없었던 것 같다. 인구밀도가 낮은 한 소는 경작되지 않은 땅에서 풀을 뜯었고 1인당 쇠고기 생산은 높은 수준으로 유지될 수 있었다. 인구밀도가 높아지면서 소는 먹을 것을 놓고 인간과 경쟁하게 되었으며 그들의 고기는 공개적인 쇠고기축제 때 베다의 추장들이 하던 전통적인 방식으로 모두에게 관대하게 나눠주기에는 너무 비싸졌다.

점점 인간에 비해 소가 감소했으며 이와 함께 쇠고기 소비도 줄었다. 특히 낮은 카스트 사람들의 경우는 더욱 그러했다. 그러나 이 과정에서 문제가 또 하나 있었다. 더 많은 사람이 살기 위해서는 단지 소를 없애기만 할 수는 없었다. 농민들은 북부 인도에 많은 단단한 땅을 갈아엎기 위해 쟁기를 끌 소가 필요했다. 사실 갠지스강에 인접한 평야를 갈아엎기 위해 소가 쟁기를 끌어야 했던 것이야말로 인구를 증가시키고 고기, 특히 쇠고기 먹는 것을 모두 일소하는 연쇄작용을 불러일으켰다. 그러나 사회의 모든 계급이 고기 먹는 습관을 동시에 포기하지 않은 것은 당연하다. 특권계급인 브라만과 크샤트리아는 소를 계속 도살했다. 그들은 이러한 자신들의 행운을 나눠주기 위해 평범한 사람들을 초대할 수 없게 된 뒤에도 오랫동안 쇠고기를 포식했다.

기원전 600년경에는 농민들의 생활수준이 하락하고 전쟁과 가뭄, 기근이 엄청난 피해를 초래했다. 옛날의 베다 신들은 실패하는 것 같았다. 종교적 지도자들은 보통사람들이 상징으로서 그리고 카스트제도의 불평등함을 물질적으로 표현하는 것으로서 동물살해를 점점 싫어하고 있음을 깨달았다.

이러한 긴장된 사회경제적 상황에서 세계 최초로 살생을 하지 않는 종교인 불교가 탄생했다. 기원전 563년에서 483년 사이에 훗날 부처로 이름을 알리게 되는 고타마가 살았다. 그의 주요한 가르침은 보통사람들의 고통을 반영했으며 그 시대 힌두교의 신념과 관행에 완전히 반대되었다. 불교의 팔정도(八正道, 유대교의 십계명에 해당함)에 나와 있듯이 부처는 동물이나 인간에게서 생명을 빼앗는 것을 저주하고 동물살해를 금지했으며 도살자를 저주했다. 그 대신 그는 구원을 얻는 수단으로 명상과 청빈의 맹세, 승려와 기도자들에 대한 선행을 제시했다. 부처는 쇠고기 먹는 것만을 특별한 죄악으로 보지는 않았다. 그러나 소가 제례살해의 주요대상이었기 때문에 동물희생제에 대한 그의 저주는 쇠고기를 먹는 자가 그 가운데서도 가장 큰 죄를 범하는 것이라는 의미를 내포했다.

나는 불교의 탄생이 대중의 고통과 환경적 고갈과 관련이 있다고 확신한다. 왜냐하면 이 시기에 인도에서 똑같이 동물살해에 반대하고 살생을 금지하는 비슷한 종교가 몇 개나 생겼기 때문이다. 살생을 금지하는 소수파로 가장 잘 알려진 자이나교는 현재까지도 살아남아 열성 신도 200만 명이 받드는 숱한 사원을 갖고 있다. 자이나교는 어떤 동물이든 죽이거나 먹는 것을 금지하기 위해 과감한 수단을 채택했다. 사제들은 빗자루를 든 조수가 그들이 우연히 밟을지 모르는 작은 벌레나 거미를 앞에서 쓸어주지 않으면 골목길이든 대로든 갈 수 없다. 사제들은 모기나 파리가 우연히 코나 입으로 들어가 죽는 것을 막기 위해 코와 입을 마스크로 가린다. 자이나교도는 오늘날에도 길을 잃거나 상처 입은 고양이·개·쥐·새 그리고 소를 돌보기 위해 수많은 동물보호소를 운영하고 있다. 가장 특이한 자이나교의 보호소는 벌레를 위해 마련된 방이다. 구자라트의 수도 아마다바드에서는 시 전역에서 열렬한 자이나교도가 벌레를 보호하기 위해 벌레가 들어 있는 더러운 흙이나 오물을 조심스럽게 보존해 이 방으로 가지고 온다. 조수들은 이 더러운 흙과 오물을 약간의 곡물과 함께 넣어놓는다. 방이 차면 이를 꼭 봉한다. 10년이나 15년이 지난 후 이 벌레들이 자연사했으리라고 생각될 때 조수는 이 방을 열어 그 안에 든 것을 꺼내 거름으로 판다.

불교의 쇠고기 소비금지는 소를 제물로 바치는 것에 반대하는 것으로 더 가난한 농민들의 열망에 부합했다. 보통사람들이 굶주리고 땅을 갈 소가 부족한 마당에 브라만들은 계속 소를 죽여 이를 먹고 살이 쪘다. 나는 브라만과 크샤트리아가 어떻게 탐욕스러운 축제를 위해 계속 소를 얻었는지 정확히 설명할 수는 없다. 그러나 일단 농민들이 남는 동물을 사원에 기꺼이 헌납하지 않거나 헌납할 수 없게 되자 과세나 징발 또는 다른 강제적인 수단이 필요하게 되었을 것이다. "빵이 없으면 케이크를 먹으면 되지" 하는 식의 분노의 흔적이 초기 브라만 교서에 나타난다. 신이 소에게 우주적인 힘을 주었기 때문에 쇠고기를 먹어선 안 된다는 주장에 한 브라만 현인은 이렇게 답했다.

"그것이 좋을지도 모르지. 그래도 나는 쇠고기를 먹겠어. 고기가 부드럽기만 하다면."

살생을 금하는 종교가 대중에게 강력하게 호소한다는 것을 깨달은 인도 초기 갠지스강 제국의 지배자들은 그 종교들이 번성하도록 놔두었으며 심지어 확산되는 것을 도왔다. 불교는 기원전 257년 마우리아 왕조 창시자의 손자이자 전 인도의 첫 황제였던 아소카왕이 고타마의 신도가 되었을 때 가장 융성했다. 비록 아소카왕은 소를 도살하는 것이나 소를 먹는 것을 금지하지는 않았지만 동물을 희생제물로 바치는 관행은 없애려고 했다(앞서 말했듯이 불교도들은 자신이 그 동물을 죽인 데 책임이 없다면 고기를 먹을 수 있었다).

9세기 동안 불교와 힌두교는 인도인의 위(胃)와 정신을 놓고 투쟁을 벌였다. 결국 힌두교가 이겼지만 브라만은 『리그베다』에 새겨진 동물희생제를 회복하지는 못했으며 살생금지의 원리(오늘날 아힘사라 알려져 있다)를 채택하고 자신을 소 살해자가 아닌 소보호자로 설정했다. 그들은 신은 고기를 먹지 않으므로 『리그베다』에 묘사된 제물은 순전히 은유나 상징이라고 주장했다. 이제 고기가 아니라 우유가 힌두교의 주요한 제사음식이자 브라만 계급의 주요한 동물성 단백질의 원천이 되었다. 브라만은 암소를 숭배하고 크리슈나와 다른 신을 가축과 동일시하는 대중의 경향을 그대로 놔둠으로써 불교에 대해 유리한 위치를 차지할 수 있었다. 불교도들은 결코 소를 신격화한다거나 크리슈나나 이와 견줄 만한 신들을 숭배하려는 어떠한 시도도 하지 않았다. 이런 태도는 기도보다는 명상을 통해 구원을 찾는 고타마의 본보기를 따른 것이었다. 불교의 대중적 기반은 침식되기 시작했으며 기원후 8세기 말이 되자 고타마의 종교는 그 발생지에서 완전히 사라져 버렸다.

힌두교와 불교의 투쟁에 관한 이러한 설명은 19세기 말 위대한 산스크리트 학자였던 미트라(Rajandra Mitra)가 최초로 완성했다. 그는 1872년 다음과 같이 썼다.

> 브라만들이 모든 희생제물을 매우 강력히, 성공적으로 비난하는 불교에 맞서 싸워야 했을 때 그들은 동물의 생명에 대한 경외심을 무너뜨리기에는 너무 강력하고 대중적이라는 것을 깨달았다. 그들은 점차 눈에 띄지 않게 이를 받아들여 이것이 마치 그들의 '가르침'의 일부인 것처럼 보이도록 했다.

미트라의 뛰어난 통찰에 덧붙이고 싶은 것은 브라만은 암소보호자가 됨으로써 또 쇠고기를 멀리함으로써 대중적인 종교적 교리뿐 아니라 더욱 생산적인 농경체제와 공존할 수 있게 되었다는 점이다. 덥고 메마른 열악한 조건에서 쟁기를 끌면서도 아주 적은 양의 먹이만 먹는 것으로 세계적으로 유명한, 튼튼하고 등이 굽은 얼룩소 종자의 원산지가 인도인 것은 결코 우연이 아니다.

무용한 소의 유용성

소를 도살하는 것과 쇠고기를 먹는 것이 금지되어 있는 상황에서 인도 시골에 소가 많은 것은 널리 알려진 고정관념과 달리 낭비나 어리석음을 나타내지 않는다. 인도 소들은 재배한 목초지나 인간의 식량을 재배하는 데 쓸 땅 위에서 풀을 뜯지 않기 때문에 자원을 두고 인간과 경쟁하지 않는다. 인구밀도가 오래전에 너무 높아져서 사람들은 그런 사치스러운 동물을 키울 수 없었다.

그 대신 이 동물들은 일하기 전까지는 거의 반은 굶주린 상태에서 살아간다. 소는 쟁기질하는 도중에 줄기나 왕겨, 나뭇잎, 집에서 나오는 쓰레기를 먹는다. 쟁기질하는 시기에는 사람이 먹을 수 없는 목화씨나 콩기름, 코코넛 기름을 짜고 난 찌꺼기도 먹는다. 그들은 질병에 대한 면역이 강하고 엄청나게 힘이 세서 말 그대로 쓰러져 죽을 때까지 일한다. 그런데 대부분은 12년 또는 그 이상 고된 일을 하고 나서야 죽는다. 농민들은 단지 쟁기를 끄는 힘 때문만이 아니라 인도 소가 생산하는 거름과 연료 때문에 그들을 인정한다. 지금도 소똥은 인도의 주요한 거름원이다. 게다가 나무와 석탄 그리고 연료용 기름이 부족하기 때문에 인도 가정주부 수백만 명은 요리에 마른 소똥을 이용한다. 소똥을 연료로 쓰면 거의 신경 쓸 필요가 없이 깨끗하고 지속적이다. 냄새 없는 불꽃도 나오는데, 이는 채소 요리를 하는 데 아주 적합하다.

그러나 오늘날 트랙터 대신 황소가 끄는 쟁기를 사용하는 것은 너무 비효율적이지 않을까. 전혀 그렇지 않다. 실제로 트랙터와 황소의 상대적인 효율성을 알아보기 위한 모든 연구는 인도 대부분의 지역적 조건 아래서는 동물이 트랙터보다 곡물생산 단위당 비용에서 더 효율적임을 보여준다. 35마력의 트랙터가 수소 두 마리보다 거의 열 배나 더 빨리 땅을 갈 수 있지만 트랙터를 사기 위해 투자해야 하는 초기비용은 동물에게 투자하는 비용보다 스무 배나 더 많다. 1년에 트랙터를 900시간 이상 사용하지 않는 한 트랙터를 사용하는 시간당 비용은 소 두 마리를 사용하는 시간당 비용을 초과한다. 이는 트랙터가 아주 큰 농장에서만 소보다 효율적임을 의미한다.

인도 농장 대부분은 규모가 아주 작다. 트랙터를 사용하는 것이 합리적이려면 이 기계를 빌려주는 적절한 조치가 있어야 한다. 이와 비슷한 조치는 동물이 끄는 쟁기를 사용하는 비용도 낮춘다. 1968년 이래 인도에서 트랙터가 괄목할 만큼 증가했는데도 트랙터를 가장 많이 사용하는 지방에서조차 쟁기를 끄는 동물은 줄지 않았다. 트랙터의 수리비용과 부속품의 값이 너무 비싸 기계를 쓰면서도 예비로 동물의 힘을 대기시켜 놓았기 때문이다. 또한 한바탕 트랙터 유행이 지나자 많은 트랙터 소유자가 이를 팔고 튼튼한 새 종자의 수소를 샀다는 증거도 있다.

수소를 소유하기 위해서는 암소가 있어야 한다. 그리고 전통적으로 암소의 첫 번째 기능은 값싸고 튼튼한 수소를 낳는 것이다. 우유와 소똥은 암소를 기르면서 얻을 수 있는 유용한 부산물이었다. 암소는 짚, 왕겨, 쓰레기, 나뭇잎, 길가의 풀 그리고 인간이 소화할 수 없는 것들을 먹고살았다. 심지어 수소보다도 더한 마을 청소부였다.

쇠고기를 먹거나 소를 도살하는 것을 금지함으로써 인간이 먹을 수 있는 동물성 식품의 양이 의미 있을 만큼 자의적으로 감소되었을까. 그런 것 같지는 않다. 많은 사람의 건강을 유지하게 할 책임이 있는 산업화 이전의 농업제도의 일부로서, 힌두교도의 소 도살과 쇠고기 소비금지는 해가 아니라 득이 되었다. 이 제도가 직면한 중요한 문제는 언제나 고기를 먹고 싶은 욕망을 채우기 위해 죽은 동물을 먹기보다는 활력에서나 영양상으로 더 유용한 살아 있는 동물을 도살하려는 경향이었다.

쇠고기를 먹는 데 대한 종교적 금기는 종교적 도살 자체를 금한다는 점뿐 아니라 오래 계속되는 건기나 가뭄 때문에 살기 힘든 시기에 야위고 새끼를 못 낳는 짐승들을 잡아먹으려는 사람들의 유혹을 억제함으로써 이러한 문제를 해결하는 데 이바지했다. 일시적으로 쓸모없는 암소나 황소의 목숨을 보존하지 않고는 농민들은 상황이 호전되었을 때 농업의 주기를 맞출 수 없었다. 쇠고기 금지가 그들이 기르는 가축의 목숨을 최대한 길게 유지시키는 만큼 이는 농경제도의 장기간의 효율성을 감소시키기보다는 증진시켰으며 필수적인 영양분 섭취에서 카스트에 따른 불평등을 감소시켰다.

도살과 쇠고기를 먹는 것을 위주로 하는 희생제의가 옛날 일이 되었음에도 현대의 인도인과 외국의 사업가들은 인도에 있는 '남아도는' 소를 잡아 해외, 특히 석유가 풍부하고 고기에 굶주린 중동 국가에 파는 사업을 하고 싶어 한다. 힌두교의 쇠고기 금지가 인도산 쇠고기 시장이 국내외적으로 크게 발달하는 것을 저지하는 한, 이는 전형적인 소농들이 파산하고 무토지 상태로 전락하는 것을 막아줄 것이다. 대규모 소시장이 수월하게 발달한다면 궁극적으로 인도 소의 값은 국제 소의 가격 수준까지 오를 것이고 사람들은 사료와 다른 물자를 소 키우는 데 바칠 것이다. 그리하여 소농들은 점점 쟁기 끌 동물을 기르거나 빌리거나 사기가 더 어려워질 것이다. 인간이 아니라 동물을 먹이기 위한 땅의 면적이 넓어짐에 따라 소수 상인과 부농은 이익을 얻겠지만 나머지 농업인구는 생산과 소비의 측면에서 한층 낮은 수준으로 몰락할 것이다.

인도에 있는 '남아도는' 그리고 '쓸모없는' 소를 도살하려는 계획의 또 다른 문제점은 서유럽 농학자의 눈에는 남아돌거나 쓸모없는 것 같은 동물들이 동물을 가진 사람들의 눈에는 그렇지 않다는 점이다. 도살이 금지되어 있는데도 힌두교도 농민들은 쓸모없어진 동물 대부분을 체계적으로 제거한다. 이는 소의 필요성과 조건에 따라 수소와 암소의 비율이 잘 조정되어 있다는 사실에서 알 수 있다. 농장의 평균규모, 강우유형, 재배작물, 우유를 내다팔 수 있는 도시와의 인접도에 따라 지역마다 소의 성비가 아주 다르게 나타난다. 예를 들어 주작물이 밀이고 농장규모가 크며 소를 주로 쟁기 끄는 데 이용하는 인도 북부에서는 수소가 암소의 거의 두 배나 된다. 그러나 쌀이 주곡물이고 쟁기를 끌 동물을 키우기에는 너무 작은 농장, 즉 약 2,023제곱미터밖에 안되는 전형적인 '우표' 농장이 대부분인 인도 남부의 일부 지역 농민들은 암소를 수소보다 세 배나 많이 키운다. 이 두 지역 소의 전체 수가 크게 차이 나기 때문에 소의 성비가 역전되는 이러한 현상이 수소는 북부로, 암소는 남부로 보낸 결과라고는 할 수 없다. 실제로 지역 간의 교역이 그 정도로 행해지고 있지도 않다.

케랄라의 트리반드룸 개발연구소의 연구조사에 따르면 지역에 따라 수소와 암소의 사망률이 크게 차이가 난다. 이는 그 지역 농민들이 암소가 더 많이 죽기를 바라는지 수소가 더 많이 죽기를 바라는지에 달려 있다. 내가 농민들에게 이러한 차이에 대해 설명해달라고 하자 그들은 마을 사람 가운데 아무도 사랑하는 소의 생명을 단축시키는 일을 하지 않는다고 대답했다. 그러나 그들은 자신들에게 가장 필요한 소가 어미소의 젖을 더 오래 빨도록 함으로써 그 지역에서 더 유용한 성별의 소를 더 잘 돌본다는 것은 인정했다. 불필요한 동물을 굶겨서 없애는 것은 비효율적으로 보일 수도 있지만 소가 서서히 죽어가는 것이 소 주인에게는 확실히 이익이다. 인도 소 대부분은 젖소 종자가 아니기 때문에 송아지가 자극하지 않는 한 우유가 나오지 않는다. 농민는 원하지 않는 송아지를 반(半)기아 상태로 놔둠으로써 비용은 최소화하고 어미소의 우유생산은 최대화한다.

현대 인도에서 힌두교도 농민들은 원치 않는 동물을 없애기 위해 또 다른 수단을 사용한다. 그들은 이를 이슬람 상인들에게 판다. 이슬람 상인들은 이 동물을 마을에서 가져가 지역시장에서 되판다. 이 동물 가운데 다수는 결국 합법적으로 도살되거나 이슬람교도들에게 도살된다. 이슬람교도들에게는 종교상 이런 행동이 금지되어 있지 않으며, 그 결과 그들은 도살업을 독점하는 이익을 누린다. 이슬람교도, 기독교도 그리고 하위 카스트의 힌두교도들은 쇠고기라고 표시되어 있거나 이슬람교도와 그들의 힌두교도 고객들과 이웃 간의 평화를 위해 아무데나 붙이는 '양고기' 표시가 있는 쇠고기를 엄청나게 구입한다.

그러나 기원후 8세기에 이슬람교도들이 오기 전에도 이와 비슷한 고기를 먹는 사람들이 분명히 있었을 것이다. 기원후 465년 찬드라굽타왕이 제정한 왕실칙령은 소를 죽인 죄를 브라만 승려를 죽인 죄와 똑같이 취급했다. 이는 쇠고기 금기와 브라만에 대한 숭배를 거부한 사람들이 있었음을 의미한다. 아마도 찬드라굽타가 제정한 칙령의 표적은 불교와 힌두교의 분파인 탄트라교의 추종자들이었을 것이다. 탄트라교는 금욕적이고 명상적이며 수도사적인 인도 종교와 철학의 주류에 일관적으로 반대해왔다. 탄트라교는 육식과 음주, 마약, 춤 그리고 제의적인 성교를 통해 우주와의 합일을 구한다.

쓸모없는 암소와 쓸모없는 농민의 과잉

고기를 먹는 사람들에는 탄트라교도와 이슬람교도, 기독교도 그리고 다른 비힌두교도 등이 있고 죽어서 썩어가는 소의 고기를 먹는 다양한 불가촉천민이 있다. 해마다 인도 소 수백만 마리가 내팽개쳐져 돌봄을 받지 못하거나 자연적 요인 때문에 죽는다. 이 소들은 죽은 고기를 먹는 자들이 차지한다. 이들은 더 높은 카스트 사람들의 요청에 따라 이런 소의 가죽을 벗겨 먹을 수 있는 부분을 먹는다. 고기를 익혀 먹으면 거의 위험하지 않다. 물론 이러한 소 한 마리에서 얻을 수 있는 쇠고기의 양은 살찌고 건강한 소에서 얻을 수 있는 양에 비하면 빈약하기 짝이 없다. 그러나 불가촉천민들은 살찌고 건강한 소의 고기를 먹을 수 없으므로 적은 양의 고기라도 그들의 빈약한 식생활을 개선하는 데 도움이 된다.

이들이 먹고 남는 '과잉의' '쓸데없는' 동물이 얼마나 될까. 한 경제학자의 계산에 따르면 인도에서 쟁기 끄는 수소 7,250만 마리를 유지하기 위해서는 새끼를 낳을 수 있는 암소가 2,400만 마리만 있으면 되는데 실제로는 현재 5,400만 마리가 있다. 여기서 그는 암소를 도살하는 것과 쇠고기를 먹는 것을 금지해 암소 3,000만 마리가 과잉상태에 있으며, 이들을 죽이거나 수출하는 것이 모든 사람에게 이익이 된다는 결론을 내렸다.

이 주장의 결점은 별로 생산적이지 않은 암소—정기적으로 새끼를 낳지 못하거나 우유를 많이 생산하지 못하는 암소—대부분이 가장 가난한 농민들의 소유라는 점을 간과한 것이다. 이들 암소의 번식률과 우유 산출량이 우스울 정도로 낮더라도 이 암소들은 비용효율적이며 농업인구 가운데 경제적으로 가장 취약한 자들의 중요한 재산이다.

왜 비생산적인 암소 대부분이 가장 가난한 농민들의 것일까. 그들은 땅이 거의 없기 때문에 암소에게 마을의 쓰레기와 길가에 있는 풀, 히아신스, 나뭇잎과 나무에서 나오는 허접한 먹이를 먹일 수밖에 없다. 바로 이들의 소가 먹이를 대부분 쓰레기에서 구하기 때문에 쓸모없는 길 잃은 소들이 모든 시골을 방황하고 도시에서 교통을 방해하고 음식 진열대 앞에서 먹이를 구걸하거나 훔쳐 먹는다는 인상을 준다. 그러나 이렇게 떠돌아다니는 동물은 대부분 주인이 있으며 그들은 자신의 동물이 하는 일을 알고 이를 장려한다. 비록 '배회하는' 동물이 때로는 경작지를 침범하고 다른 사람의 곡물을 망칠 수도 있지만 그 손실은—가난한 동물의 주인 관점에서 본다면—쓰레기를 뒤짐으로써 얻는 이점과 비교해봐야 한다.

암소 대부분은 반기아 상태인데도 조상인 인도 혹소의 튼튼함을 물려받아 '새끼를 못 낳는' 많은 암소가 조만간 송아지를 낳고 우유를 생산한다. 설령 어떤 암소가 3년이나 4년마다 송아지 한 마리만 낳고 하루에 우유를 2~3리터밖에 생산하지 못하더라도, 소와 우유의 가치에 소똥의 가치를 합하면 암소는 빈민들의 가계 수입을 3분의 1 또는 그 이상으로 끌어올리는 이익을 가져다준다. 또 암소는 지금 황소를 가지고 있는 사람에게는 커서 황소를 대신할 수송아지를, 수소가 없는 사람에게는 장차 황소로 만들 수송아지를 낳아준다.

물론 현대 농업의 관점에서는 적은 수의 소를 제대로 키우고 잘 먹일 수 없는 종자는 없애는 편이 훨씬 효율적일 것이다. 그러나 다른 관점도 있다. 과잉 상태인 쓸모없는 소를 없애는 것은 과잉 상태인 쓸모없는 농민을 없애는 것과 같다. 아무리 비쩍 마른 소라도 한 마리만 소유할 수 있다면 그것은 가난한 농민들에게 또 하나의 발판이 되며, 고리대금업자의 마수에게서 그들을 구해주고, 그들을 콜카타 거리밖에 갈 곳이 없는 땅 없는 농민들의 이농대열에 가담해야 할 처지에서 구해준다.

그렇다면 소를 위해 만들어진 저 유명하고 오래된 동물의 집은 어떻게 된 것인가. 이것이야말로 막대하게 '남아도는' '쓸모없는' 소가 종교적 감상 말고는 다른 아무런 이유도 없이 인도에 살아 있다는 증거가 아닌가. 인도에 있는 동물의 집 약 3,000개는 그 자체로서 동물보호와 관련이 있음을 나타낸다. 여기에는 소 58만 마리가 수용되어 있다. 일부 보호소들은 종교와 자선을 주목적으로 하는 기관인데 실제로 순선히 손해를 보고 소를 봐준다. 다른 보호소들은 근본적으로는 이윤을 위한 낙농사업 기관들이다. 이들은 소수의 쓸모없는 소를 신앙심의 표시로서 또는 '애완동물'(애완동물에 대해서는 뒤에서 더 자세히 다루겠다)로서 기른다. 힌두교도가 아니라 자이나교도들이 정말로 쓸모없는 동물을 수용해 자선 헌금에 의존해 먹이와 경비를 충당하는 보호소 대부분을 운영한다. 오로지 신앙심에서 기부하는 경우는 거의 없다. 자이나교의 동물 보호소는 길 잃은 가축을 길거리나 사람들의 농장과 정원에서 격리한다.

이런 점에서 이 보호소들은 서유럽 동물보호소와 비슷하다. 미국동물애호협회도 자선 헌금으로 운영해야 한다. 두 경우 모두 누군가가 보호소의 동물을 되찾아가지 않는 한, 예상수명은 그리 길지 않다. 인도의 보호소들은 동물에게 주사를 놓아 죽이는 대신 굶겨 죽이고 있지만, 연간 동물포획 책임량을 이행하기 위해 자신들의 손님을 죽일 필요가 있다는 점에서는 미국동물애호협회와 똑같다.

이런 문제에 관한 최고 권위자 로드릭(Deryck Lodrick)은 자이나교와 힌두교의 보호소에 있는 소 가운데 3분의 1, 즉 17만

4,000마리가 쓸모없다고 추정했다. 나는 그 가운데 대부분이 자이나교의 보호소에 있는 것이 아닐까 생각하지만 이 둘의 합계를 놓고 생각해보더라도 이는 인도에 있는 소 1억 8,000만 마리 가운데 0.1퍼센트도 되지 않는다. 설사 그럴 리 없겠지만 만약 소보호소를 운영하는 사람들이 쓸모없는 동물과 유용한 동물을 돌보는 데 똑같은 노력을 들인다고 하더라도 이 자선사업에 드는 비용은 국가 전체로 볼 때는 그리 크지 않다.

동물 보호소는 전체적인 가치·관념·제의 시스템의 일부다. 이 전체 시스템이 야기한 역사적 성과—엘리트들이 쇠고기를 낭비하지 못하도록 금지시킨 것—를 볼 때, 극소수의 열광적인 소보호소 옹호자에 의해 발생하는 비용은 정당화될 수 있다. 어떤 시스템도 완전하지는 않다. 심지어 나라 전체가 기업 같은 미국조차도 공공방송 프로그램, 리틀리그 야구팀에 대한 지원 같은 '낭비적인' 관례를 없앨 방안을 생각해내지 못하고 있다.

그러므로 내가 생각한 대로 (인도에 있는 나의 많은 동료도 이제 동의하는 것처럼) 힌두교에서 소도살과 쇠고기 금지가 '비합리적'이라고 하는 것은 쇠고기나 우유를 얻기 위해 소를 기르는 데 익숙하고 경작을 위해 트랙터를 사용하는 서양인들의 상상에서 비롯된 것이다. 결국 쇠고기를 금지한 덕분에 많은 인도인이 동물성 음식을 더 적게 먹는 것이 아니라 오히려 더 많이 먹을 수 있다.

왜 암소가 숭배의 대상이 되었는가

여기서 잠시 내가 지금 말한 것이 왜곡되지 않도록 해두어야겠다. 나는 전통적 제도가 결함이 없으며 개선될 수 없고 과거에 그랬듯이 오늘날에도 똑같이 효율적이라고는 결코 생각하지 않는다. 여기에는 이런 결론을 터무니없는 것으로 만드는 악순환이 존재한다. 인구증가, 토지소유 면적의 감소, 지나친 방목, 침식 그리고 사막화 때문에 다른 생산비용에 비해 소를 먹이는 비용이 증가하게 되었다. 이 때문에 더욱 작고 값싼 소 종자에 대한 수요가 다시 증가했으며 더 가난한 가구가 가질 수 있는 쟁기 끄는 동물의 질이 점차로 낮아졌다. 지리학자 차크라바르티(Chakravarti)의 말을 들어보자.

토지에 대한 인구의 압박이 증가하고 소가 먹을 먹이가 적고 영양학적으로 균형이 잡히지 않게 되었기 때문에 소의 질이 점점 나빠져 우유를 생산하고 쟁기를 끄는 데 효율이 낮아졌다. ……사람들은 감소한 효율을 소를 늘림으로써 보완하려고 했다. ……소의 증가는 다시 더 심각한 먹이 부족 현상을 초래했다.

쟁기를 끄는 힘에서나 우유생산에서 현재의 종자를 개량할 수 있는 여지는 많다(그리고 항상 있어왔다). 소의 힘과 우유생산을 개선하기 위한 종합적인 계획의 일환으로 오늘날보다 훨씬 자유롭게 소를 도살하는 것이 유리했을 수도 있다(이는 길 잃은 동물과 사원에 있는 정체를 알 수 없는 동물 무리를 없애는 데 도움이 되었을 것이다). 그러나 아무리 상상력을 발휘한다고 해도 전통적 제도의 효율이 감소한 것이 쇠고기 혐오 때문이라고 할 수는 없다. 인구증가, 식민주의, 카스트제도나 소작제를 탓할 수는 있지만 고기보다는 우유를 얻는 데 소를 더 많이 이용한 것을 비난해선 안 된다! 인도의 식량 사정은 점점 나빠졌지만 소도살을 허용한다고 해서 그것만으로 인도의 식생활이 폭넓게 개선되리라는 증거는 전혀 없다.

지난 20년간 인도의 1인당 곡물생산과 낙농생산은 눈에 띄게 성장했다. 지금까지는 멕시코나 브라질처럼 쇠고기를 먹는 국가와 비교해볼 때 동물성 식품의 생산에 충당되는 곡물은 아주 적다. 현재 멕시코나 브라질에서는 육우가 사회의 계급피라미드에서 최하층에 해당하는 사람들보다 3분의 1에서 2분의 1 정도 더잘 먹는다. 소도살금지가 궁극적으로 쟁기 끄는 소와 젖소의 종자개량에 걸림돌이 되고 있긴 하다. 하지만 가장 급박한 문제는 여전히 인간을 위한 곡물 공급을 줄이지 않고 어떻게 이 동물들을 먹이느냐는 것이다. 그러므로 고기를 생산하기 위해 곡물을 전용하는 것을 금지하는 데서 오는 이익이 도살금지가 종자를 개량하려는 프로그램에 가하는 손실보다 더 많은 것 같다.

간디 이야기로 돌아가보자. 그는 소에 대해 감상적이고 신비주의적으로 헌신했지만 소를 향한 사랑이 그의 추종자들에게 주는 실제적인 의미를 잘 알고 있었다. 그들과 마찬가지로 간디는 결코 최하층의 삶에 대한 통찰을 저버리지 않았다.

"왜 암소가 숭배의 대상으로 선택되었는지 내게는 명백하다."

"암소는 인도에서 가장 훌륭한 친구다. 암소는 풍요를 가져 다준다. 암소는 우유를 줄 뿐 아니라 농사를 지을 수 있게 해주었다."

이러한 생각은 또 다른 주요한 질문에 대한 답을 제시한다. 왜 다른 동물이 아니라 소가 힌두교의 전형적인 상징이 되었는가. 그 답은 다른 어떤 동물(또는 다른 어떤 존재)도 인간을 위해 그렇게 많은 결정적인 헌신을 할 수 없기 때문이다. 다른 어떤 존재도 인도 혹소처럼 쓸모가 많고 힘이 세고 효율적이지 않다. 인도에서 열리는 동물의 어머니를 뽑는 경연에 나가기 위해서 경연에 참가하는 동물은 최소한 쟁기를 끌 만큼 크고 힘이 세야만 한다. 이 조건만으로도 개와 고양이는 물론 염소·양·돼지가 제외된다. 남는 것은 낙타·당나귀·말 그리고 물소다.

왜 낙타를 신격화하지 않았을까. 실제로 기후가 건조한 인도 북서부지역에서는 많은 농민가 쟁기를 끄는 데 낙타를 이용한다. 그러나 인도에서 쟁기 끄는 동물이 갖추어야 할 이상적인 특징은 습기가 많은 날씨에도 견딜 수 있어야 한다는 것이다. 낙타는 인도 대부분의 지역에서 우기에 내리는 빗속에서는 흐느적거리며 맥을 못 쓴다. 진창에 빠진 낙타는 보기만 해도 가엾다. 낙타는 진창에서 빠져나오려고 하다가 다리가 부러지기 일쑤다.

당나귀와 말은 어떤가. 당나귀와 말도 쟁기를 끌지만 앞으로 설명할 것과 같은 이유 때문에 몸무게 1킬로그램당 소보다 더 많은 풀과 짚을 먹어야 한다. 비상시에 소처럼 잎사귀나 껍질 같은 다양한 비상식량을 먹고살 수 있는 능력도 부족하다.

이제 남은 것은 물소인데, 물소는 현대 인도의 주요한 우유 공급원이다. 물소젖은 소젖보다 크림이 더 많고 수물소는 보통 수소보다 깊은 진창에서 쟁기를 더 잘 끈다. 그러나 물소를 기르는 데는 비용이 더 많이 들고 인도 혹소보다 힘과 회복력이 부족하며 가뭄에도 훨씬 약하다. 물소는 북인도의 평상적인 건기에 매일 몸을 물로 적시지 않으면 살 수 없다. 물소는 진창에서는 일을 잘하지만 인도의 전형적인 농장처럼 단단하고 태양에 달구어진 먼지 많은 땅을 가는 데는 인도 혹소보다 훨씬 뒤떨어진다. 끝으로 물소를 젖 짜는 데 이용하는 것은 도시 시장의 성장, 젖소 종자의 발달과 연관 있는 근대의 산물이다. 이렇게 제한된 피조물은 모든 것을 포용하는 생명의 어머니로서 인도 대중의 흠모를 받을 수 없었다.

나는 암소 신격화에 관한 간디의 설명에 약간 덧붙이고자 한다. 암소는 우리에게 우유를 줄 뿐 아니라 인도의 토양과 기후에 가장 효과적이고 값싼, 쟁기 끄는 동물의 어머니다. 쇠고기를 먹는 식생활 방식은 에너지 측면에서 봤을 때 비용이 많이 들며, 사회적으로도 분열을 일으킨다. 이러한 식생활 방식이 다시 출현하는 것을 막는 힌두교의 안전장치에 대한 보답으로 소는 땅이 인간의 생명과 함께 비옥한 열매를 맺을 수 있도록 한다.

4

혐오스러운 돼지고기

깨끗한 음식과 부정한 음식에 관한 종교적 규정 뒤에는
생태학적 요인이 있지만 그 효과는 일방적이지 않다.
종교적으로 인정된 식생활 방식은 개종의 표시이자
신앙심의 척도로 확립되었으며, 이를 발생시킨
생태학적·경제적 환경에 반작용을 가할 수 있다.

돼지고기를 기피하는 이유

언뜻 보면 돼지고기를 혐오하는 것은 쇠고기를 거부하는 것보다 더 비합리적인 것 같다. 돼지에게는 모든 포유류 가운데 가장 신속하고 효과적으로 식물을 고기로 전환하는 능력이 있다. 돼지한 마리는 일생 동안 그 먹이 속에 들어 있는 에너지 가운데 35퍼센트를 고기로 전환할 수 있다. 이에 비해 양은 13퍼센트, 소는 겨우 6.5퍼센트 전환할 수 있을 뿐이다. 새끼돼지가 살이 1킬로그램 찌는 데 먹이가 3킬로그램에서 5킬로그램 드는 데 비해, 송아지는 1킬로그램이 찌려면 먹이를 10킬로그램이나 먹어야 한다.

소는 송아지 한 마리를 낳는 데 아홉 달이 걸리고 현대의 조건 아래서도 생후 4개월이 지나야 몸무게가 약 181.5킬로그램이 된다. 그러나 암퇘지는 4개월도 채 안 되는 수태기간이 지나면 새끼를 여덟 마리 이상 낳고 이 새끼돼지는 6개월이 지나면 몸무게가 약 181.5킬로그램이 나간다.

돼지의 본질은 인간의 영양과 즐거움을 위해 고기를 생산하는 것이다. 그런데 왜 고대 이스라엘 왕들은 백성들이 돼지고기를 맛보기는커녕 살아 있거나 죽은 돼지를 만지지도 못하게 했을까.

너희는 이 고기를 먹지 말고 주검도 만지지 마라. 이것들은 너희에게 부정하니라(「레위기」 11:8).

이런 부류는 너희를 부정케 하나니 누구든지 이것들의 주검을 만지면 부정할 것이며(「레위기」 11:24).

구약성서에서 금지하는 고기는 많지만 코란에는 사실상 고기에 대한 금지가 없다. 그런데 왜 돼지고기만 알라의 승인을 받지 못했을까.

> 알라께서 너희에게 금하는 것은 이것뿐이다. 썩은 고기, 피 그리고 돼지고기.

계율을 엄수하는 많은 유대인에게는 구약성서가 돼지를 '부정'하다고 규정한 것만으로도 이 금기를 자명하게 설명하는 것이 된다. 현대의 한 권위 있는 랍비는 "돼지의 불결한 습성을 본 적이 있는 사람이라면 아무도 그것이 왜 금지되어 있는지 묻지 않을 것이다"라고 말했다.

돼지고기를 더럽다는 이유로 싫어하고 혐오하는 것은 랍비 마이모니데스(Mose Maimonides) 시대로 거슬러 올라간다. 그는 12세기 이집트의 이슬람 황제 살라딘(Saladin)의 궁정의사였다. 마이모니데스와 그의 이슬람 군주는 돼지와 돼지고기를 먹는 자들, 특히 돼지고기를 먹는 기독교도를 강렬히 혐오했다.

"돼지고기를 법으로 금하는 주된 이유는 돼지의 습성과 먹이가 매우 더럽고 혐오스럽기 때문이다."

"만약 법이 이집트인과 유대인에게 돼지를 기르도록 허용한다면 카이로에 있는 집과 거리들은 유럽처럼 더러워질 것이다. 돼지의 입은 똥처럼 더럽기 때문이다."

마이모니데스는 한쪽 면밖에 보지 못했다. 그는 깨끗한 돼지를 본 적이 없었다. 배설물을 먹는 돼지의 습성은 본성적인 결함 때문이 아니라 주인인 인간들이 비용을 아끼려고 하기 때문에 생기는 것이다. 돼지는 뿌리나 열매, 곡물을 먹는 것을 더 좋아한다. 돼지는 달리 먹을 것이 없기 때문에 배설물을 먹는 것이다. 사실 돼지를 굶주리게 놔두면 다른 잡식동물들, 그 가운데 가장 주목할 만한 존재인 그들의 주인처럼 그들은 서로 잡아먹기라도 할 것이다. 더러운 곳에서 뒹구는 것도 돼지의 타고난 성격은 아니다. 돼지는 자기 몸을 시원하게 하려고 뒹군다. 돼지는 오줌과 똥으로 더럽혀진 진창보다는 깨끗한 진창을 훨씬 더 좋아한다.

유대인과 이슬람교도는 돼지를 가장 더러운 동물이라고 규정하면서 아무런 설명도 없이 똥을 먹는 다른 가축에게는 훨씬 관용적인 태도를 보였다. 예를 들어 닭과 염소도 동기와 기회만 주어지면 스스럼없이 똥을 먹는다. 개 역시 인간의 똥을 쉽게 먹는 가축이다. 특히 중동에서는 똥을 먹는 개들이 돼지에 대한 금지 때문에 남은 쓰레기장을 차지하고 있다. 유대인은 개고기를 금하지만 개를 돼지처럼 혐오하거나 만지거나 쳐다보기만 해도 안 된다고는 생각하지 않는다.

마이모니데스는 돼지고기를 먹지 않는 이유를 돼지가 똥을 먹는다는 사실에서 찾으려고 했다. 그러나 이런 설명에는 일관성이 없었다. 「레위기」는 고양이나 낙타 같은 다른 여러 동물의 고기를 금지하고 있는데 그렇다고 이 동물들이 배설물을 먹는 동물은 아니다. 또한 알라신은 돼지고기만 빼고 다른 모든 고기는 먹어도 좋다고 하지 않았는가. 마이모니데스의 이슬람 황제가 돼지고기를 제외한 모든 종류의 고기를 먹을 수 있었다는 사실은 성서의 청결 개념을 오직 똥을 먹지 않는다는 사실과 동일시하는 것을 별로 설득력 없게 만들었다. 그래서 마이모니데스는 다른 동물들이 돼지보다 깨끗하다는 태도를 취하는 대신, 궁정의사로서 성서에 나타난 금기 전체에 대해 적절한 이론을 제시했다. 금지된 품목들은 그것 가운데 하나— 돼지 —가 똥을 먹어서 더럽기 때문만이 아니라 그것들 전부 사람 몸에 좋지 않기 때문이다. 그는 이렇게 말했다.

"나는 법으로 금지된 음식은 몸에 좋지 않다고 생각한다."

그런데 과연 어떤 식으로 몸에 안 좋은가. 이 위대한 랍비는 특히 돼지에 대해서는 분명하게 말했다.

"돼지고기에는 쓸데없이 습기가 많고 불필요한 것이 너무 많이 들어 있다."

다른 금지된 음식에 대해서는 '유해한 성질'이 너무나 자명해서 더 이상 논할 필요도 없었다. 돼지고기 기피에 관한 마이모니데스의 공중위생 이론이 과학적으로 정당화되기까지는 세월이 700년 더 흘러야 했다. 1859년 최초로 선모충증과 날돼지고기와의 임상적 연관관계가 밝혀졌다. 그 후 이는 유대교와 이슬람교에서 돼지고기 금기에 관한 가장 일반적인 설명이 되었다.

마이모니데스가 말했듯이 돼지고기는 건강에 나쁘다. 성서를 의학적 발견과 양립시키는 데 열성적인 신학자들은 성서에 있는 다른 금지된 음식에 대해서도 공중위생적인 설명을 덧붙여 완성된 체계를 만들기 시작했다. 야생동물과 짐을 나르는 동물들은 소화하기에 고기가 너무 질기기 때문에 금지되었다. 조개는 장티푸스균을 보균하고 있으므로 피해야 한다. 피는 혈류가 세균의 완전한 매체이기 때문에 먹기 적당하지 않다.

돼지고기의 경우에는 이러한 정당화가 역설적인 결과를 초래했다. 유대교 개혁론자들은 이제 이 금기들에 대한 과학적이고 의학적인 이유를 알았으므로 더 이상 돼지고기 금기는 필요하지 않다고 주장하기 시작했다. 고기를 완전히 익혀 먹기만 하면 된다는 것이었다. 예상대로 이는 정통 유대교도의 반발을 불러일으켰다. 그들은 신의 법률을 기록한 책이 '일종의 부수적인 의학문헌'으로 전락한 것에 경악했다. 그들은 「레위기」에 들어 있는 신의 목적은 결코 완전히 알 수 없지만 그런데도 식사법은 신성한 의지에 대한 복종의 표시로서 지켜야 한다고 주장했다.

어쨌든 수천 년 전에는 19세기에 발견된 의학적 사실에 기초한 돼지고기 기피에 대한 선모충증 이론을 알 수 없었다. 그러나 나는 그 이론을 문제라고 생각하지 않는다. 사람들이 어떤 음식을 먹기에 적당하지 않은 음식의 목록에 올리기 위해 반드시 그 음식의 해로운 영향에 관해 과학적으로 알아야만 하는 것은 아니다. 만약 돼지고기를 먹는 것이 건강에 나쁘다면 이스라엘인이 돼지고기 소비를 금지하기 위해 선모충증에 관해 알 필요도 없었을 것이다. 어떤 버섯이 유해하다는 것을 알기 위해 그 독성분의 분자화학식을 알 필요는 없다.

나는 돼지고기 금기의 핵심은 선모충증 이론과 완전히 다른 근거에 의존한다고 생각한다. 나는 돼지고기에 특별히 인간에게 병을 일으키는 요인이 있는 것은 절대 아니라는 점을 말하려고 한다. 모든 가축은 인간의 건강에 해로울 가능성이 있다. 가령 잘 익히지 않은 쇠고기에는 촌충(寸蟲)이 대량 서식한다. 이 촌충은 인간의 장 안에서 약 487.7~762센티미터까지 자라 빈혈을 초래하고 다른 질병에 대한 신체의 저항력을 감소시킨다. 소·염소·양은 열과 통증, 피로 증세를 나타내는 브루셀라병으로 알려진 박테리아 질병을 옮긴다. 소와 양, 염소가 옮기는 가장 위험한 질병은 탄저병으로 1881년 파스퇴르(Louis Pasteur)의 탄저병 백신이 개발되기 전까지는 유럽과 아시아에서 동물과 인간 모두에게 아주 흔한 질병이었다. 감염되어도 대부분 증세가 나타나지 않고 치명적인 결과를 거의 일으키지 않는 선모충증과 달리 탄저병은 종기가 나기 시작하면서 급속히 진행되어 마침내 죽음에 이르게 한다.

돼지고기 금기가 신에 의해 제정된 건강 법령이라면 이는 가장 오래전에 기록된 의학적 과실이다. 선모충증에 대한 예방책은 돼지고기를 금기시하는 것이 아니라 잘 익히지 않은 돼지고기를 금지하는 것이다. 잘 익히지 않은 돼지고기에 대해 간단히 주의를 주는 것만으로도 충분했을 것이다.

"너희는 붉은색이 없어질 때까지 익히지 않은 돼지고기는 먹어서는 안 되느니라."

또한 똑같은 충고를 소·양·염소에 대해서도 했어야 할 것이다. 그러나 의학적 과실을 들어 야훼에게 책임을 물을 수는 없지 않겠는가.

돼지고기의 비용 편익

구약성서에는 먹어도 좋은 고기와 금지된 고기를 구분하는 정교한 규칙이 포함되어 있다. 이러한 규칙은 더러운 습성이나 건강에 나쁜 고기에 관해서는 한마디도 언급하지 않는다. 그 대신 먹어도 좋은 동물의 특정한 해부학적·생리적 특성에 주의를 기울인다. 「레위기」11장 1절에는 다음과 같이 쓰여 있다.

> 짐승 중 무릇 굽이 갈라져 쪽발이 되고 되새김질하는 것은 너희가 먹어도 좋으니라.

조금이라도 진지하게 돼지고기가 먹기 적당하지 않은 이유를 설명하려면 여기에 한마디도 언급되지 않은 배설물이나 몸에 해롭다는 점에서 출발하는 것이 아니라 여기에 나와 있는 규칙에서 출발해야 한다. 「레위기」에는 돼지고기가 이 규칙 가운데 한 가지만 만족시킨다는 것이 명백히 서술되어 있다.

"돼지는 굽이 갈라져 쪽발이다."

그러나 돼지는 또 다른 규칙을 충족시키지 못한다.

"그것은 되새김질을 못 한다."

먹어도 좋은 동물을 지지하는 사람들은 자신들의 명예를 위해 야훼의 돼지 혐오를 이해하는 열쇠로서 되새김질과 갈라진 발굽이라는 규칙의 중요성을 강조했다. 그러나 그들은 이 규칙이 이스라엘인이 가축을 사용하는 방식의 산물이라는 것을 보지 못했다. 반대로 그들은 이스라엘인이 가축을 사용하는 방식을 이 규칙의 결과로 보았다. 예를 들어 인류학자 더글러스(Mary Douglas)에 따르면 되새김질을 할 것과 발굽이 갈라져 있을 것이라는 규칙 때문에 발굽은 갈라졌지만 되새김질은 하지 않는 돼지는 "어느 쪽에도 속하지 않는" 동물이 되었다. 그녀는 더러움의 본질은 "제자리에 있지 않는 물질"이므로 "자기 자리가 없는" 동물은 불결하다고 주장한다. 그런데 돼지는 자기 자리가 없을 뿐 아니라 이것도 저것도 아니었다. 따라서 불결하고도 위험하다. 그러므로 돼지는 먹기 적당하지 않은 것이 되었을 뿐 아니라 혐오스러운 것이 되었다. 그러나 이런 주장은 완전히 순환논리이지 않은가. 돼지가 분류상에서 놓일 자리가 없다는 말은 돼지를 먹어선 안 될 것으로 규정하기 위해 「레위기」가 먹어도 좋은 음식을 규정했음을 의미한다.

우선 왜 유대인이 먹을 수 있는 동물은 되새김질을 해야 한다고 생각했는지 주의를 기울여보자. 고대 이스라엘인이 기른 동물 가운데 되새김질을 하는 것에는 세 가지, 즉 소·양·염소가 있었다. 이 세 가지 동물은 고대 중동지역에서 음식을 제공하는 가장 중요한 동물이었다. 그 이유는 고대인들이 제멋대로 반추동물이 먹기 좋다(그리고 그 젖이 먹기에 좋다)고 생각하기 때문이 아니다. 반추동물은 섬유소가 많이 들어 있는 식물을 먹는 채식동물로서 되새김질을 하기 때문이다.

되새김질을 하는 동물의 신체구조는 모든 가축 가운데 풀이나 짚 같은 거친 섬유질 먹이를 소화하기에 가장 효과적이다. 그들의 위(胃)에는 박테리아가 이 물질을 부수고 부드럽게 하는 커다란 발효 '통'인 방이 네 곳 있다. 음식을 먹을 때 반추동물은 거의 씹지 않는다. 음식은 곧장 위의 첫 부분인 반추위(rumen)로 가 거기서 곧 발효되기 시작한다. 소는 때때로 이 반추위에 있는 내용물을 부드러운 알약―되새김질 거리―처럼 도로 토해 잘 씹어서 더 잘 소화하기 위해 다른 '방'으로 보낸다.

섬유질을 소화시키는 반추동물의 뛰어난 능력은 중동지역에 사는 인간과 가축의 관계에서 아주 중요하다. 반추동물을 키움으로써 이스라엘인과 그들의 이웃은 인간이 먹어야 할 곡물을 가축과 나눠 먹지 않고도 고기와 젖을 얻을 수 있었다. 소·양·염소는 섬유소가 너무 많아 아무리 끓여도 인간이 먹기에는 적당하지 않은 풀이나 짚, 건초, 그루터기, 관목과 잎사귀들을 먹고산다. 이들은 먹을 것을 놓고 인간과 경쟁하지 않으며 똥을 비료로 제공하고 쟁기를 끌어서 농업생산력을 높인다. 또한 의복과 신발, 마구(馬具)의 재료를 제공한다.

나는 이 수수께끼를 시작할 때 돼지가 식물성 식품을 동물의 살로 전환하는 데 있어 포유류 가운데 가장 효율적인 동물이라고 말했다. 그러나 나는 돼지가 어떤 종류의 식물성 식품을 먹는지에 대해서는 말하지 않았다. 돼지에게 밀이나 옥수수, 감자, 콩, 기타 섬유소가 적은 것들을 먹이면 실로 전환의 기적을 이룩할 것이다. 그러나 돼지에게 풀이나 그루터기나 나뭇잎처럼 섬유소가 많은 것을 먹이면 오히려 살이 빠질 것이다.

돼지는 잡식동물로 되새김질을 하지 않는다. 사실 돼지의 소화기관과 영양의 측면에서 돼지에게 필요한 것은 원숭이와 유인원을 제외하면 다른 어떤 포유류보다도 인간과 비슷하다. 동맥경화증, 칼로리와 단백질 결핍증, 영양의 흡수와 신진대사에 관한 많은 의학적 연구를 하는 데 돼지가 필요한 것은 이 때문이다. 그러나 돼지고기 금기에는 돼지가 풀이나 다른 섬유소가 많은 식물을 먹고살 수 없다는 것 외에 다른 요인이 있었다. 그것은 바로 돼지는 중동의 기후와 생태에 잘 적응할 수 없다는 점이다. 덥고 황량하고 태양이 내리쬐는 초원에서 살았던 소나 양, 염소의 조상과는 달리 돼지의 조상은 물이 많고 그늘진 숲의 골짜기와 강둑에서 살았다. 신체의 열을 조절하는 돼지의 시스템은 덥고 태양이 모든 것을 말리는 아브라함 자손들의 고향에서 살기에는 적합하지 않다.

소와 양, 염소 같은 열대종자들은 물이 없어도 오랫동안 지낼 수 있으며, 땀을 흘리면서 과도한 열을 발산할 수 있다. 또 가죽 색이 밝고 털이 짧고 빽빽하기 때문에 태양열을 막을 수 있다(열을 가두는 빽빽한 털은 추운 곳에 사는 종자들의 특징이다). 땀을 흘리는 사람을 보고 "돼지처럼 땀을 흘린다"라고 흔히 말하지만 이는 해부학적으로 근거가 없는 말이다. 돼지는 땀을 흘리지 못한다―돼지에게는 땀샘 역할을 하는 것이 없다(사실 모든 동물 가운데 인간이 땀을 가장 많이 흘린다).

털이 성긴 돼지가죽은 태양열을 거의 막아주지 못한다. 그러면 돼지는 어떻게 몸을 식힐까. 많이 헐떡거리는 것도 도움이 되지만 대개 바깥에 있는 물에 몸을 적셔서 식힌다. 여기서 우리는 돼지가 진창에서 뒹굴기를 좋아하는 이유를 알 수 있다. 돼지는 진창에서 뒹굴면서 기화열과 차가운 땅을 통해 열을 전도시켜 발산한다. 실험에 따르면 진흙이 물보다 냉각효과가 높다. 옆구리에 온통 진흙이 묻었을 경우 물만 묻었을 때보다 기화가 가장 잘되는 시간이 두 배 이상 오래 지속된다. 이는 왜 돼지에게 더러운 습성이 있는지도 설명해준다. 기온이 섭씨 30도 이상으로 올라갈 때 깨끗한 진흙 구덩이가 없으면 돼지는 참을 수 없게 되고, 더위로 인한 발작을 피하기 위해 자기의 똥과 오줌 위에서 뒹굴기 시작한다. 흔히 큰 돼지일수록 주변 온도가 높아지는 것을 더 참지 못한다.

그러므로 중동지역에서 돼지를 기르는 것은 반추동물을 기르는 것보다 훨씬 힘들다. 돼지에게는 인공 그늘을 만들어줘야 하고, 돼지가 뒹굴 수 있도록 따로 물을 준비해줘야 하고, 인간이 먹을 수 있는 곡물이나 다른 식물성 식품을 먹여야 하기 때문이다.

게다가 돼지가 인간에게 제공하는 것도 반추동물보다 적다. 돼지는 쟁기를 끌지도 못하고, 그 털로 옷감을 만들기에도 적당하지 않고, 젖을 짜기에도 적당치 않다. 큰 가축 가운데 특이하게 돼지는 고기로서 인간에게 가장 크게 이바지하는 동물이다(좀더 작은 동물 가운데 기니피그와 토끼가 그렇다. 그러나 닭은 고기를 제공할 뿐 아니라 알도 낳는다).

이스라엘 민족 같은 유목 민족들은 농사에 적당한 땅을 찾아 헤매던 기간에 돼지를 친다는 것은 생각할 수도 없었다. 황야의 유목민들은 한곳에서 다른 곳으로 먼 거리를 이동하는 동안 더위와 태양으로부터 돼지를 보호하기 어렵고 물이 부족하다는 이유만으로 아무도 돼지를 치지 않았다. 따라서 국가가 형성되는 동안 고대 이스라엘인은 돼지고기가 먹고 싶어도 그다지 먹을 수 없었다.

이러한 역사적 경험은 확실히 먹어보지 못해 익숙하지 않은 음식인 돼지고기를 기피하는 전통이 정착하는 데 이바지했을 것이다. 그러나 왜 이 전통은 이스라엘인이 정착한 농경민이 된 오랜 후에도 신의 계율로 기록되어 유지되고 강화된 것일까. 내가 생각하기에 그 이유는 단순히 유목 생활에서 생긴 전통이 관성과 오랜 습성으로 널리 퍼졌기 때문이 아니라 돼지를 치는 것이 여전히 너무 힘들었기 때문이다.

중동에서 돼지치기가 쇠퇴한 이유

고대 이스라엘에서 있었던 돼지고기 금기가 근본적으로 비용편익을 비교해본 뒤 선택한 것이었다는 이 이론에 반대하는 비평가들은 이스라엘의 약속된 땅을 포함해 중동의 많은 지역에서 돼지를 성공적으로 길렀다는 것을 증거로 제시한다. 그 사실에는 논쟁의 여지가 없다. 사실 중동의 여러 지역에서 1만 년 동안—양과 염소만큼 오랫동안 그리고 소보다 더 오랫동안—돼지를 길러왔다. 고고학자들이 발굴한 가장 오래된 신석기시대의 마을들—요르단의 예리코, 이라크의 자르모, 그리스의 아르기사-마룰라—에서는 야생동물에서 가축으로 변화했음을 보여주는 돼지 뼈가 여러 종 발견된다. 중동에 있던 몇몇 청동기시대 이전의 마을들(기원전 4000~2000년)에서는 고고학자들이 제단이나 예배소라고 파악하는 곳 근처에서 수많은 돼지 유골이 발굴된다. 이것들은 제사 때 돼지를 죽여 돼지고기 잔치를 벌였음을 암시한다.

우리는 기독교가 창시되던 시대에 성서에 나오는 지역에서도 여전히 돼지를 키우고 있었음을 알고 있다. 신약성서(「누가복음」)에는 갈릴리호수 근처에 있는 가다렌 지방에서 예수가 군대라는 한 남자에게서 악마들을 내쫓아 산 위에 있는 돼지 떼에게 들어가도록 했다는 말이 나온다. 돼지들은 스스로 호수 쪽으로 내달아 호수에 빠져 죽었으며 군대라는 남자는 정신이 온전해졌다. 현대 이스라엘에서조차 북부 갈릴리에서는 돼지 수천 마리를 기른다. 그러나 처음부터 소나 양, 염소보다 돼지를 적게 길렀으며 더 중요한 것은 시간이 지나면서 돼지치는 일이 이 지역 전체에서 쇠퇴했다는 사실이다.

북미와 레반트에서 다년간 경험을 쌓은 인류학자 쿤(Carton Coon)은 돼지치는 일이 이렇게 전반적으로 쇠퇴한 이유를 일관적으로 설명한 최초의 학자였다. 그는 중동에서 돼지치기가 쇠퇴한 이유로 삼림의 황폐화와 인구증가를 들었다. 신석기시대 초기에는 돼지에게 빈 그늘과 웅덩이뿐 아니라 도토리, 밤, 기타 여러 가지 숲에서 자라는 먹을 것을 제공하는 오크나무와 너도밤나무 숲이 있었다. 그래서 돼지들이 코로 땅을 파며 먹을 것을 찾으면서 지낼 수 있었다. 인구밀도가 높아지고 농지면적이 증가하고 곡물, 특히 올리브나무를 심기 위해 사람들이 오크나무와 너도밤나무 숲을 베어내기 시작하자 돼지가 서식할 생태학적 조건도 사라져버렸다.

쿤의 생태학적 설명에 최근의 성과를 덧붙인다면 숲이 파괴됨에 따라 숲 가장자리와 초지도 파괴되었고, 대개 숲에서 경작지, 초지, 사막으로 바뀌는 연속적 단계를 밟으며 황폐화가 진행되었다. 이 단계가 진전되면서 반추동물을 기르는 편이 훨씬 더 유리해졌고 돼지를 기르는 것은 점점 더 불리해졌다. 전 연방 식량농업기구 회장 화이트(Robert Whyte)는 아나톨리아지역에서 기원전 5000년에 전 지역 면적의 70퍼센트를 차지하던 숲의 면적이 최근에 13퍼센트로 줄었다고 보았다. 인구증가와 농업 집약화 과정에서 카스피해(海) 해안에 있던 숲은 4분의 1만 살아남았고 카스피해 산지에 있는 습기 찬 숲은 절반, 자그로스산의 오크나무와 향나무 숲은 5분의 1이나 6분의 1, 엘부르즈와 코라산지역의 향나무 숲은 20분의 1만이 살아남았다.

생태학적인 변화과정을 통해 돼지사육의 실제적 기반이 사라졌다는 내 주장이 옳다면 중동에서 돼지의 지위가 특별히 낮은 이유를 이해하기 위해 더글러스가 말한 식으로 "분류법상 변칙에 속하기 때문"이라는 주장을 끌어올 필요가 없다. 돼지사육이 농업에 맞지 않는다는 것은 아주 명백했으며 이는 돼지의 지위가 낮아진 이유를 아주 잘 설명한다.

돼지를 기르는 것은 오직 한 가지 목적, 즉 고기를 얻기 위해서였다. 생태학적 조건들이 돼지사육에 적합하지 않게 되었는데 돼지에게는 이를 벌충할 만한 다른 기능이 없었다. 돼지는 쓸모없어졌을 뿐 아니라 그보다 더 나쁜, 다시 말해 만지거나 봐서도 안

되는 해로운 혐오동물이 되었다.

이러한 변화는 인도에 사는 소와는 눈에 띄게 대비된다. 비슷한 생태학적 고갈, 즉 삼림의 황폐화, 침식, 사막화 때문에 소 역시 먹기 적당하지 않은 것이 되었다. 하지만 다른 점에서, 특히 쟁기를 끌고 우유를 생산한다는 점에서 소는 이전보다 더 유용한 동물이 되었으며 보거나 만지는 것만으로도 축복이 되는 신성한 동물이 되었다.

이렇게 볼 때 이스라엘에 남아 있는 언덕 사면의 숲이나 소택지의 서식지에서 쉽게 돼지를 키우거나 그늘과 물이 부족한 곳에서 노력하며 돼지를 키우는 일들은 이 금기의 생태학적 기초와 모순되지 않는다. 만일 돼지를 키울 최소한의 가능성도 없다면 돼지에 관한 금기가 있을 이유가 없다. 힌두교의 소보호 역사가 보여주듯이 종교의 힘이 커지는 것은 이미 존재하는 유용한 관행과 일치한다. 또 종교가 사람들의 의심과 유혹을 물리치기에는 완전히 석연치 않은 결정을 내리는 데 도움이 될 때 종교의 힘은 커진다. 팔중도나 십계명을 보면 신은 대개 불가능한 일을 금지하거나 있을 수 없는 일을 벌하는 데 시간을 낭비하지 않는다.

낙타를 먹지 않은 이유

「레위기」는 일관되게 되새김질을 하지 않는 모든 척추동물을 금한다. 예를 들면 돼지 외에도 말·고양이·개·쥐·파충류 등인데 이들은 전부 되새김질을 하지 않는다. 또한 「레위기」에는 너무나 복잡한 내용이 들어 있다. 「레위기」는 되새김질을 하는 것으로 알려진 땅에 사는 세 가지 척추동물을 금한다. 즉 낙타·토끼 그리고 히브리어로 사반이라는 동물이다. 되새김질을 하는 이 세 동물을 먹어선 안 되는 이유는 이들이 '굽이 갈라져' 있지 않기 때문이라는 것이다.

> 되새김질은 하지만 너희가 먹지 못할 것은 이러하니 낙타는…… 굽이 갈라지지 아니했으므로, 사반은…… 굽이 갈라지지 않았으므로…… 토끼도…… 굽이 갈라지지 아니했으므로……(「레위기」 11:4~6).

엄밀히 말해 낙타는 반추동물이 아니다. 섬유소를 소화하는 방이 해부학적으로 반추동물과는 전혀 다르다. 그러나 낙타는 소나 양, 염소와 아주 비슷하게 발효를 시키고 다시 토하고 되새김질을 한다. 그러나 토끼를 반추동물로 분류한 것은 즉각적으로 「레위기」를 기록한 기자(記者)의 동물학적 견식에 의심을 품게 한다. 토끼는 오직 자신의 똥을 먹어야만 풀을 소화할 수 있다. 이는 소화되지 않은 섬유소를 다시 내장을 반복해서 통과시키는 문제를 해결하는 아주 특별한 방법이다(이런 방식을 학술용어로 자기분식성coprophagy이라 한다).

이제 '사반'을 살펴보자. 성서에서 사반은 '바위오소리' '세로그릴러스(cherogrillus)' 또는 '바위너구리'라고 되어 있다.

이 세 가지 말 모두 바위 절벽이나 돌이 많은 언덕 꼭대기에서 무리 지어 사는 다람쥐만 한 작고 교활하고 굽이 있는 비슷한 종류의 동물을 가리킨다. 사반에게는 또 '대시'(dassie)와 '대몬'(damon)이라는 별명이 있다. 이는 서로 상당히 유사한 종인 하이랙스 카펜시아(Hyrax capensia), 하이랙스 시리아쿠스(Hyrax syriacus) 또는 프로캐비아 카펜시스(Procavia capensis) 가운데 하나였을 것이다. 어느 것이었든 이 동물은 반추위가 없고 되새김질을 하지 않았다.

결국 이스라엘인이 먹어선 안 되는 진짜 반추동물은 낙타뿐이었다는 것이 된다. 되새김질을 하지 않는 육지에 사는 척추동물의 고기는 먹어선 안 되었다. 그리고 되새김질을 하는 육지에 사는 척추동물 가운데 낙타만 금지되었다. 그렇다면 왜 낙타는 예외가 되었는지, 토끼와 사반에서 보이는 혼동은 어떻게 된 것인지 설명해보자.

내 설명은 「레위기」에 나와 있는 음식에 대한 규범은 대개 이미 존재하던 전통적인 음식에 대한 편견과 금기를 기록한 것이라는 점에서 출발한다(「레위기」는 이스라엘 역사에서 아주 후기에 속하는 기원전 450년 이후에 와서야 쓰였다). 「레위기」를 기록한 기자는 먹어도 좋다고 나와 있는 육지의 척추동물에서 간단한 공통점을 찾아내는 과제를 안고 있었을 것이라고 생각된다. 만약 「레위기」 기자가 동물학에 대해 더 많이 알았더라면 되새김질을 한다는 것 한 가지만 기준으로 삼고, 거기에 '낙타는 예외'라는 단서만 덧붙이면 되었을 것이다. 왜냐하면 내가 방금 말했듯이 낙타만 빼고 「레위기」에서 암묵적이거나 명시적으로 금지하는 모든 육지동물, 즉 말·고양이·개·쥐·토끼·파충류 등은 전부 되새김질을 하지 않는 동물이기 때문이다.

그러나 「레위기」 기자들이 동물학적 지식이 확고하지 못했다는 점을 감안한다면 그들은 낙타가 반추동물 가운데 먹어선 안되는 유일한 동물이라는 점을 확신할 수 없었을 것이다. 그래서 그들은 갈라진 발굽, 낙타에게는 없지만 다른 친숙한 되새김 동물에게는 있는 특징인 갈라진 발굽이라는 조건을 추가했다(낙타는 발굽 대신 크고 유연한 발가락이 두 개 있다).

그런데 왜 낙타가 먹기 적당하지 않은 동물이 되었을까. 그들은 왜 낙타고기를 업신여겼을까. 내 생각에 낙타를 다른 반추동물과 구별한 것은 낙타가 사막의 환경에 특히 잘 적응한 동물이기 때문인 것 같다. 물을 저장하고 더위를 견디고 무거운 짐을 싣고 굉장히 먼 거리를 다닐 수 있으며, 사막의 모래 돌풍에서 보호해주는 긴 속눈썹과 꼭 닫을 수 있는 콧구멍이 있는 낙타의 뛰어난 능력 때문에 낙타는 중동의 사막 유목민들에게 가장 중요한 재산이었다(낙타의 혹 속에는 물이 아니라 지방이 들어 있다. 이 지방은 에너지 저장고 역할을 한다. 지방을 혹 속에 집중적으로 저장함으로써 나머지 피부에는 아주 얇은 지방층만 있어도 되며 따라서 낙타는 몸의 열을 쉽게 발산할 수 있다).

그러나 이스라엘인은 마을 농민들처럼 낙타를 이용할 일이 거의 없었다. 사막이라는 조건을 제외하면 양과 염소 그리고 소가 더욱 효과적으로 섬유소를 고기와 젖으로 전환시킨다. 게다가 낙타는 번식률이 낮다. 여섯 살이 되어야 암컷 낙타는 새끼를 낳을 수 있고 수컷 낙타는 교미를 할 수 있다. 설상가상으로 수컷 낙타는 발정기(이 기간에 도발적인 냄새를 내뿜는다)가 1년에 단 한 번이고 암컷 낙타의 임신 기간은 열두 달이나 된다. 고대 이스라엘의 식량 공급에서 낙타고기나 낙타젖이 중요한 비중을 차지한 적은 한 번도 없었다. 아브라함과 요셉처럼 낙타가 있었던 몇 안 되는 이스라엘인은 이를 순전히 사막을 건너기 위한 수송수단으로만 이용했다.

이슬람교도가 낙타고기를 먹는다는 사실은 이러한 해석을 더욱 타당하게 한다. 코란은 돼지고기는 특별히 금지하는 반면 낙타고기는 특별히 허용한다. 사막을 여기저기 옮겨 다니는 모하메드의 유목민 베두인 추종자들의 생활방식은 전적으로 낙타에 의존하고 있었기 때문이다. 낙타는 그들의 주요 수송수단이자 동물성 식품의 주공급원—주로 낙타젖의 형태로—이었다. 낙타고기는 일상적인 음식은 아니었지만 베두인들은 사막을 여행하다가 식량이 다 떨어지면 비상식량을 얻기 위해 낙타를 죽일 수밖에 없었다. 낙타고기를 금지하는 이슬람교는 결코 위대한 세계종교가 되지는 못했을 것이다. 그랬더라면 아라비아의 심장부를 정복할 수도 없었을 것이고 비잔틴과 페르시아제국에 대항해 공격을 개시할 수도, 사하라 사막을 가로질러 사헬과 서부 아프리카로 뻗어갈 수도 없었을 것이다.

「레위기」 기자가 음식에 관한 규범을 합리화하고 이를 기록하려 했을 때 그 규범의 대부분은 이미 대중적으로 존재하던 믿음과 관습에 기초하고 있었을 것이다. 따라서 그들에게는 이미 존재하는 음식에 대한 선호와 기피의 유형을 포괄적인 인지적 이론

체계와 연관시키는 분류원칙이 필요했다. 그때 이미 낙타고기에 대한 금기가 존재했으므로 먹어도 좋은 육지 척추동물의 분류원칙으로서 되새김질을 하는 것만 들기에는 불충분했다.

낙타를 제외하기 위해서는 또 다른 기준이 필요했다. 이것이 '갈라진 발굽'이라는 기준이 포함되게 된 경위다. 낙타의 발모양은 소나 양, 염소와는 완연히 구분된다. 낙타의 발은 갈라진 굽 대신 갈라진 발가락으로 되어 있다. 그래서 「레위기」 기자는 낙타를 먹기에 적당하지 않은 동물로 분류하기 위해서 되새김질을 한다는 조건에 '갈라진 발굽'이라는 조건을 덧붙였던 것이다. 토끼와 사반을 잘못 분류한 것을 보면 「레위기」의 기자들이 동물을 잘 몰랐다는 것을 알 수 있다. 「레위기」 기자들은 발에 대해서만큼은 옳았다. 토끼는 발톱이 있고 하이랙스(그리고 프로캐비아)는 앞에는 작은 굽 세 개, 뒤에는 작은 굽 다섯 개를 갖고 있다. 그러나 되새김질에 관해서는 틀렸다. 아마도 토끼와 사반이 끊임없이 입을 움직이기 때문에 그렇게 생각했던 것 같다.

일단 먹을 수 있는 고기와 먹을 수 없는 고기를 구분하는 기준으로 발이 사용되자, 돼지는 단순히 되새김질을 하지 않는다는 것만으로 금지될 수 없었다. 돼지에게는 되새김질을 하지 못하는 것만으로도 결정적인 결함이 있었는데도 되새김질 여부와 발의 해부학적 구조를 전부 고려해야 했다.

이것이 육지에 사는 척추동물에 대한 금기의 규칙이 왜 단순히 되새김질을 하지 않는다는 것 이상으로 정교화되었는지에 대한 나의 이론이다. 아무도 「레위기」 기자가 누구였는지 알 수 없고 그들의 머릿속에서 일어난 생각을 알 수 없으므로 이를 증명하기는 어렵다. 그러나 먹어도 좋은 음식에 대한 규정이 내가 말한 방식으로 생겨났든 그렇지 않든, 이렇게 늘어난 규정을 토끼와 사반에게 적용한다고 해서 영양학적·환경적 비용 편익의 균형에 영향을 미치지는 않았다. 왜냐하면 토끼와 사반은 야생동물이기 때문에 이들보다 훨씬 생산적인 반추동물들을 기르는 데 애쓰지 않고 이들을 사냥하러 다니는 것은 시간낭비이기 때문이다.

브라만의 소보호자의 경우를 돌이켜볼 때 나는 일반적인 식생활 방식을 기록하고 이론을 구축하고 재형성하는 학식 있는 사제들의 능력을 의심하지 않는다. 그러나 이렇게 '처음부터 끝까지' 기록하는 것이 일반적으로 영양학적으로나 생태계적으로 역효과를 야기한다거나 사제들이 결과가 이런데도 즐겁게 기록했다고는 생각하지 않는다. 모든 동물학적 착오와 분류상의 실수보다 더 중요한 것은 「레위기」가 고전적인 되새김질을 하는 가축을 고대 이스라엘인을 위해 가장 효율적으로 고기와 젖을 공급하는 공급원으로 생각했다는 점에서 옳았다는 것이다.

추상적인 신학적 원칙에서 금지된 종자들의 현란한 목록을 살펴보면, 그 결과는 영양학적이고 생태학적인 관점에서 봤을 때 유익하거나 아니면 사소한 것이다. 예를 들어 「레위기」는 새 가운데 독수리·물수리·타조·솔개·송골매·수리부엉이·올빼미·갈매기·매·갈마우지·따오기·검둥오리·펠리컨·콘도르·황새·후투티 그리고 박쥐(말할 것도 없이 새가 아닌) 고기를 금한다. 나는 이 목록이 기본적으로 더 작은 금지된 날짐승들의 목록을 확대하려는 사제들의 시도에서 나온 것이 아닌지 의심스럽지만 이 역시 증명할 방법은 없다. 이 '새' 가운데 많은 것이 펠리컨이나 가마우지처럼 바다새로 내륙에서는 거의 볼 수 없다. 또한 이 목록은 어딘지 너무 확대된 듯한 분류원칙에 기초하고 있는 듯하다. 즉 그것들은 대개 육식동물이고 '약탈하는 새'다. 아마도 이 목록은 이 원칙을 일차로 그 지역의 흔한 '새'에, 다음에는 이방의 새에 적용한 데서 생겨났을 것이다. 이는 자연과 초자연적인 세계를 기록하는 자들이 특별한 지식을 확인함으로써 이루어진다.

어찌되었든 이 목록은 아무런 해도 끼치지 않는다. 이스라엘인이 설사 껍질과 깃털 그리고 전혀 먹을 수 없는 모래주머니가 제일 큰 부분을 차지하는 독수리나 물수리, 갈매기 같은 새를 먹었다고 가정하더라도, 그들은 굶어죽을 지경이거나 달리 먹을 것이 없지 않는 한 이런 새들을 잡으려고 시간을 낭비하지는 않았을 것이다. 내륙지방에 사는 이스라엘인의 식량원이었을 것 같지 않은 대합조개와 굴에 대한 금기도 마찬가지다. 그리고 요나의 경우가 그들이 바다로 갔을 때 일어난 일의 본보기라면, 이스라엘인이 고기를 먹기 위해 고래를 잡아서는 안 된다고 주의를 받은 것도 있을 법한 일이다.

돼지고기의 생태학

다시 돼지로 돌아가자. 이스라엘인만이 돼지고기를 금지했다면 돼지금기에 대한 두 가지 설명 가운데 하나를 고르기는 더 어려웠을 것이다. 돼지고기 금기가 여러 상이한 중동 문화에서 나타난다는 사실은 이스라엘의 돼지고기 금기가 정결한 동물과 부정한 동물에 관한 종교의 가르침에 대한 특수한 신념이라기보다 실제적인 조건에 대한 대응이었다는 견해를 뒷받침한다. 중동의 각기 다른 최소한 세 개의 주요한 문화—페니키아·이집트·바빌로니아—가 이스라엘인과 마찬가지로 돼지고기를 싫어했다. 이는 이스라엘인이 그들의 이웃과 자신을 구분하기 위해 돼지고기를 금지한다는 말이 사실이 아님을 보여준다(물론 유대인이 돼지고기를 먹는 기독교 국가에 흩어져 살게 된 이후에는 돼지고기 혐오가 그들의 민족적 '표지'가 되었다. 그들에게는 돼지고기를 향한 자신들의 오랜 경멸을 그만두어야 할 아무런 이유도 없었다. 토지 소유가 금지되었으므로 유럽에서 그들의 생업은 농업보다는 수공업과 상업이었다. 따라서 돼지고기를 안 먹는다고 해서 어떤 생태학적·경제적 불이익도 없었던 반면 다른 동물성 식품들은 풍부했다).

이스라엘을 제외한 나머지 세 곳의 경우는 아주 초기에는 돼지고기를 자유롭게 먹었다. 예를 들어 이집트의 무덤에 있는 회화와 조각들을 보면 신왕국시대(기원전 1567~1085년)에 와서 돼지고기가 점점 더 저주와 금지의 대상이 되었음을 알 수 있다. 말기 왕조시대(기원전 1088~332년) 마지막 무렵 이집트를 방문했던 헤로도토스는 이렇게 썼다. "이들은 돼지고기를 불결한 동물로 생각해 만약 어떤 남자가 길을 가다가 우연히 돼지를 건드리면 즉시 강으로 달려가 옷을 입은 채로 강물에 뛰어든다." 예수가 가다렌의 돼지들을 갈릴리호수에 몰아넣었을 당시의 로마령 팔레스타인과 마찬가지로 일부 이집트인들은 계속 돼지를 키우고 있었다. 헤로도토스는 이 돼지 떼를 사원에는 절대로 발을 들여놓을 수 없고 동족끼리 결혼하는 최하층민으로 묘사했다.

이집트의 돼지금기에 대해서는 돼지고기를 금하는 남부의 오시리스신 신자들이 돼지고기를 먹는 북부의 세트신 신자들을 정복함으로써 남부 이집트의 음식선호가 북부에 강요되었기 때문이라는 해석이 있다. 이런 설명의 난점은 만약 그런 정복이 일어났다면 돼지금기는 왕조시대 아주 초기에 일어났어야 한다는 점이다. 즉 이는 돼지금기가 말기 왕조시대에 더 강화되었다는 것을 설명할 수 없다.

나는 이집트의 돼지금기는 나무가 없는 나일강 유역에 밀집된 인구와 인간이 먹을 수 있는 식물성 식품이 필요한 돼지 사이에 존재하는 근본적인 갈등을 반영한다고 생각한다. 구왕국시대의 한 교서는 어려운 시기에 인간과 돼지가 먹을 것을 놓고 어떻게 경쟁했는지 극명하게 보여준다. "사람들은 돼지의 입에서 음식을 빼앗아 먹었다. 예전 같으면 '이런 것은 나보다는 너나 먹는 게 낫다'고 했을 것이다. 사람들은 너무나 배가 고팠다."

사람들은 어떤 음식을 돼지 입에서 빼앗아 먹었을까. 땅에 대한 왕의 권한을 뽐내는 제2차 중간기의 다른 문헌을 보면 돼지가 먹은 것이 인간이 먹기에 적합한 곡물이었다고 말하고 있음을 알 수 있다. "그들의 땅 가운데 가장 좋은 땅은 우리를 위해 경작되고 있다. 우리의 소는 델타에 있으며 돼지에게는 밀을 먹인다." 로마 역사가 플리니우스(Plinius)는 이집트에서는 돼지를 살찌우기 위해 대추야자를 먹인다고 했다. 이처럼 이집트에서 돼지를 특별

대우하는 것은 돼지고기를 먹을 수 없었던 가난한 농민과 돈 많고 권세 있는 귀족들의 입맛에 딱 맞는 돼지들 사이에 틀림없이 강력한 적대감을 일으켰을 것이다.

이집트에서처럼 메소포타미아에서도 돼지는 오랫동안 인기를 끌다가 그 영광에서 추락했다. 고고학자들은 티그리스와 유프라테스강 하류를 따라 생긴 최초의 정착지에서 집돼지의 진흙 모형을 발견했다. 텔 아스마르(기원전 2800~2700년)에서 발굴된 동물 뼈의 30퍼센트가 돼지 뼈다. 초기 왕조시대에도 우르에서는 돼지고기를 먹었고 초기 수메르 왕조 때에도 돼지 떼와 돼지 도살을 전문으로 하는 도살업자가 있었다. 돼지가 인기를 잃은 것은 수메르인들의 관개된 경지가 소금에 오염되기 시작하면서 소금에 잘 견디지만 상대적으로 수확률이 낮은 보리가 밀을 대신하게 되면서였다. 이러한 농업 관련 문제들은 수메르제국이 붕괴하고 기원전 2000년 이후 권력의 중심이 바빌론으로 넘어가던 시기에 일어났다. 함무라비왕 치하(기원전 1900년)에서도 돼지는 계속 사육되었지만 그 후로는 메소포타미아의 고고학적·역사적 기록에서 실질적으로 사라졌다.

가장 명백한 돼지금기 사례는 이슬람이다. 앞에서도 말했지만 돼지고기는 알라신이 유일하게 명백히 금지한 고기다. 모하메드의 베두인 추종자들 역시 황무지를 떠도는 유목민 사이에서는 어디서나 찾아볼 수 있는 것처럼 돼지를 혐오했다. 이슬람교는 아라비아반도에서 대서양을 향해 서쪽으로 확산되면서 북부 아프리카인들에게 가장 큰 위세를 떨쳤다. 그들에게 돼지사육은 농업보다 부차적인 일이었고 전혀 돼지사육을 하지 않기도 했으므로 코란의 돼지고기 금기는 식생활이나 경제에 어떤 심각한 피해도 끼치지 않았다. 동쪽으로는 지중해에서 이란, 아프가니스탄, 파키스탄, 인도에 걸쳐 있는 반(半)사막지역에서 이슬람교는 다시 한번 가장 큰 위세를 떨쳤다. 나는 이슬람교를 받아들인 사람들 전부 이전에 돼지고기를 좋아하지 않았다고 말하려는 것은 아니다. 그러나 일찍이 개종해 이슬람교도가 된 많은 사람이 식생활이나 기본적인 관습에서 별로 큰 혼란을 겪지 않은 것은 모로코에서 인도에 걸친 지역에 사는 사람들이 코란이 쓰이기 오래전부터 동물성 식품으로 주로 소나 양, 염소를 먹고 살아왔기 때문이다.

이슬람교의 중심지에서도 지역의 생태학적 환경이 돼지를 기르기에 매우 적합한 곳에서는 여기저기에서 돼지를 길렀다. 쿤은 돼지고기를 안 먹는 지역에 둘러싸인 돼지고기를 먹는 지역―모로코 아틀라스산맥의 오크나무숲에 있는 베르베르마을―에 대해 서술한 바 있다. 이 마을 사람들은 명목상으로 이슬람교도인데도 돼지를 길렀다. 그들은 낮에는 돼지를 숲에 풀어놓았다가 밤에는 집으로 데리고 왔다. 그들은 자기들이 돼지를 기른다는 사실을 부정했고 돼지를 절대 시장에 내다팔지 않았으며 방문객들에게 돼지를 숨겼다. 돼지를 먹는 이슬람교도의 여러 사례를 통해 우리는 돼지를 사육하기에 적당한 조건이 주어진다면 이슬람교가 종교적 계율만을 따라 돼지고기를 완전히 먹지 않을 수 있다고 과대평가해서는 안 된다는 것을 알 수 있다.

이슬람교는 돼지사육을 전통적인 농경제도의 주요 부분으로 하는 지역에 많이 침투시키지 못했다. 생태학적으로 돼지사육에 적합한 말레이시아, 인도네시아, 필리핀 그리고 사하라사막 이남의 아프리카 같은 지역들은 이슬람교의 적극적인 활동 영역의 외곽선을 형성한다. 이 경계선지역에는 돼지고기를 먹는 '이교도', 돼지고기를 먹는 이슬람 이단자들 그리고 돼지고기를 먹는 기독교도들의 저항이 있었다. 이 때문에 이슬람교는 지배적인 종교가 되지 못했다. 세계적인 돼지 생산국인 중국에는 이슬람교가 거의 침투하지 못했으며 이슬람교는 대개 중국 서부의 사막이나 반사막지역에 국한되어 있다. 달리 말하면 오늘날까지도 이슬람교의 지리적 한계는 돼지를 기르기에 적합한 숲지역과 태양이 너무 강하고 건조하고 더워서 돼지를 기르는 것이 무모하고 힘 드는 곳 사이의 생태학적인 변이지역과 일치한다.

나는 깨끗한 음식과 부정한 음식에 관한 종교적 규정 뒤에는 생태학적 요인이 있다고 생각하지만 그 효과가 일방적이지 않다고 생각한다. 종교적으로 인정된 식생활 방식은 개종의 표시이자 신앙심의 척도로 확립되었으며, 이를 발생시킨 생태학적·경제적 환경에 반작용을 가할 수 있다.

이슬람교의 돼지고기 금기의 경우, 종교적 신념과 실제적으로 긴급한 동물 사육 간에 발생하는 상호작용이 남부 유럽의 지중해 연안 여러 지역에서 기독교도와 이슬람교도 간의 선전포고 없는 생태학적 전쟁을 초래했다. 돼지를 키우지 않는 이슬람 농민들은 자연히 돼지를 키우기에 적합한 숲을 보존해야 할 필요성을 별로 느끼지 않았다. 그들이 가진 비장의 무기는 숲을 엄청나게 먹어치우는 염소였다. 염소는 재빨리 나무를 타고 올라가 나뭇잎과 가지들을 먹어치웠다. 염소를 놓아 키움으로써 이슬람교도들은 자신에게 유리한 환경을 어느 정도 넓혀갔다.

이를 통해 생태학적으로 돼지사육에 적합하지 않은 지역이 넓어졌으며 예언자의 말씀을 받아들이는 데 있어 주요한 장애가 하나 제거되었다. 지중해의 이슬람지역에서는 삼림이 두드러지게 황폐화되었다. 예컨대 알바니아는 돼지를 기르는 기독교지역과 돼지를 혐오하는 이슬람지역으로 확실히 나뉘었는데 이슬람지역에서 기독교지역으로 넘어가면 숲의 면적이 확 넓어지는 것을 금세 알 수 있다.

이슬람의 돼지금기 때문에 염소가 숲을 황폐화했다고 결론내리는 것은 잘못일 것이다. 어쨌든 중동에서는 이슬람교가 생기기 오래전부터 소와 양, 염소를 좋아했으며 돼지는 좋아하지 않았다. 이러한 선호는 덥고 황량한 기후 속에서 젖과 고기, 쟁기 끌기 그리고 다른 서비스와 산물을 제공하는 데 있어서 반추동물이 다른 가축보다 비용 편익의 측면에서 효율적이었기 때문에 생겨났다. 이는 수천 년에 걸쳐 축적된 집합적인 지혜와 실제 경험을 구체화한 반박할 수 없을 정도로 '올바른' 생태학적·경제적 결정을 대표적으로 보여준다.

그러나 신성한 암소에 관한 설명에서 내가 이미 지적했듯이 어떤 체제도 완벽하지는 않다. 인구증가와 정치적 착취가 결합해 인도의 농업이 피폐해졌듯이 이슬람지역에서도 마찬가지였다. 인구와 정치적 압력에 대한 대응으로 염소 대신 돼지를 더 많이 키웠더라면 생활수준에 더 심한 역효과를 끼쳤을 것이고 인구밀도는 훨씬 낮아졌을 것이다.

이 모든 것이 이슬람교 같은 변종종교가 사람들에게 순전히 신성한 계명에 대한 복종심으로 자신의 식생활을 바꾸도록 할 수는 없음을 말하지는 않는다. 사제, 수도사, 성자들은 대부분 실제적인 필요에서가 아니라 신앙심에서 맛있고 영양이 풍부한 음식을 거부한다. 그러나 나는 음식을 금기해 일반인들이 영양을 충분히 섭취할 수 없게 하는 종교가 번성하는 것을 본 적이 없다. 그와는 반대로 신성한 소와 혐오스러운 돼지고기라는 수수께끼를 푸는 가운데 나는 중요한 네 가지 종교―힌두교·불교·유대교·이슬람교―의 음식에 대한 선호와 혐오가 그 신도들의 영양학적·생태학적 복지와 균형을 잘 이룬다는 것을 증명했다. 그렇다면 기독교는 어떨까. 주류 기독교가 명백하게 금지해온 동물이 하나 있다. 이제 그 동물에 관한 수수께끼를 풀어보자.

5

말고기

한 가지는 확실하다. 대영제국이
그토록 확장할 수 있었던 것은
주로 멋지게 손질한 훈련된 말과
이를 탄 엘리트 여단을 이룬 영국 기병대의
탁월함 덕분이라는 것이다.
말고기를 기피한 것은 이러한 힘에 대한
귀족적인 자부심을 채워주기 위해서였고
그들의 사기를 북돋우기 위해서였다.

말의 역사

왜 미국인들은 말고기를 먹지 않을까. 말고기가 쇠고기보다 붉어서? 하지만 미국인들은 붉은 고기를 좋아한다. 말고기는 쇠고기보다 달다. 그렇지만 티본스테이크나 안심스테이크에 달콤한 케첩과 스테이크 소스를 듬뿍 뿌려 먹는 사람들에게 그것이 무슨 상관이 있을까.

질감의 측면에서 보면 말고기에는 특히 이점이 있다. 말은 한 번도 그 고기의 질을 향상시키려는 목적으로 사육된 적이 없는데도 망아지일 때뿐 아니라 늙어서도 고기가 연하다. 단지 과로한 말의 고기만이 질길 뿐이다. 또한 말고기는 비계가 거의 없는 살코기다. 요즘처럼 다이어트에 민감한 시대에 칼로리와 콜레스테롤이 적으며 연하고 붉다. 이보다 더 매력적인 고기가 어디 있을까.

말고기 수수께끼는 미국 문화와 다른 문화를 비교해보면 더욱 알 수 없어진다. 유럽 대륙 대부분에서 사람들은 말고기를 먹는다. 프랑스, 벨기에, 네덜란드, 독일, 이탈리아, 폴란드 그리고 러시아인 모두 말고기를 먹기 좋은 것이라고 생각하며 매년 상당한 양의 말고기를 먹는다.

프랑스에서는 3명 가운데 1명꼴로 말고기를 먹는다. 프랑스의 1인당 한 해 평균 말고기 소비량은 약 1.8킬로그램으로 미국의 1인당 송아지고기, 새끼양고기, 양고기 평균 소비량보다도 많다. 제2차 세계대전 이후 판매가 줄고 있긴 하지만 프랑스에는 여전히 말고기를 전문으로 하는 정육점이 3,000여 개나 있다. 많은 유럽인은 말고기가 맛있을 뿐 아니라 다른 고기보다 건강에 좋다고 생각한다.

일본에서는 말고기 소비가 증가하는 추세다. 스키야키 요리나 다진 고기 제품의 인기 있는 재료로 쓰이는 말고기는 일본인의 식사에서 육류 단백질의 3퍼센트를 차지한다. 최상품 뒷다리살 스테이크 값은 슈퍼마켓이나 도쿄에 있는 고급 레스토랑에서 파는 가장 비싼 부위의 쇠고기와 맞먹는다. 게다가 일본인들은 말고기 육회를 즐긴다. 이는 확실히 말고기가 부드럽기 때문일 것이다.

말고기 소비는 알쏭달쏭한 상승과 하강의 기복을 보여왔다. 먼 옛날 구석기시대에 구세계의 수렵인들은 야생 말고기를 포식했다. 최초로 말을 길들이고 사육하기 시작했던 아시아의 유목민과 기독교 이전의 북유럽 민족도 계속 말고기를 즐겼다.

말고기 금기가 등장한 것은 고대 중동제국이 성장하면서였다. 로마인들도 말고기를 먹지 않았고, 초기 중세시기에는 교황의 칙령으로 모든 기독교인에게 말고기가 금지되어 말은 유럽에서 일종의 신성한 소가 될 지경이었다.

프랑스혁명기쯤 말고기는 유럽에서 인기를 되찾기 시작해 19세기 말경까지 영국인을 제외한 많은 사람이 다시 말고기를 먹었다. 파리 사람들은 제1차 세계대전 직전까지 매년 말고기 1만 3,000톤을 먹어치웠다. 그러나 앞서 언급했듯이 제2차 세계대전 이후 상황은 또 한 번 역전되었다.

예전에 흔히 볼 수 있던 프랑스와 벨기에의 말고기 레스토랑이 이제는 서서히 사라지고 있다. 왜 유럽에서는 이처럼 말고기 소비가 성행했다 사라졌다 하는 것일까. 왜 영국과 미국에서는 말고기가 인기를 끌지 못할까.

구석기시대로 다시 돌아가보자. 프랑스 버간디의 솔루트레 푸일리 근처 절벽 바닥에는 면적이 약 10~12제곱미터에, 깊이가 약 92센티미터인 화석화된 말뼈더미가 쌓여 있다. 이 유명한 말의 무덤은 석기시대 수렵인들이 절벽의 가장자리로 야생마 무리를 몰아 떨어뜨린 뒤 가장 좋아하는 부위만 잘라내고 나머지는 그 자리에 버려두는 사냥(대평원의 아메리카 들소 사냥처럼)을 반복하면서 형성되었다. 이 수렵인들이 살던 동굴도 금이 가고 쪼개진 말뼈로 가득 차 있다. 이는 그 옛날 뼈골을 빨며 손가락을 핥던 잔치가 많이 행해졌던 흔적이다.

석기시대 사람들은 전례없이 말고기를 많이 먹었을 뿐 아니라 동굴 벽에 다른 어떤 동물보다도 말을 많이 그렸다(그다음으로 많이 그린 것은 아메리카 들소이고, 세 번째는 사슴과 순록이다). 이것은 그들이 다른 어떤 동물보다 말을 많이 먹었다는 것을 의미하는가. 아니면 단지 그들이 말고기를 충분히 얻지 못했다는 것을 말해주는가. 정답은 알 수 없지만 한 가지는 확실하다. 즉 죽은 말과 살아 있는 말 모두 더없이 숭배하는 사람만이 유럽 동굴예술 전시관의 벽과 천장에서 뛰노는 놀랍도록 아름다운 작품을 만들 수 있었을 것이다. 이 이야기를 하는 이유는 말이 먹기에도 좋고 보기에도 좋을 수는 없다고 주장하는 현대의 말 애호가들의 미혹을 풀어주기 위해서다.

말을 사냥하는 거대한 시기는 곧―최소한의 지질학적 관점에서는―지나갔다. 기후는 더 따뜻해졌다. 초지 대신 숲이 들어서 서유럽에서는 많은 말이 한꺼번에 풀을 뜯을 수 없게 되었다. 그러나 아시아에는 우크라이나에서 몽골에 이르는 나무 없는 스텝 지역이 듬성듬성한 풀로 덮인 채 남아 있어 잔존한 야생마 무리를 먹여 살릴 수 있었다. 그래서 인간이 말을 처음으로 길들여 가축우리에서 기른 것은 바로 저 방대하게 펼쳐진 반사막의 초지에서였다. 말이 정확히 언제 어디에서 최초로 사육되었는지는 알수 없다. 그러나 한 가지 중요하고도 분명한 사실은 가축화된 다른 동물들과 비교할 때, 말은 매우 뒤늦게 사육되기 시작했다는 점이다.

기원전 4000년에서 3000년 사이 어느 시점에 아시아 스텝지역의 변방에 살면서 이미 소와 양에 익숙한 한 민족 또는 몇몇 민족이 최초로 말을 길들이기 시작했다. 인류학자들은 이러한 초기 말사육 문화에서 말의 역할에 관해 알아내려고 노력해왔다. 우리는 야쿠트족(Yakut), 키르기즈족(Kirghiz), 칼무크족(Kalmuck)과 같이 최근까지도 자기 조상들의 생활방식을 많이 따르고 있는 몇몇 중앙아시아 유목유랑민을 연구해왔다. 이들 유목인들은 전적으로 말에 의존해 살고 있었다. 왜냐하면 말은 그들의 식량이었을 뿐 아니라 스텝지역의 성긴 자연초지에서 소와 양을 사육하는 데 꼭 필요했기 때문이다.

바람 불고 나무도 없는 세계에서 생계를 이어나갈 유일한 방도는 소와 양 떼를 수백 제곱킬로미터에 걸쳐 풀어놓고 끊임없이 풀과 물을 찾아 움직일 수 있도록 하는 것이었다. 강우량이 더 많고 수풀이 다소 무성한 유럽과 가까운 서부에서는 기마유목민들이 양보다 소를 더 많이 몰았다. 반면 반사막지역이 많은 몽골과 가까운 동부에서는 소보다 양을 많이 길렀다.

두 경우 모두 말은 기동력을 제공해 넓게 흩어진 가축 떼를 보살필 수 있게 했다. 또 말은 동물을 직접 기르기보다는 다른 민족의 동물을 도둑질하는 데 더 골몰하는 적대적인 이웃의 위협을 물리칠 수 있도록 재빨리 움직일 수 있게 해주었다.

말은 아시아 유목민에게 가장 중요한 생산도구이자 가장 귀중한 재산이었다. 그들은 자기 자신과 다른 동물보다 먼저 말에게 물과 풀을 먹였다. 암소와 암양이 영양부족으로 젖을 생산하지 못하는 여름 몇 달 동안 유목민들은 말, 특히 암말을 먹이는 데 심혈을 기울였고, 그 젖을 발효시켜 부드럽게 취기가 도는 음료 쿠미스를 만들어 마셨다.

그들은 승용마에게 잘해주는 것으로 유명하다. 말은 그들의 연가(戀歌)에도 등장하며 그들은 말을 함부로 때리지도 않는다. 그러나 그렇다고 해서 영웅이나 '대인'(big men)의 잔치에 쓸 암말을 도살하지 않거나 결혼식 하객에게 삶은 말머리나 말고기 소시지를 대접하지 않은 것은 아니다. 이런 점에서 중앙아시아 유목민은 앞에서 말한 아라비아 중심지의 베두인족 낙타 유목민과 닮았다.

긴 여행길에 오를 때 말고기는 필수적인 비상식량이다. 몽골 군대의 행동으로 미루어볼 때, 말고기를 소비하는 재량권은 군사적 필요에 따른 것이었다. 행군할 때 그들은 말이 쓰러지기 전까지 말의 피를 받아 마시다가 말이 죽으면 말을 먹었다. 더욱 자세한 것은 조금 뒤에 살펴보도록 하자.

말고기에 대한 첫 번째 금기가 나타난 것은 아마도 인구가 밀집된 아시아와 중동의 농경문명이 이웃 유목민에게서 말을 수입해 자신들의 필요에 맞게 적응시키기 시작하고 나서일 것이다. 인구가 밀집되어 있고 반추동물도 많았던 초기 중동제국들은 많은 말을 먹이는 데 큰 압박을 받았다.

말은 풀을 먹기 때문에 돼지처럼 인간과 경쟁하는 존재는 아니었지만 말은 소나 양, 염소보다 훨씬 많은 풀을 먹었다. 이스라엘인이 인식하고 있던 바대로, 말은 되새김질을 하지 않는다. 말은 대장과 소장 사이에 있는 내장이 크게 확장된 맹장이라는 부위에서 섬유질의 물질을 소화시킨다. 되새김질을 하지 않고 먹은 것을 발효시킬 통이 소장의 시작 부위가 아니라 끝부분에 있기 때문에, 말은 먹은 풀을 소나 양의 3분의 2 정도밖에 소화시키지 못한다. 다시 말해 천연의 풀을 먹고사는 말들은 자기 몸무게를 유지하기 위해서만 소나 양보다 33퍼센트 더 많은 풀이 필요하다는 이야기다. 그러나 실제로 발생하는 불이익은 그것보다 훨씬 더하다.

말은 신진대사율이 월등하게 높은 활동적인 동물이다. 그들은 소보다 훨씬 빨리 칼로리를 태워 없앤다. 따라서 말에게는 몸무게 1킬로그램당 더 많은 음식이 필요하다. 더 엄격하게 말하면, 말을 사육하기보다는 그전에 우유와 고기의 공급원이 될 더욱 효율적인 초식 반추동물을 사육하는 것이 훨씬 낫다.

이는 말이 왜 그토록 늦게 가축이 되었는지 말해준다. 어느 누구도 그 동물을 고기나 우유를 얻기 위해 길들이거나 사육하려고 하지 않았다. 애당초 그런 목적으로 쓰기에는 풀이 너무 많이 낭비되었다.

이는 **쿠미스**에 열광하는 남아 있는 중앙아시아의 유목민들조차 왜 우유를 더 많이 생산하기 위해 암말을 키우려고 애쓰지 않았는지도 설명해준다. 이런 경향은 부수적으로 키르기즈족은 암말의 젖을 짜는 것을 아주 위험한 일이라고 생각해 이를 숙련된 남자 전문가에게만 맡기는 관습을 낳았다.

그렇다면 농경문명은 말에게서 무엇을 원했을까. 말이 가축화되고 마구(馬具)를 채워 마차에 매는 기술을 습득하자 곧 사람들은 그 후 중세까지 말을 사육하는 주된 목적이었던 한 가지 용도로 말을 사용하게 되었다. 아시아 주변에서 성장한 모든 고대 농경문명은 전쟁의 도구로서 말을 원했다. 중국에서 이집트까지 초기 청동기시대의 전사들은 말이 끄는 이륜전차에 올라타고 전장으로 돌진해 화살을 쏘면서 육탄전을 벌이며 이리저리 뛰어다녔다.

말이 기병대의 승용마로 쓰이기 시작한 것은 기원전 약 900년경으로 아시리아, 스키타이, 메디아제국의 발흥과 때를 같이한다. 그 후 안장과 등자가 발명되면서 병사들은 말 등에 걸터앉은 채 칼과 창을 휘두르고 활과 화살을 다루는 법을 배워야 했다. 3,000년 동안 제국들은 문자 그대로 말―고기나 우유를 위해서가 아니라 전장의 열기 속에서 빠르고 강하고 끈질기게 버틸 수 있도록 사육된 말─의 등 위에서 흥하고 망했다. 기원전 300년부터 만리장성을 세우게 된 것도 훈족(Hun)의 기병이 중국을 공격했기 때문이었고 로마가 브리튼을 정복한 것도 기원전 54년 카이사르의 로마기병이 침공하면서 시작됐다.

「욥기」(Job)에 나오는 어느 멋진 구절에서 우리는 왜 그토록 많은 고대세계에서 말이 음식으로서보다 전쟁을 위해 훨씬 가치 있었는지 엿볼 수 있다.

> 말의 힘을 네가 주었느냐 그 목에 흩날리는 갈기를 네가 입혔느냐
> 네가 그것으로 메뚜기처럼 뛰게 했느냐 그 위엄 있는 콧소리가 두려우니라
> 그것이 골짜기에서 발을 구르며 힘 있음을 기뻐하고 앞으로 나아가서 군사들을 맞되
> 두려움을 비웃고 놀라지 아니하며 칼을 당할지라도 물러나지 아니하니
> 그 위에서는 번쩍이는 창과 방패가 맞부딪치며
> 땅을 삼킬 듯이 맹렬히 성내며 나팔소리를 들으며 머물러 서지 아니하고
> 나팔소리 나는 대로 소소히 울며 멀리서 싸움냄새를 맡고 장관의 호령과 떠드는 소리를 듣느니라(「욥기」 38:19~25).

이 구절은 식량을 위해 사육하기에는 너무 많은 비용이 들지만 가치 있게 쓰일 수 있는 동물과, 식량을 위해 사육하기에는 비용이 많이 들기 때문에 귀중하게 여겨지지 않는 동물 간의 차이를 다시 한번 강조한다. 말은 되새김질을 하는 동물이 아니어서(굽이 갈라지지도 않았다) 먹기에 적당하지 않은데도 보기에나 만지기에는 이스라엘인들과 고대의 모든 민족에게 좋은 동물로 남아 있다.

말과 제국의 흥망

로마인들은 이스라엘인들과 마찬가지로 말고기에 끌리지 않았다. 로마의 고급요리는 그 이국적인 것으로 이름난 혼합적인 양상만 아니었어도 말과는 아무런 관계도 없었을 것이다. 의미심장하게도 노새가 노예보다 훨씬 쓸모가 있었는데도 사람들은 말보다 작고 군사적으로 별 가치도 없는 노새로 만든 요리를 연회에서 선호했다.

로마인들이 말고기를 자제하는 것은 사실상 말이 그들에게 값으로 따질 수 없을 만큼 귀중하다는 것을 인정한 것이며, 이는 일련의 사건들 속에서 증명되었다.

로마제국이 붕괴한 원인을 설명하려는 이론이 많이 제시되어 왔다. 그렇지만 우리는 로마의 사회적·정치적 문제를 야기했던 것에는 뭔가 다른 원인이 있었으리라는 반박을 염려할 것 없이 로마제국은 로마 군대를 패배시킨 말 때문에 붕괴했다고 말할 수 있다.

사람과 반추동물이 밀집해 있는 남부 유럽은 천연의 초지가 부족해 전쟁에 쓸 말을 대규모로 사육하기에는 부적합했다. 더욱이 토박이 로마인들은 보병으로서는 탁월했지만 기마병으로서는 불리했다.

로마는 다뉴브강 건너편에서 자신들을 위협해왔던 말을 탄 야만인들에게서 제국을 지키기 위해 스키타이족, 사르마티아족(Sarmatian), 훈족 같은 야만인을 자신들의 기마병으로 고용해야 했다. 그들은 걷는 것보다 말 위에 앉는 것을 먼저 배우고 말과 함께 자라 질주하는 말 위에서 활을 쏘며, 말고기와 암말의 젖을 먹었다. 위기 시에는 타고 있던 말의 목을 잘라 혈관에서 흘러나오는 피를 마셔 영양을 보충했다.

로마 역사가 마르켈리누스(Marcellinus)는 훈족에 대해 다음과 같이 적는다.

"훈족은 한 발자국 걸을 때마다 넘어진다. 그들에게는 걷기 위한 발이 없다. 그들은 말 등 위에서 살고 잠을 깨고 먹고 마시며 상담(商談)을 한다."

다뉴브강 너머에는 언제나 국경을 지키는 사람들보다 더 많은 말을 가진 새로운 부족이 있었다. 결국 로마는 이들 '야만인'에게 굴복하고 만다. 즉 고트족(Goth)과 서고트족(Visigoth)은 기원후 378년 아드리아노플에서 로마군단을 물리치고 기원후 410년에는 로마시 자체를 강탈했다. 반달족(Vandal)은 기원후 429년 로마령 갈리아와 스페인, 북아프리카까지 쓸어갔다.

이보다 훨씬 뒤에 중국에서 헝가리평원에 이르는 유라시아를 정복했던 몽골의 기병들도 같은 무리에 속한다. 칭기즈칸 (Genghis Khan)의 전사들은 하루에 약 160킬로미터를 쉽게 진군할 수 있었다. 그들이 강행군을 할 때 말의 피를 마셨다는 것은 앞에서 이미 말한 바 있다. 전사들은 각자 말 18마리와 한 조가 되어 열흘 간격으로 돌아가며 다른 말의 정맥을 따고 더 이상 보조를 맞춰 걸을 수 없는 말들을 먹었다.

기독교의 요새인 유럽은 사실상 말을 탄 유목유랑민 무리가 접근하면서 남과 북 그리고 서쪽으로부터 위협받고 있었다. 로마가 몰락한 후 중세 초기에 유럽인들에게는 성전을 통해 자신들의 신앙을 퍼뜨리려고 하는 이슬람 전사들이 커다란 위협이었다.

기원후 632년 마호메트가 죽은 후 겨우 70년 만에 이슬람인들은 그들의 장군 알타릭(Al-Talik)의 지휘 아래 자발-알-타릭 (Jabal al-Tarik) 또는 (빨리 발음하면) '지브롤터'(Gibraltar), 즉 '타릭의 산'이라고 알려진 바위에 도착해 거기서 스페인을 침략하기 위해 쉬었다. 70년 동안 그들은 메소포타미아에서 대서양에 이르기까지 지배를 확장했다.

그들이 처음으로 아라비아를 점령할 수 있게 해준 것은 낙타였지만 그 후 중요한 군사적인 무기 역할을 한 것은 말이었다. 마호메트의 전사들은 군수품을 운반하는 데 낙타를 이용했다. 하지만 깊은 사막에서 싸울 때를 제외하고는 낙타를 이용하지 않았다.

그들이 엄청난 속도로 정복을 추진해나갈 수 있었던 것은 거의 전적으로 작고 날쌔며 튼튼한 품종의 말 덕분이었다. 그 품종은 "암컷이든 수컷이든 오늘날 아라비아 품종을 돋보이게 만드는,

끈질긴 힘과 용기를 가지고 있다." 아랍 속담에 따르면 인간이 말에게 주는 귀리 낱알 하나하나가 전부 천국에서 선행으로 기록된다고 한다. 코란이 말고기를 금지하지는 않지만 그들은 가장 절박한 위기상황에 처하지 않는다면 말고기를 먹지 않을 것이다.

이슬람 군대는 기원후 711년 지브롤터해협을 건너 스페인 전역을 정복하고, 기원후 720년 피레네산맥을 넘어 프랑스로 쳐들어가 먼 북쪽에 있는 르와르계곡까지 진격했다. 그들은 기원후 732년 투르 근처에서 마르텔(Charles Martel)의 프랑크 군대와 역사상 가장 중요한 전투 가운데 하나로 꼽히는 전투를 벌였다.

기독교도가 어떻게 이슬람교도를 물리쳤는지에 대해서는 두 가지 견해가 맞서고 있다. 하나는 마르텔이 큰 말을 탄 중무장한 기마대를 투입해 작은 말을 탄 경무장한 아랍인들이 상대가 되지 않았다는 견해다. 다른 견해는 아랍의 기병들이 밀집 대형으로 서서 완강히 버티는 프랑크 보병 속으로 뚫고 들어갈 수 없었다는 것이다.

투르에서 보병이 기병에게 승리했다 해도 그것은 엄청난 사상자를 감내한 결과일 뿐이었다. 더구나 마르텔 자신과 귀족들은 육중한 군마에 올라타 갑옷으로 무장했기 때문에 이 전투에서 살아남을 수 있었다.

모든 사람이 인정하듯이 그 후로 유럽의 전투전략은 많은 징집보병에 의존하는 것에서 수는 훨씬 적지만 장비를 매우 잘 갖춘 말을 탄 귀족 가신의 부대를 만드는 것으로 바뀌었다. 마르텔이 그날 기병대 때문에 승리한 것이 아니라면 그것은 단지 아직 충분한 무장귀족과 큰 말들이 없었기 때문이다. 그 후 유럽에서 발생한 모든 중요한 전투는 무기의 무게까지 감당할 수 있도록 별도로 사육된 말을 타고 중무장한 기마대에 의해 결판났다.

말고기 소비의 부침(浮沈)

북쪽에는 폴란드인부터 아이슬란드인까지 많은 이교도 민족이 남아 있었다. 그들은 동물희생과 관련된 고대의 관습을 계속 행했고 말을 도살해 말고기를 먹었다. 이슬람 기병들에게 생명의 위협을 받고 있던 교회 신부들은 말고기를 먹는 것에 애매한 태도를 취할 수밖에 없었다. 그런데 기원후 732년에 교황 그레고리 3세는 게르만족(German)과 보니페이스족(Boniface) 사이에서 활동하는 선교사들에게 말고기를 그만 먹을 것을 명령하는 서한을 보냈다. 교황의 편지를 보면 교황은 말을 먹는 사람이 있다는 것에 적잖이 충격받았음에 틀림없다.

　　다른 사항들과 함께, 그대는 (몇몇 게르만족이) 야생말과 길들인 말을 많이 먹는다는 점도 알려왔소. 어떤 상황에서든 성스러운 형제여, 이런 일이 발생하도록 허용해서는 안 되오. 그들에게 어떤 수단으로든 적절한 처벌을 가하시오, 주님의 가호와 그 처벌로 그들을 막을 수 있도록. 그러한 관행은 깨끗하지 못하고 혐오스러운 것이니까 말이오.

기원후 732년이 부르전투가 일어난 것과 같은 해라는 것은 우연의 일치일까. 그렇지 않을 것이다. 말을 보호하는 것은 신앙을 수호하는 것이었다.

교황이 말고기를 금지한 것은 먹어도 좋은 음식을 결정하는 교회의 확고한 원리에서 예외적으로 벗어난 것이었다. 특정음식에 대한 금기는 기독교의 교화를 추진하는 보편주의에 반대되는 깃이기 때문이다. 성 바울의 시대부터 교회는 개종할 수 있는 자들에게 장애가 되는 모든 음식금기에 반대했었다. 「사도행전」 5장 29절이 언급하듯 이 신은 그리스도인들에게 오로지 "너희는 우상에게 바친 고기를 절제하고 피와 교살된 것들을 자제하라"고 요구할 뿐이다. 그러므로 말은 단 하나의 예외다(금식일과 인육에 대한 성문화되지 않은 금기를 제외하면).

그레고리 3세의 칙령이 나온 후에는 말이 불구거나 병들었거나 늙고 지쳤을 경우 또는 기근이나 포위를 당해 비상식량으로 필요한 경우가 아니면 유럽 어느 곳에서도 고기를 위해 말을 도살하는 일은 거의 없었다. 말은 극히 값비싼 동물이 되었다. 이는 북유럽의 인구밀도가 남부 수준과 비슷해지고, 숲과 황야와 남아 있는 자연 초지가 사라져감에 따라 점점 심해졌다. 점차 말은 곡물―남쪽에서는 보리, 북쪽에서는 귀리―을 먹여 사육해야 했고 따라서 인간과 식량을 두고 직접적으로 경쟁하게 되었다. 1086년 영국의 세 주(州)에서 실시된 봉건 소유지에 대한 인구조사를 보면, 각 농가당 소 0.8마리, 염소 0.9마리, 돼지 3마리, 양 11마리를 가진 데 비해 말은 겨우 0.2마리만을 소유하고 있었다.

중세에는 말을 소유하는 것이 기사나 군주가 되는 데 핵심 사항이었다. '기사도'(Chivalry)라는 단어가 불어로 말을 뜻하는 'cheval'에서 파생된 것을 보면 이를 잘 알 수 있다. 그것은 군주에게서 말과 갑옷을 유지할 수 있을 만큼 충분한 토지와 노동력을 제공받고 그 대신 군사적 봉사의 의무를 지는 중무장한 기병―기사―에게 주어진 포상이었다.

이런 관점에서 볼 때 봉건주의는 본질적으로 중무장한 기병을 제공하기 위한 군사적인 계약이었다. 이는 "보병에 대한 기병의 우위와 성(城)이 보병의 작전기지에서 기병의 작전기지로 대체되었음"을 구체화한 것이다. 그러나 어떤 말도 딱히 만족스럽지는 못했을 것이다―돈키호테의 로시난테를 생각해보라.

기사에다가 약 54.4킬로그램이나 되는 갑옷과 투구, 그에 딸린 칼붙이들까지 실어 나르기 위해서는 큰 말이 필요했다. 16세기에 훌륭한 전마(戰馬) 한 마리는 노예 한 명보다 훨씬 가치 있었다. 역사가 브로델(Fernand Braudel)은 플로렌스의 메디치(Cosimo de Medici) 같은 부자라 할지라도 기병 2,000명으로 구성된 호위대를 유지하려면 파산하고 말 것이라고 했다.

스페인이 포르투갈에 대한 지배권을 굳히지 못한 것은 말이 부족했기 때문이었으며 루이 14세 치하의 프랑스는 싸움터의 군대를 유지하기 위해 말을 연 2만~3만 마리 수입해야 했다. 안달루시아나 나폴리에서는 순종 말을 구입하려면 왕의 허가를 얻어야 했다. 어떤 의미에서 말은 희귀하고도 위기에 처한 종으로 다루어졌던 것이다.

그렇다고 해서 유럽의 하층계급 사람들이 말고기를 완전히 먹지 않았다는 것은 아니다. 이는 아마 인도에 있는 소의 상황과 비슷했을 것이다. 상층 카스트들이 소를 신성한 것으로 여기면서 쇠고기의 소비를 식인행위와 똑같이 취급하는 반면 짐승의 가죽을 다루는 일을 하며 죽은 짐승의 고기를 먹는 카스트의 사람들은 늙고 버려진 소 수백만 마리를 먹었다.

유럽의 가난한 농민계급도 버려진 말을 몰래 도살해 먹는 데 틀림없이 어느 정도 빠져들어 있었다. 아마 그들은 자연사한 동물도 조금 먹었을 것이다. 말고기 소비에 대한 전문가들은 말고기를 먹는 행위를 없애려는 그레고리 3세의 편지와 왕실과 지방의 숱한 포고령에도 말고기 소비가 유럽에서 완벽하게 중단된 적은 한 번도 없었다는 점에 모두 동의한다.

11세기 스위스 수도사들은 '야생마'—아마도 주인에게서 도망쳐 접근하기 힘든 계곡에서 살던 동물들—를 먹었다. 1520년 덴마크에서는 말고기 연회가 있었고 스페인 해군은 '붉은 순록'을 먹었다. '붉은 순록'은 어떤 결함이나 병 때문에 도살된 어린 망아지의 살코기를 완곡히 표현한 말이다. 특히 말고기는 사슴고기나 멧돼지고기라고 불렸으며 소시지고기로도 사용되었기 때문에 가난한 사람들은 기회가 있을 때마다 말고기를 먹었을 것이다.

극빈한 농민들이 가끔씩 적은 양의 말고기를 몰래 먹을 수 있었다는 점을 감안하면, 식용을 목적으로 말을 도살하지 못하게 하려던 중세의 법이 심각한 곤란을 일으키거나 말이라는 자원을 잘못 관리한 것 같지는 않다.

중세시대에 특히 14세기에 발생한 페스트로 인구가 반으로 줄어들고 나서는 보통사람들이 꽤 많은 고기를 먹었다. 실제로 브로델은 중세 후기의 유럽이 육식의 세계적 중심지였다고 주장했다. 생선은 물론 돼지고기·양고기·염소고기·닭고기 그리고 쇠고기가 그렇게 풍부한데 누가 말고기를 원했겠는가. 거의 모든 가정에서는 식용돼지를 키우고 있었다. 이들 돼지는 숲에 떨어진 도토리를 먹고살도록 반쯤 야생으로 길러서 겨울에 먹기 위해 소금에 절이거나 훈연해 저장했다.

만약 다른 고기보다 저렴한 말고기가 있었다면 그것은 비밀리에 얻은 훔친 말이거나 병들거나 죽은 말들뿐이었다. 말고기는 정규시장에서는 절대로 구할 수 없었다. 말이 적게 존재하는 한 단지 인간이 먹기에 필요한 만큼 버려진 말을 구할 수 없다는 이유만으로도 말고기는 다른 고기들과 경쟁하지 못했다(그리고 말은 식용으로 전혀 기를 수 없었다).

프랑스인과 말고기

말은 오랫동안 희귀하고 멸종위기에 놓인 종의 지위를 차지할 운명은 아니었다. 이미 중세시대부터 싸움 말은 쟁기 말에 밀려나고 있었다. 북유럽 전역에 걸쳐 부농들은 갑옷 입은 기사들을 전장으로 싣고 가기 위해 사육했던 거대한 말보다 힘 있는 종자들을 부려먹을 방도를 알게 되었다. 드리스데일즈, 벨지안, 샤이어 같은 품종의 말은 목에 무거운 철 바퀴가 달린 새로운 쟁기를 위대한 발명품인 말 목줄로 달아놓으면, 특히 북부의 젖은 토양에서는 황소보다 일을 더 잘했다.

점점 많아지는 말을 유지하기 위해 농민들은 귀리생산을 늘려야 했다. 그들은 농장을 밭 세 개로 나누었다. 휴경지와 가을에 심는 밀밭, 봄에 심는 귀리밭이었다. 농민들은 말을 이용해 밭을 갈고 거름을 주고, 매년 돌아가면서 경작함으로써 말을 기르면서도 인간이 먹을 곡물과 가축의 생산을 늘릴 수 있었다. 이것이 중세의 녹색혁명이다.

그러나 모두 형편이 좋았던 것은 아니다. 현대 농업혁명에서와 마찬가지로 많은 농민가 부자가 되었지만 그보다 더 많은 사람이 가난뱅이가 되었다. 마력(馬力)을 사용하고 농장을 밭 세 개로 나눠 경작함으로써 농업생산성이 빠르게 증가하고 인구가 급증했다. 규모의 경제를 위해 큰 농장은 작은 농장을 집어삼켰다. 그리고 대개 말을 사용함으로써 능률이 향상되자 농업 부문에서 일하는 노동자는 줄어들었다. 따라서 노동자들이 큰 마을과 도시로 대거 이주하게 되었고 빈부계층 간의 소득분배는 악화되었다. 사람들은 귀리를 더 많이 심기 위해 남아 있는 숲들을 베어냈다. 이는 평범한 가정에서 식탁에 고기를 올리는 것을 더 어렵게 만들었다. 집에서 키우던 식용돼지가 사라졌으며 기아와 영양실조가 증가했다. 수많은 사람은 그전이나 그 후에도 그랬듯이 기술의 진보가 자신들에게는 호밀·귀리·보리로 만든 빵과 죽으로 된 채식뿐인 식사를 가져다주었음을 알게 되었다.

이렇게 비참하고 고기에 굶주리는 와중에도 말은 계속 증가했다. 브로델의 계산에 따르면 프랑스혁명 전야에 유럽에는 말이 1,400만 마리 있었고, 프랑스에만 178만 1,000마리가 있었다.

1735년, 1739년, 1762년, 1780년에 쏟아져 나온 왕실의 포고령은 말고기에 대한 금지를 재강화했고 말고기를 먹는 자들은 병에 걸릴 것이라고 경고했다. 나는 이것이 고기에 굶주린 사람들이 금지된 고기를 점점 자주 먹게 되었다는 증거라고 생각한다.

말고기 소비에 대한 제한은 곧 프랑스에 혁명적 소용돌이를 불러일으킨 계급적 이해대립의 요소 가운데 하나가 되었다. 아마도 귀족계급과 군 장성 그리고 부농들은 말고기를 거래하는 합법적인 시장이 허용될 경우, 말이 식용으로 사육되고 귀리 가격이 뛰고 더 많은 말이 도난당해 도살장에서 즉각 처분되고 천민에 대한 귀족출신 남녀의 당연한 지배를 상징하는 위대한 상징이 더럽혀질 것을 두려워했을 것이다.

1793년과 1794년, 파리의 공포정치 기간에 인민의 적들의 머리는 바구니 속으로 던져졌고 그들의 말은 주부들의 요리냄비 속으로 들어갔다.

이제 프랑스 과학자와 지식인들은 말고기를 자유롭고 공공연하게 먹도록 할 것을 앞장서서 주장했다. 그중 가장 두드러진 인물은 앰뷸런스의 창설자이기도 한 나폴레옹 군대의 외과 과장 래리(Dominique Larrey) 남작이었다. 그때 이미 평민 군인과 시민들은 병들거나 상한 것만 먹지 않으면 말고기를 먹어도 아주 건강하게 살 수 있음을 틀림없이 알고 있었을 것임이 틀림없다. 래리 남작 혼자만 이 사실을 알고 있었던 것이다. 그는 1807년 일라우 전투 후, 사람들은 부상자들이 방금 쓰러진 말고기를 잔뜩 먹고서 병을 회복할 뿐 아니라 실제로 몸이 더 좋아져서 괴혈병에 대한 면역이 생기는 것을 보고 놀랐다. 이후 프랑스 군대의 장교들은 더 이상 주저하지 않고 병사들에게 전투에서 죽은 말고기를 먹도록 했다. 포위당했을 때나 1812년 모스크바에서 후퇴할 때처럼 오랫동안 후퇴해 있을 때에는 배고픔을 달래기 위해 말을 도살하는 것을 표준적인 전략으로 삼았다.

나폴레옹이 물러난 후 프랑스의 보수적인 정치가들은 말고기에 대한 금기를 다시 시행하려고 했다. 그러나 19세기의 많은 저명한 학자와 과학자는 프랑스의 귀족과 많은 부르주아 성원(아마도 쇠고기·양고기·돼지고기를 더 싼 경쟁품목에서 보호하려는 사람들도 포함되겠지만 이에 관한 명백한 증거는 없다)이 여전히 품고 있는 말고기와 말고기를 먹는 사람들에 대한 분개와 편견에 맞서 싸웠다. 감자를 권장한 파르망티에(Antoine Parmentier), 프랑스 군대의 채식주의자로 최고격인 드크루아(Emile Decroix), 자연주의자 생틸레르(Isdore Saint-Hilaire) 같은 사람들은 말고기를 먹을 권리를 부정하는 것은 구제도의 미신적인 잔존이며 프랑스 노동계급의 복지를 위협하는 것이라고 공박했다.

사회의 관심을 진작시키기 위해 1860년대에 파리의 말고기 옹호파는 그랜드 호텔과의 자키 클럽 연회를 비롯해 일종의 격조 높은 말고기 연회를 열었다. 이는 1871년 독일이 파리를 포위했을 때를 대비한 훌륭한 훈련이 되었다. 굶주림에 쫓긴 파리 사람들은 구할 수 있는 말―6,000~7,000마리 정도―은 전부 먹었다(그들은 또한 동물원에 있는 모든 동물을 먹었다).

19세기 말경 말고기 애호가들은 말고기 산업을 합법화하고 소비자에게 고기가 안전하다는 것을 확신시킬 정부검역을 실시하는 데 성공했다. 심지어 파리 시의회는 다른 고기에 부과하는 판매세를 말고기에는 면제해주었다. 그리고 프랑스 의사들은 갑자기 말고기가 쇠고기보다 건강에 좋다는 것을 발견하고 그것을 결핵의 특효약으로 처방함으로써 말고기에 대한 사람들의 인식을 전환하는 데 성공했다.

지금도 많은 유럽인은 말고기를 좋은 음식으로 생각하지만 오늘날에는 금세기(20세기―옮긴이) 전반에 비해 말고기 소비량이 훨씬 줄었다. 그 원인을 찾아내는 것은 어렵지 않다. 합법적인 말고기 시장을 형성하려는 움직임은 꽤 많은 말이 버려져 그 고기가 유해하지는 않더라도 질이 나빠진 상태로 비밀리에 거래되는 상황을 전제로 한다.

19세기 후반 프랑스에는 말이 약 300만 마리 있었다. 그 수는 1910년에 절정에 다다랐다. 그러다 제1차 세계대전 이후 서서히 감소하더니 1950년에 약 200만 마리에서 1983년에는 약 25만 마리로 격감해 모르긴 해도 말 목줄이 발명되기 전의 프랑스에 존재했던 것보다 더 적어진 것 같다. 물론 이렇게 말이 감소한 원인은 동력화된 수송수단으로 짐을 운반하고, 농장에서는 쟁기를 끄는 동물 대신 트랙터를 쓰고, 군대에서는 말을 동력을 갖춘 수송수단으로 대체했기 때문이다.

프랑스에서 먹을 수 있는 말이 급격하게 줄어들자 말고기에 대한 수요는 오직 해외에서 수입한 냉동 말고기만으로도 충족될 수 있었다. 가격은 뛰었고 수요는 감소했다. 1930년대 후반쯤에 이미 말의 뒷다리나 엉덩이살 부위는 같은 부위 쇠고기보다 비쌌고 프롤레타리아로서는 그 어느 쪽도 살 여유가 없었다. 그런데도 말고기는 계속해서 가난한 사람들의 음식으로 여겨졌다. 프랑스 일류 미식가들은 절대로 말고기 요리법을 자신들의 요리책에 넣지 않았다.

제2차 세계대전 이후 생활수준이 향상되면서 프랑스인들은 어느 때보다도 쇠고기와 닭고기, 돼지고기를 많이 먹을 수 있게 되었다. 말고기는 여전히 가난한 사람들이 먹는 음식으로 인식되었고 위생에 대한 의구심도 사라지지 않았다. 더 고급스러운 고기도 말고기보다 싼데 말고기 가격은 1킬로그램당 약 6달러나 하니, 그 인기가 지속적으로 하락할 것은 불을 보듯 뻔했다.

이제 말고기에 대한 유럽의 기호가 왜 특이하게 떠올랐다가 사라졌는지 요약해보자.

말이 전쟁에 사용되었을 때 말은 희귀하고 멸종위기에 처한 종이었다. 또 다른 종류의 고기가 풍부할 때, 교회와 국가는 말고기 소비를 억제했다. 그러다 말의 수효가 많아지고 다른 고기가 희소해지자 말고기에 대한 금지가 풀리고 말고기 소비가 증가했다. 그런데 지금은 말이 또다시 희귀해지고 다른 고기가 풍부해지니 말고기 소비는 하락 일로에 선 것이다.

영국인과 말고기

이 같은 등식을 영국에 적용해보면 재미있는 결과가 나타난다. 최초로 산업혁명이 발생한 가장 도시화된 중심지였던 영국은

18세기에 식량생산을 자급자족하는 것을 중단했다. 영국인들은 해군과 육군을 통해 세계 역사상 가장 큰 식민제국을 형성해, 그들이 수출한 공산품보다 낮은 가격으로 식량을 수입할 수 있도록 하는 무역조항을 부과함으로써 식량조달 문제를 해결했다. 이렇게 자급자족을 하지 않은 결과 역설적으로 영국인들은 유럽인들과 달리 쇠고기나 돼지고기, 양고기에 쪼들려본 적이 한 번도 없었다. 실제로 영국은 18, 19세기 동안 제국을 확장해나가면서 멀리 떨어진 초지와 목장에 대한 통제권을 획득할 수 있었고 거기에서 자신들에게 값싼 고기를 제공할 동물을 기르면서 관리할 수 있었다. 이러한 기능을 수행한 첫 번째 지역은 스코틀랜드다. 영국에 쇠고기와 양고기(그리고 양털)를 공급하기 위해 스코틀랜드의 광활한 숲은 파괴되었고 초지로 전환되었다. 이것이 18세기 초엽에 스코틀랜드고원이 영국의 영향권에 들어가 "유목민으로서 경제적으로 낙후된 역할을 담당하게 된" 배경이다.

아일랜드의 운명도 비슷했다. 영국인 지주들이 아일랜드의 시골을 지배하게 되자 아일랜드의 시골집 주인들은 어쩔 수 없이 가장 좋은 농장의 땅을 소와 돼지를 키우는 데 내줘야 했다. 이 동물들은 그 지역 사람들이 소비하는 것이 아니라 맨체스터, 버밍햄, 리버풀 등 활기찬 산업중심지에 사는 영국 프롤레타리아에게 소금에 절인 값싼 쇠고기와 돼지고기를 제공하는 데 쓰일 예정이었다. 심지어 1846년 아일랜드에서 감자 대기근이 극에 달했을 때에도 아일랜드는 돼지 50만 마리를 영국에 수출했고 오늘날까지 세계 주요 쇠고기 수출국으로 남아 있다.

19세기 말 무렵 영국 은행들은 아르헨티나의 쇠고기 산업을 장악해 풀을 뜯고 자란 값싼 아르헨티나의 쇠고기를 영국인의 주식으로 만들었다. 영국에서도 19세기에 말고기를 시장에서 거래하려는 미약한 시도들이 있었으나 상대적으로 수입한 반추동물의 고기가 풍부해 말이 제공하는 다른 부산물 가운데 하나로 말고기를 먹을 필요가 적었다.

다른 한편 말이 상대적으로 많았다는 것을 어떤 확실한 통계로 제시할 수는 없다. 그러나 한 가지는 확실하다. 대영제국이 그토록 확장할 수 있었던 것은 주로 멋지게 손질한 훈련된 말과 이를 탄 엘리트 여단을 이룬 영국 기병대의 탁월함 덕분이라는 것이다.

말고기를 기피한 것은 이러한 힘에 대한 귀족적인 자부심을 채워주기 위해서였고 그들의 사기를 북돋우기 위해서였다. 기병대는 영국인들이 다른 모든 국민(미국인만 제외하고)보다 쇠고기·양고기·돼지고기를 많이 먹을 수 있도록 이러한 고기들을 가져다주었으므로 말고기를 먹지 못하는 것은 영국인들에게 그리 큰 손실이 아니었다.

미국인과 말고기

미국은 어떤가. 말은 원래 소나 돼지에 비해 비효율적이기 때문에 다른 곳과 마찬가지로 미국에서도 말을 고기나 우유를 얻기 위해 사육한 적은 없었다. 말은 식민지시대부터 항상 풍족했지만 고기를 얻을 수 있는 다른 동물들은 더욱 풍부했다. 그래서 유럽에서와는 달리 미국에서는 불필요하거나 늙은 말들을 골라 시장에서 매매하려는 사람들의 욕구가 크지 않았다.

말고기에 대한 강력하고 충분한 수요가 없었기 때문에 미국의 말고기 출하업자들은 확고한 쇠고기·돼지고기 업자들과 말 애호가들 그리고 국회와 주 의회와 그들의 동맹자들이 만든 장애물을 도저히 넘어설 수 없었다. 유럽인들이 말고기 판매에 대한 법적 제재를 철회할 때 미국은 말고기 판매를 금지하는 법률을 통과시켰다. 유럽이 말고기 검역설비를 갖추는 동안에도 미국에서는 쇠고기와 돼지고기의 검역시설은 설치하면서 말고기를 위한 시설은 설치하지 않았다.

19세기 자치도시의 식품 검역관들은 말고기를 무시했다. 1920년에야 비로소 국회는 미 농무부에 미국 말고기의 검역과 보증을 위임했다. 그러나 이에 역행하는 흐름이 늘 존재했다. 유럽에서 그랬던 것처럼, 사람들은 말고기를 의심하지 않았다. 또 가난한 계층의 사람들이 은밀히 말고기를 거래하는 것을 막을 도리가 없었다. 연방의 순수식품·약품법안이 통과되기 전까지 미국인들은 알게 모르게 많은 말고기를 소시지, 다진 고기, 심지어 스테이크의 형태로 먹었다.

1917년『사육자 신문』(*Breeder's Gazette*)에 실린 한 기사는 전시 (戰時)의 비싼 쇠고기 가격에 대응하기 위해 말을 도살하는 것을 옹호했다.

미국인 가운데 언젠가 한 번쯤 말이나 나귀, 당나귀 또는 노새의 고기를 재료로 한 음식을 먹어보지 않은 사람은 정말로 거의 없다.

정부가 말고기 출하업자나 판매자들에 대한 조사를 지연함으로써 사람들은 말고기를 더욱 의심하게 되었다. 사람들은 말고기에 관한 무시무시한 이야기를 많이 들었다. 20세기 초 수십 년간, 소문내기를 즐기는 사람들은 불결한 고기통조림 공장을 들춰 강한 혐오감을 불러일으켰다. 예를 들어 그들은 더럽고 침투성이인 바닥에서 화학적으로 재생시킨 곰팡이 핀 고기나 쥐와 쥐약이 든 빵을 섞어 소시지를 만드는 통조림업자들을 고발했다거나 "때때로 노동자가 찜통 속으로 빠져, 뼈만 빼고 전부 '순수한 리프라드'(돼지의 지방조직에서 짜낸 고품질 지방—옮긴이)가 될 때까지 없어진 줄도 모른다"는 것 등이다.

말고기 거래의 비밀스러운 성격 때문에 이런 식의 험담은 더 심했을 것이고, 다른 고기통조림업자들이 공장을 깨끗하게 정비하지 않을 수 없게 된 후에도 악담은 계속되었을 것이다. 초기 세대 미국인들은 지독히 질기거나 상했거나 색깔이 이상한 '쇠고기'를 보면 이렇게 말하곤 했다.

"이게 뭐야, 말고기 아니야?"

지금도 미국에는 여전히 말이 약 800만 마리—어느 나라보다도 많은—있다. 이들 대부분은 레크리에이션, 경주, 쇼 그리고 품종개량에 쓰인다. 즉 많은 말이 '애완동물'이다. 말의 창자가 소나 돼지의 창자보다 비효율적이라는 점을 감안하면 미국에서 말을 도살용으로 키우는 말고기 통조림산업이 전혀 발달하지 않았음을 이해할 수 있다. 그러나 왜 다른 목적으로 키운 말의 부산물인 말고기조차 거의 이용하지 않는 것일까.

우선 미국에 실제로 말고기 통조림산업이 있기는 하지만 그 생산품은 해외에서 소비된다. 미국은 세계 제1의 말고기 수출국이고 환율이 유리할 때에는 연 1억 파운드가 넘는 냉동·냉장 또는 신선한 말고기를 외국 고객들에게 팔아왔다.

그렇다면 왜 미국에서는 이 고기를 먹지 않느냐는 진짜 질문이 시작된다. 미국 내에서 말고기 거래를 시도했던 최근의 역사는 만약 말고기가 다른 고기보다 저렴하다면 많은 미국인이 말고기를 받아들일 수도 있었을 것이라는 점을 보여준다. 그러나 쇠고기·돼지고기 업자들의 조직적인 저항과 말을 가진 유럽 귀족들처럼 말의 귀족적인 이미지를 수호하려는 말 애호가들의 공격적인 전술 때문에 거의 그럴 기회가 없었다.

이런 점에서 말을 '애완동물'로서 소유하는 사람들의 감정과 이해는 평범한 소비자들의 그것과는 아주 다르며, 따라서 일반 미국인이 지금 말을 먹는 것에 강한 거부감을 갖고 있다고 하는 것은 프랑스혁명 이전의 모든 프랑스인이 말고기를 먹는 데 반대했다고 하는 것과 마찬가지로 옳지 않다.

역설적인 것은 말 애호가들은 인간이 말고기를 먹는 것에 반대하지만 제2차 세계대전 이후 수년간 아주 저렴하다는 이유로 말고기가 개밥을 만드는 데 쓰였다는 점이다. 한 애완동물이 다른 애완동물을 먹는 것을 반대한 사람은 없지만, 말 애호가들은 많은 가난한 미국인이 개밥이 값싸고 괜찮다고 생각해 자신들이 먹으려고 개밥을 샀다는 점은 깨닫지 못했다. 지금은 말고기를 애완동물의 사료로 사용하기에는 너무 비싸서 애완동물 식품산업에서는 소나 수퇘지·닭·생선 등의 부스러기나 내장을 쓸 수밖에 없다.

값비싼 말고기에 대한 인간의 수요가 증가하면서 버려진 말에 대한 처우가 개선되는 역설적인 결과가 나타났다. 이는 말 상인들이 단돈 25달러짜리 동물보다는 500달러가 나가는 동물을 더 신경 쓰기 때문이다.

노스이스트에서 실시된 소비자 조사를 보면, 대학생 80퍼센트가 말고기 제품 견본을 기꺼이 먹어보았고 이 가운데 절반은 그것이 그럭저럭 맛이 괜찮거나 더 좋다고 응답했다. 사실 미국인들은 쇠고기 가격이 비쌀 때, 미국 농무부 검역을 거친, 비싸지 않은 말고기가 판매되기만 하면 우르르 몰려나와 그것을 샀다.

실제로 그런 일이 일어났다. 1973년 아랍의 오일 쇼크로 쇠고기 값이 치솟자, 격분한 미국 가정주부들이 전국적인 쇠고기 불매운동을 벌인 적이 있었다. 일시적으로 최상품 말고기 스테이크가 쇠고기 스테이크의 약 절반 가격으로 제공되었다. 코네티컷뉴저지와 하와이에 문을 연 말고기 상점에 사람들이 구름같이 몰려들었고 상점의 선반은 채워지는 것보다 더 빠른 속도로 비워졌다.

곧 이에 반대하는 사람들이 말을 타고 나타나, 한때는 "귀여워하고 손질해주던" 말을 말 주인들이 도살하는 것을 비난했다. 펜실베이니아주의 슈베이커(Paul Schweiker) 상원의원은 사람이 먹는 말고기를 판매하는 것을 금지하는 안을 상원에 제출하려 했다. 이러한 저항은 곧 말고기 가격이 쇠고기 가격보다 높게 오르면서 불필요해졌고 이에 따라 처음에 말고기를 구입하려던 유인도 사라졌다.

말 주인들이 경주나 레크리에이션을 목적으로 말을 사용하지 않고 키웠다 할지라도, 고기를 목적으로 말을 대규모로 거래하면 최상품 말고기 스테이크는 최상품 쇠고기 스테이크보다 싸게 거래할 수 없었다.

1980년대 초, 말고기를 저며서 만든 비싸지 않은 말고기 제품 시장을 형성하려던 시도 역시 이와 비슷한 운명을 겪었다. 미국인들에게 최고급 부위의 말고기를 똑같은 부위의 쇠고기보다 비싸게 팔 수는 없다는 것을 깨달은 코네티컷의 하트포드에 있는 M&R 통조림 회사는 말의 앞다리 살을 가공해 만든 '말고기 스테이크'와 '말고기 버거'를 판매했다. 국제시장에서 말의 앞다리 고기는 소시지나 다진 고기로 쓰도록 되어 있고, 같은 부위의 쇠고기 상품보다 훨씬 낮은 가격으로 책정된다. 뉴잉글랜드 지방에 있는 여러 종류의 가게에서 시도한 끝에, M&R은 1982년 셰발린(Chevalean)이라는 상표명으로 미국 농무부의 승인을 받은 '말고기 스테이크'와 '말고기 파이'를 뉴잉글랜드의 해군 병참부 세 곳에—메인의 뉴브런즈윅, 코네티컷의 뉴런던, 로드아일랜드의 뉴포트에 위치한—판매하는 데 성공했다.

거의 같은 시기에 M&R은 '특별 말고기 패티 버거' '슈퍼 말고기 스테이크 샌드위치'라고 쓴 판촉 수레를 보스턴, 하트포드, 뉴헤이븐, 뉴욕에 있는 분주한 거리 구석구석에 설치했다. 저렴한 말고기가 큰 이윤을 남기며 같은 부위의 쇠고기 상품의 판매를 상회해 병참부에서 시행한 사업은 번창했다. 렉싱턴대로와 53번가에서는 '벨몬트(Belmont) 스테이크'라는 고기를 맛보려는 손님이 열두 줄로 정렬해 줄을 섰다.

그러나 M&R의 실험은 짧게 끝났다. 말 애호가를 자처하는 사람들과 미국 말협회, 동물애호협회 그리고 미국 말보호연맹의 성난 불만이 쇠고기 로비활동가들의 귀에 들어가기 시작했다. 그와 함께 몬태나의 멜처(John Melcher) 상원의원과 텍사스의 벤슨(Lloyd Bentson) 상원의원이 해군부 장관인 리먼 2세(John Lehman, Jr.)에게 해군에게 실망했다는 말을 전했다.

해군이 말고기를 먹는다는 인상을 준다면 어떻게 지원자들을 모집해 충원할 것을 기대할 수 있겠는가. 소가 생산비용보다 낮은 가격으로 팔리게 된 이후, 또 경기후퇴와 콜레스테롤에 대한 불리한 여론 때문에 특히 쇠고기 소비는 감소하고 있다. 그런 일이 있은 후 얼마 안 가서 세 곳의 병참부 모두 말고기 구입을 중단했다.

나는 앞에서 음식의 선호와 기피에 관한 수수께끼는 식량생산의 전체 체계와 연관해 고찰해야 한다고 말했다. 그 체계는 장·단기적인 결과를 초래하지만 모든 사람에게 반드시 똑같은 이윤을 나눠주지는 못하며, '팔기 좋은 것'이 '먹기 좋은 것'의 역할을 톡톡히 해낸다. 이러한 경고는 미국에 존재하는 말고기 혐오에 대한 설명에 부합한다.

여태까지 말한 것만으로는 미국인에게서 나타나는 여러 고기를 선호하는 순위나 가축 가운데 그들이 말고기만 낮게 평가하는 것이 아니라는 사실을 적절히 설명할 수 없다. 이제 남은 과제는 미국 소비자가 구할 수 있는 고기의 전체적인 순위에 대해 설명하는 것이다. 그러므로 이제 왜 쇠고기가 왕이 되었는지에 관한 수수께끼로 넘어가자.

6

미국인과 쇠고기

1950년대까지 미국인들은 같은 양의
쇠고기와 돼지고기를 먹었다. 1970년대가 되자 이 차이는
약 11.3킬로그램으로 벌어졌다. 1977년에는
쇠고기를 돼지고기보다 거의 두 배 더 많이 먹었다.
어떻게 쇠고기가 마침내 왕이 될 수 있었을까.
이는 제2차 세계대전 이후 생겨난
새로운 생활양식에 적합한
쇠고기생산과 시장제도의 변화 등 복합적인 결과다.

양고기와 염소고기가 인기 없는 이유

미국인들은 '붉은 고기'를 1년에 1인당 약 68킬로그램 먹는다. 그 가운데 60퍼센트는 소와 송아지고기이고 39퍼센트는 돼지고기, 1퍼센트는 양과 새끼양고기다. 염소고기는 소비량이 너무 적어 수치로 파악할 수 없다. 3일 동안 미국인 39퍼센트가 최소한 한 번은 쇠고기를 먹고 31퍼센트는 돼지고기를 먹지만 양고기나 염소고기는 거의 먹지 않는다. 일주일 동안 미국 가구의 91퍼센트가 쇠고기를 구입하고 80퍼센트가 돼지고기를 구입한다. 양고기를 사는 가구는 4퍼센트이며 실제로 염소고기를 사는 가구는 하나도 없다.

왜 미국에서는 쇠고기가 '왕'일까. 왜 돼지고기가 2순위일까. 왜 양고기와 새끼양고기를 좋아하지 않을까. 왜 염소고기는 거의 말고기만큼 인기가 없을까.

어떤 사람들은 쇠고기를 선호하는 것이 영어와 함께 영국에서 건너왔다고 말한다. 이는 영국인들이 전통적으로 양고기를 쇠고기만큼 많이 먹어왔으며 많은 미국인의 선조가 영국인이라는 사실을 무시하는 처사다. 별로 고려할 가치가 없는 다른 주장은 쇠고기를 선호하는 현상이 유산(遺産)이라는 것이다. "생각하기 좋은 것을 먹는다"고 생각하는 어떤 학자가 우리에게 주장하는 것처럼, 사람들이 쇠고기를 먹는 것은 쇠고기를 성적 기호의 한 부분으로 생각하기 때문일지도 모른다. 인도·유럽인들은 소와 남성의 정력을 오래전부터 동일시해왔던 것이다. 이처럼 쇠고기가 다른 고기보다 더 섹시한 고기라 할지라도 인도·유럽어권 국가들은 쇠고기를 다양하게 취급해왔다. 인도 힌두교도는 쇠고기를 선호하기는커녕 금지하기도 했다.

이런 설명에 무거운 타격을 가하는 것은 미국인이 식민지시대나 지난 세기에는 쇠고기를 가장 많이 먹지 않았다는 사실이다. 앞으로 살펴보겠지만 미연방에서 돼지고기보다 쇠고기를 실질적으로 더 많이 소비하게 된 것은 1950년대에 들어오면서부터였다. 풀어야 할 문제는 미국인들은 왜 쇠고기를 좋은 음식이라고 생각하는지에 관한 것뿐 아니라, 왜 식민지시대부터 현대에 이르기까지 쇠고기·돼지고기·새끼양고기·양고기·염소고기를 선호하는 순서가 바뀌었는지에 관한 것이다.

1623년 플리머스 식민지에는 염소 6마리와 돼지 50마리 그리고 많은 암탉이 있었다. 암소는 고기가 아닌 우유를 제공했고 그다음해까지도 그랬다. 그때는 초기 정착지 대부분에서 돼지와 염소, 양이 소보다 중요한 고기 공급원이었다.

우드(William Wood)는 1633년 매사추세츠의 한 거류지에 관한 글에서 "4,000명의 사람에게 소 1,500마리와 염소 4,000마리, 헤아릴 수도 없이 많은 암돼지가 있는데도 가난할 수 있을까?"라고 물었다. 1634년 제임스타운에서는 "좀 근사한 집들"에서 먹을 수 있는 '붉은 고기'는 돼지고기와 새끼염소뿐이었다.

염소는 식민지의 저녁 식탁에 오르는 최초의 '붉은 고기'였다. 그러나 식민지에 우유가 떨어지지 않을 만큼 젖소가 충분히 늘어나자 염소는 곧 요리에서 사라졌다. 식민지 개척자들은 염소를 주로 우유의 공급원으로 썼기 때문에 염소고기는 하나의 부산물이었다. 우유와 고기의 공급원으로서 염소가 소와의 경쟁에서 이길 수 있었던 것은 오직 농장 규모가 작고 초지가 얼마 안 되기 때문이었다. 그런데 식민지 아메리카에서는 여건이 정반대였다. 광활한 땅과 초지를 가진 미국 농민들은 당연히 같은 양의 우유를 얻기 위해 염소 네다섯 마리를 키우기보다는 암소 한 마리를 키우는 것을 선호했다.

젖소가 번식하기 시작하자마자 염소는 실질적으로 사라졌다. 오늘날까지도 미국인들은 염소고기를 즐기지 않는다. 사실 『요리의 즐거움』(*Joy of Cooking*)부터 『제임스 베어드 요리책』(*James Beard Cookbook*)에 이르기까지 염소고기 요리법은 한 군데도 나오지 않는다. 염소고기를 먹는 소수의 미국인은 대개 소득이 낮은 남부인들, 특히 소작지가 적고 노예가 조상인 흑인들로 그 부모들이 한 번도 소를 기를 만큼 넓은 땅을 가져보지 못했던 사람들이다.

또한 염소고기는 전에 히피족이었다가 다시 농사일을 하는 사람들이 좋아했다. 그들의 작은 농장에서는 크고 비싼 암소 한 마리보다 작은 동물 한두 마리가 더 유용했다. 소농목업자들의 후손인 남서부의 황량한 관목지대에 사는 스페인계 미국인들도 염소고기를 좋아한다. 이처럼 염소고기가 가난하고 착취당하는 인종적·문화적 소수자들과 관련 있게 된 것이 염소고기 맛의 이미지에 나쁜 영향을 끼쳤고, 나는 이러한 이유로 대부분 미국인이 염소고기를 거의 말고기나 개고기만큼 싫어하는 것이라고 생각한다.

그렇다면 양고기는 어떻게 된 것일까. 양고기, 특히 새끼양고기는 미각적인 우선순위에서 염소보다는 훨씬 위에 있지만 소나 돼지보다는 훨씬 밑에 있다. 미국의 1인당 양과 새끼양고기 — 대부분 새끼양고기 — 소비량은 다른 나라의 양과 새끼양고기 소비량에 비하면 아주 적다. 양은 염소와 비슷한 이유 때문에 먹거나 생각하기에 좋지 않은 것이 되었다.

양고기는 새끼양과 양고기가 부산물일 경우에만 효율적으로 대량 공급될 수 있다. 영국의 전통적인 요리법에서 새끼양고기와 양고기가 중요한 이유가 바로 이것이다. 양고기는 양털을 얻기 위해 양을 기른 데서 오는 부산물이었다. 영국인들은 양털을 공급하고 죽어간 양 떼에서 나온 양고기를 먹었다.

대토지 소유자들은 더 많은 양털을 깎으려고 북부 잉글랜드와 스코틀랜드에 있는 숲을 성급하게 파괴하고 농민들에게 농업을 그만두고 목축을 하도록 강요했다. 집약적인 목축 때문에 나무들이 다시 자랄 수 없었고 농민들은 곡물이 부족해 굶주리게 되었다. 이때부터 양은 영국 요리법에서 중심적인 위치를 차지하게 되었을 뿐 아니라 (문자 그대로 나무를 먹는 염소와는 달리) 은유적으로 나무와 사람을 모두 먹어치운 동물이 되었다.

스코틀랜드에서 양을 사육하면서 얻을 수 있는 흥미로운 부산물은 돼지고기에 대한 금기가 생긴 것이다. 나무를 잃은 스코틀랜드인과 아일랜드인들은 돼지사육을 그만두었다. 그들은 구약성서에 나와 있는 방식대로 돼지고기에서 등을 돌렸으며 돼지 자체를 싫어하기에 이르렀다. 18세기 초 스코틀랜드와 아일랜드에서는 돼지의 평판이 너무나 떨어져 돼지를 보기만 해도 운수가 나빠진다는 말이 생길 정도였다.

현대 스코틀랜드인들은 돼지고기가 다시 그들이 좋아하는 음식에서 높은 순위를 차지하고 있기 때문에 이를 잘 믿지 않는다. 그렇게 된 것은 감자가 도입됨으로써 돼지가 인기를 회복했기 때문이다. 돼지가 감자밭에 남은 것들을 코로 파내면서 새로운 생태학적 서식지를 갖게 되자 돼지는 다시 좋은 음식이 되었다. 그러나 돼지금기는 메인의 해안에 있는 스코틀랜드와 아일랜드의 초기 이주민 후손 사이에 아직도 남아 있다. 이들은 돼지를 본 선원에게는 불행이 찾아온다고 믿는다.

미국인이 양과 새끼양고기를 싫어하는 것은 영국의 양털산업과 관련이 있는 것 같다. 영국은 상업정책에 따라 미국 식민지에 스코틀랜드처럼 양털을 생산해야 하지만 수출을 위해 양털제품을 만들어서는 안 된다고 명령했다. 따라서 앞장에서 지적했듯이 양을 기르는 것은 영국으로 많이 수출하던 소와 돼지를 기르는 것보다 수지가 맞지 않았다. 점차 양고기 맛은 뉴잉글랜드를 제외한 대다수 미국인에게 생소해졌다. 뉴잉글랜드에서는 버몬트를 중심으로 독립 후에 양털공장들이 세워져 양 방목이 늘어났다. 남부사람들은 양털공장도 없었고 면직물을 좋아했으므로 북부사람들보다 더 철저하게 양과 새끼양고기 맛을 잊어버렸다. 실제로 오늘날까지도 많은 남부사람은 양과 염소고기를 구분하지 못하며 두 가지 모두 싫어한다.

남북전쟁 직전 양과 새끼양고기는 뉴욕에서 도살된 모든 고기의 10퍼센트를 차지했었다. 그러나 뉴잉글랜드 전역에서 낙농업이 양목업을 대체하면서 양 생산의 중심지는 서부로 더욱 옮겨졌고 수송비 때문에 양과 새끼양고기 값이 비싸졌다.

끝으로 20세기에 들어와 합성섬유가 개발되면서 양털은 시장을 많이 잃었다. 양목업은 가장 멀리 떨어진 서부 방목지에 국한되었으며 20세기에 발생한 고기소비 붐에도 양과 새끼양고기의 소비는 계속 감소했다.

미국인들이 염소와 양을 기르고 먹는 데 별로 관심이 없는(그리고 계속 말고기를 먹지 않는) 또 다른 이유는 염소와 양, 새끼양고기 대신 돼지고기·쇠고기·송아지고기를 쉽게 구할 수 있기 때문이다. 식민지시대에 지배적이었던 생태학적 조건과 인구조건 아래서 식민주의자들은 염소나 양보다 돼지와 소가 더 효율적인 고기 공급원이라는 사실을 알았다. 이것이 왜 돼지와 소가 지금까지도 미국인들이 가장 좋아하는 고기인지를 설명해준다(닭고기에 대해서는 나중에 설명하겠다).

돼지고기 공화국

미국의 빽빽한 숲들은 돼지를 치는 데 특별히 좋은 환경을 제공했다. 식민지 개척자들이 해야 했던 일은 인디언들의 개간지와 늑대를 없애는 것뿐이었다. 그 뒤는 도토리와 너도밤나무와 개암나무 그리고 '숲돼지'라 불리는 튼튼한 종자의 돼지가 다 알아서 했다. 식민지 북부에서는 봄·여름·가을에는 돼지를 숲에 풀어놓고 겨울에는 우리에 넣었다. 버지니아 이남에서는 농민들이 암돼지에게 새끼를 낳게 하기 위해 암돼지를 옥수수로 유인해 모으는 짧은 기간을 제외하고는 1년 내내 놓아기른다. 머지 않아 많은 농민는 돼지에게 한 달 동안 옥수수를 먹이면 돼지가 살이 찌고 무게가 급속히 늘어난다는 것을 알게 되었다. 1700년대에는 식용돼지에게 옥수수를 먹인 뒤 '끝장내주는' 것이 상업적 관행으로 확립되었다(돼지와 옥수수의 결혼은 천국에서 행해졌다).

돼지는 소보다 5배나 효율적으로 옥수수를 고기로 전환시킨다. 따라서 돼지는 생의 대부분을 '방목지'―먹을 것이 풍부한 숲―에서 자유롭게 살다가 옥수수를 먹고 살이 쪄서 시장으로 갔다. 이는 비슷한 방식으로 소를 키우는 것보다 훨씬 더 효율적이었다. 일부 식민자들은 소를 숲에 풀어 키웠지만 반추동물은 이런 조건 아래서는 고기 공급원으로서 돼지를 따를 수 없었다. 자연적 초지가 부족했으므로 소는 우유·버터·치즈를 생산하고 쟁기를 끄는 데 더 유용하게 이용되었다. 동부 해안에서 생산되는 소와 송아지고기는 대부분 낙농하는 젖소에서 골라낸 부산물이거나 너무 늙어서 도살된 암소에서 나온 것이었다.

개척농민들이 앨러게니산맥을 넘어 중서부로 진출함에 따라 돼지와 소 그리고 옥수수 생산의 중심지도 함께 옮겨갔다. 이곳의 토양과 기후는 옥수수를 재배하는 데 이상적이었다. 오하이오계곡 근처에 사는 농민들은 당시 아직 발달하지 않은 도로와 엄청나게 비싼 마차 수송비를 치러야 하는 조건 속에서 그들이 팔수 있는 것보다 더 많은 수확을 손쉽게 거둘 수 있었다. 남는 옥수수를 파는 최선의 방법은 이를 돼지와 소에게 먹여 다시 산맥을 넘어 동부 해안 도시까지 스스로 걸어가도록 하는 것이었다 (실은 옥수수를 파는 최선의 방법은 그것으로 위스키를 만들어 항아리에 담아 배로 운송하는 것이었지만 연방정부는 양조업에서 나오는 이윤에 세금을 매겼고 밀주는 위법이었다).

소와 돼지를 모는 사람들이 내는 철썩철썩(cracking)하는 시끄러운 채찍소리와 함께—남부의 '철썩거리는 사람'(cracker: 가난한 남부 백인을 가리키는 말로 쓰임—옮긴이)에서 유래—수확한 옥수수도 시장까지 갔다. 그리고 고대 이스라엘인이 돼지를 싫어하게 만들었던 바로 그 특성—곡물을 먹는 식성—때문에 미국의 농민들은 돼지를 좋아했다. 곧 운하와 철도가 놓여 산맥을 넘을 수 있는 더 나은 수단이 제공되었다. 따라서 채찍소리를 내며 소와 돼지를 몰고 가던 다채로운 시기는 종말을 고하고 옥수수를 먹는 돼지와 소를 시장에 팔 수 있는 가능성은 엄청나게 커졌다.

옥수수지대의 농민들은 수송수단이 개선되자 숲돼지를 없애고 더 크고 지방이 많은 새로운 종자로 바꾸었다. 이 '라드 돼지'는 보조식량을 주지 않아도 수지에 맞게 키울 수 있었다. 거의 옥수수만 먹고 자란 이 돼지는 도살과 포장을 위해 신시내티로 보내졌다. 너무나 많은 돼지가 이곳으로 실려와 이 도시는 '돼지고기 도시'로 알려졌다. 발굽에 밟히던 옥수수는 돼지 몸통이나 '농축된 옥수수'가 되었다. 돼지고기는 최고의 음식이 되었다. 남북전쟁 이전에 미국인들은 밀을 제외하고는 다른 어떤 음식보다도 돼지고기를 많이 먹었다. 인류 역사상 오직 고기를 얻기 위해 그렇게 많은 곡물을 소비한 일은 없었다.

발달하는 옥수수지대에서 농민들은 돼지뿐 아니라 육우도 길렀다. 소는 성장기에는 초원에 있는 풀과 건초를 먹고 그다음에는 옥수수를 먹여 살을 찌운 후 산맥을 넘어 동부 도시로 갔다. 오하이오계곡에서는 종종 돼지와 소를 함께 몰고 갔다. 소가 길에 뿌려놓은 옥수수를 먹으며 지나가면 그 뒤를 돼지가 소화되지 않은 옥수수 찌꺼기가 들어 있는 소똥을 먹으며 따라갔다.

사람들이 쇠고기와 돼지고기 가운데 어느 쪽을 좋아했겠는가. 소금을 쳐서 통조림한 고기에 관한 한, 19세기 초에는 식민지시대보다 전국 지역 대부분에서 돼지고기를 쇠고기보다 선호했다. 그 증거는 쇠고기보다 돼지고기가 훨씬 더 많이 생산되었는데도 소금에 절인 돼지고기의 값이 소금에 절인 쇠고기 값보다 항상 비쌌다는 것이다. 이는 쇠고기를 가장 좋아하는 북부에서조차도 그러했다(그 이유는 잠시 후에 설명하겠다).

예를 들어 1792년 필라델피아에서는 돼지고기 1배럴이 약 11.17달러였는데 이에 비해 쇠고기 1배럴은 약 8달러에 불과했다. 이러한 격차는 남북전쟁이 일어날 때까지 계속되었다. 평범한 미국인들은 소금에 절인 고기를 먹고 자랐고 소금에 절인 돼지고기가 소금에 절인 쇠고기보다 비쌌으므로 사람들이 쇠고기를 좋아했다고 보기는 힘들다. 애덤스(Henry Adams)는 소금에 절인 돼지고기를 먹음에 따라 옥수수를 하루에 3배는 더 먹는 거라고 말했다. 한 외국인 여행자는 유럽에서는 음식을 달라는 말은 빵을 달라는 뜻인데 미국에서는 소금에 절인 돼지고기를 달라는 뜻이라고 말했다. 또 쿠퍼(James Cooper)의 소설 『체인 베어러』(*The*

Chainbearer)에 나오는 한 농가의 주부는 이렇게 말한다.

"이 땅에 있는 다른 어떤 고기보다도 맛있고 몸에 좋은 돼지고기를 먹고 자랄 아이를 내게 주십시오. 얌은 맛이 좋고 빵도 맛있지만 돼지고기는 주식입니다."

물론 지역마다 상당한 차이가 있었다는 것도 인정한다. 남부와 중서부에서는 돼지고기를 너무 좋아해서 신선한 것이든 저장용으로 가공된 것이든 쇠고기는 언제나 두 번째였다. 18세기부터 "남부사람들은 자신들의 돼지고기를 자랑으로 생각했다." 버지니아인들은 그들의 햄이 세계 어느 곳에 있는 햄보다 맛있다고 생각했으며 식민 지주들은 햄과 다른 부위의 돼지고기를 내놓지 않고서는 사업을 할 수 없었다.

윌리엄스버그의 상류층에게는 "식탁에 차가운 햄 한 장을 놓는 것이 관습이었고 차가운 햄 없이 아침식사를 하는 버지니아 숙녀는 거의 없었다."

식민지 노스캐롤라이나에서는 "돼지고기를 겹겹이 쌓아놓고 먹었다." 19세기 초 테네시 같은 곳에서는 고기하면 돼지고기를 의미했다. 고기와 돼지고기는 동의어였다.

켄터키는 "돼지고기와 위스키의 고장"이었으며 콜럼버스에서 온 한 의사는 조지아에서 "모든 계급이나 나이를 불문하고 사람들은 아침, 점심 그리고 저녁까지 계속 오직 두꺼운 베이컨과 돼지고기만" 먹는 것을 보고 놀라 미국을 "거대한 돼지고기 먹는 연방"이나 "돼지고기 공화국"이라고 부르자고 주장했다.

1819년 일리노이를 방문한 한 여행가는 이렇게 썼다. 돼지고기의 공급이 부족한 여름에는 "사람들은 양고기나 송아지고기, 토끼고기 또는 거위고기나 오리고기 1그램을 먹느니 옥수수빵을 먹는다."

1842년 미시간에서는 돼지고기가 "설탕이나 위스키보다 더 좋고 아무리 먹어도 더 먹고 싶은" 음식이었고 돼지는 "이시스의 신성한 소도 이보다 더 존중받는 대상이 될 수 없을" 정도로 찬양받았다.

쇠고기와 돼지고기의 경주

뉴욕인들과 뉴잉글랜드인들에게 돼지고기를 향한 이와 비슷한 열정이 없었다는 것은 명백하다. 뉴욕인들로 미루어보건대 북부사람들은 신선한 고기든 가공된 고기든 돼지고기보다는 쇠고기를 좋아했다. 1854년부터 1860년 사이 뉴욕에서 쇠고기가 연평균 약 5,987만 킬로그램 팔린 것에 비해 돼지고기는 겨우 약 2,404만 킬로그램밖에 팔리지 않았다. 그러나 미국의 가장 중요한 공휴일인 7월 4일을 기념하는 데는 쇠고기가 아니라 신선한 돼지고기가 사용되었다. 1840년대에 한 뉴욕 방문객은 이 돼지고기 공화국이 어떻게 독립을 기념했는지 다음과 같이 묘사했다.

브로드웨이 양편에는 노점상들이 약 4.3킬로미터나 늘어서 있으며 모든 노점에는 구운 돼지고기가 있었는데…… 이는 사람들이 보이는 관심의 초점이었다. 약 8.6킬로미터나 늘어서 있는 구운 돼지고기! 그것도 뉴욕시에서만. 다른 모든 미국에 있는 도시와 마을에도 온통 구운 돼지고기 일색이었다.

북부사람들이 상대적으로 돼지고기에 흥미가 없었던 분명한 이유 가운데 하나는 남북전쟁이 일어나기 직전에 북부에서는 돼지가 양보다 적었기 때문이다. 가령 1860년 버몬트에 있는 농장들에는 양이 평균 25마리 있었는데 돼지는 겨우 1.5마리밖에 없었다. 남부와 중서부에서는 인구 1인당 돼지 두 마리를 기른 데 비해 북부에서는 1인당 0.1마리밖에 기르지 않았다. 배를 만들고 제조업 공장을 짓기 위해 숲을 베어냈고 농경지가 젖소를 위한 초지로 바뀌는 바람에 옥수수가 거의 자라지 않았기 때문에 점점 돼지를 키우지 않게 되었다.

북부사람들이 돼지고기를 선호하지 못하도록 한 정확한 요인이 무엇이든 그들이 단순히 그들의 선조인 영국인의 쇠고기 선호를 따른 것은 아니다. 영국인들은 북부와 남부에 똑같이 정착했으며 영국계 혈통 사람들이 쇠고기를 먹는 식민지 뉴욕보다 돼지고기를 먹는 식민지 버지니아에 더 많이 있었던 것은 결코 아니었기 때문이다.

미국 전역을 대상으로 할 때 미국인의 쇠고기 선호는 영국에서 생겨나 바다를 건너온 것이 아니라 미국의 대평원에서 생겨나 미시시피강을 가로질러 온 것이다. 이 대평원은 소를 기르기에는 이상적인 곳이지만 돼지를 기르는 데는 이상적이지 않았다. 배고픈 돼지는 뭐든지 먹을 것이고 알팔파 같은 풀들을 먹는다면 살이 찔 수도 있다. 그러나 아무도 돼지를 텍사스와 캔자스의 평원에 풀어놓으려 하지 않았다.

숲에 있는 도토리가 돼지의 먹이라면 풀은 소의 먹이였다. 평원에서 소를 안전하게 먹이기 위해 해야 하는 일은 2세기 전에 숲에서 돼지를 안전하게 먹이기 위해 해야 했던 일과 비슷했다. 즉 인디언과 늑대를 정복하는 일이었다. 물소가 세 번째 문젯거리가 되었다. 물소는 가축이 아니었으며 시장까지 몰고 갈 수도 없었고 장기적으로 상품가치도 별로 없었다. 인디언을 제외하고는 아무도 물소를 소보다 더 좋아하지 않았다. 목축업자, 농민 그리고 미국 군대는 곧 인디언을 몰아내는 가장 좋은 방법은 물소를 몰아내는 것임을 깨달았다.

교과서의 설명과는 반대로 미국 들소는 부주의와 마구잡이 살해 때문에 멸종한 것이 아니었다. 오히려 미국 들소는 인디언을 정복하고 그들을 인디언 보호구역 안에 몰아넣기 위해 철도, 군대, 소몰이꾼들이 공모한 의식적인 정책 때문에 멸종했다.

셰리던(Philip Sheridan) 장군은 텍사스 의회에서 이렇게 주장했다.

"(사냥꾼들에게) 물소가 전멸할 때까지 죽이고 가죽을 벗겨 팔게 하라. 이것이 평화를 지속시키고 문명이 진보할 수 있도록 하는 유일한 길이다."

빌(Buffalo Bill) 같은 사냥꾼은 사냥꾼들이 물소를 쏘아 그 자리에서 가죽을 벗기고 잡아서 가장 쓸 만한 부분만 마차에 실어 철도역의 막사나 개척마을로 보내 평원에서 소가 안전하게 살 수 있도록 하는 데 일조했다.

물소가 사라지면서 소떼가 그 자리를 차지해 끝없는 풀의 바다에서 성찬을 즐기며 급속히 번식했다. 그러자 사람들은 소를 전부 잡아먹을 수 없었다. 쇠고기가 너무 저렴해져 미군은 목축업자에게 돈을 주고 인디언들이 굶어 죽지 않도록 인디언 보호구역에 쇠고기를 공급하도록 했다. 텍사스와 시카고에서 뉴올리언스처럼 멀리 떨어진 도시로 이어지는 소와 카우보이의 기나긴 행렬을 통해서만 민간시장에 갈 수 있었다.

돼지몰이가 종지부를 찍었듯이 서부의 마라톤 소몰이도 곧 종지부를 찍었다. 철도가 도지시티, 애빌린, 캔자스시티까지 놓이기도 전에 쇠고기 상인들은 창고를 짓고 이를 첫 기차가 오기를 기다리는 소로 가득 채웠다. 여기서 출발한 소들은 남북전쟁 이후 신시내티를 대신해 세계적인 푸줏간이 된 시카고나 동부 도시에서 도살되고 포장되었다. 소는 이 도시들에서 도살되어 신선한 고기로 팔렸다. 비좁고 흔들리는 차에서 2~3일을 시달리다보면 소는 온몸에 멍이 들고 병이 났다. 더 편안한 수송수단이 필요하다는 여론이 생겨났다.

소 상인들은 문제를 약간 다른 각도에서 바라보았다. 서부의 소를 시카고에서 처리해 신선한 상태로 수송하는 방법을 고안하면 동물보호론자를 만족시킬 뿐 아니라 동물의 35퍼센트에서 40퍼센트를 차지하는 가죽, 뼈, 찌꺼기―시카고에서 공업용으로 처리되어 뉴욕과 보스턴에서와 마찬가지로 많은 이윤을 남기는―를 수송하는 데 드는 비용을 절약할 수 있다. 고기를 얼음 위에 얹어 운반하면 고기는 '얼음 구이'가 된다.

1882년 스위프트(Gustavus Swift)가 본격적인 냉동차를 도입하면서 이는 시카고와 뉴욕 사이를 달렸다. 이 차는 얼음을 다른 특별한 칸에 넣어 갈고리로 꿰어, 위쪽에 걸어놓은 쇠고기 주위로 차가운 공기를 흐르게 했다. 쇠고기 사장과 포장업자들—아무르, 스위프트, 쿠다이, 모리스—은 철도를 구입해 곡물시장을 매점했고 오늘날의 석유왕들처럼 부자가 되었다.

그러나 19세기에 행운의 쇠고기 사업을 약속했던 풀의 바다는 인디언과 물소처럼 허약하다는 것이 드러났다. 풀이 무성한 대평원에서 지나치게 목축을 하고 자작농장을 세움으로써 목축은 철도와 중서부의 창고와는 멀리 떨어진 더욱 먼 서부의 사막지역까지 확산되었다. 방목하던 소를 시장에 팔 만한 무게로 만들기 위해서는 더 많은 옥수수가 필요했다. 쇠고기는 돼지고기에 대해 가격 면에서 유리하지 않게 되었다. 그리고 1인당 쇠고기 소비량은 20세기 초 최고 약 40.4킬로그램에서 1940년에는 약 25킬로그램으로 감소했다.

소 방목의 유행은 돼지고기와 쇠고기의 소비 격차를 크게 줄였지만 격차를 없앨 만큼 오래가지는 못했다. 1900년에는 여전히 돼지고기를 쇠고기보다 1인당 약 2.2킬로그램 더 많이 소비했으며 20세기에 들어서도 이 격차는 더 벌어져 제2차 세계대전 직전까지 미국인들은 돼지고기를 1인당 약 8.4킬로그램 더 소비했다. 쇠고기와 돼지고기의 생산이 일차적으로 곡물을 살코기로 전환하는 능력에 달려 있는 한, 이 점에서 월등히 뛰어난 창자를 갖고 있는 돼지가 최후의 승자가 될 것 같았다.

그러나 경쟁은 아직 끝난 것이 아니었다. 돼지고기에 대한 쇠고기의 승리가 단지 몇 년 안으로 다가왔다. 1950년대까지 미국인들은 같은 양의 쇠고기와 돼지고기를 먹었다. 1960년이 되자 쇠고기 소비량이 약 4.5킬로그램 많아졌다. 1970년대가 되자 이 차이는 약 11.3킬로그램으로 벌어졌다. 마침내 고기를 사상 최대로 많이 먹은 1977년에는 미국인은 쇠고기를 돼지고기보다 거의 두 배 더 많이 먹었다. 즉 쇠고기는 1인당 약 44.3킬로그램을 먹은 데 비해 돼지고기는 약 24.4킬로그램을 먹었다. 1년에 1인당 약 20킬로그램이나 차이가 나는 것이다.

어떻게 쇠고기가 마침내 왕이 될 수 있었을까. 이는 제2차 세계대전 이후 생겨난 새로운 생활양식에 적합한 쇠고기생산과 시장제도의 변화 등 복합적인 결과다. 20세기에 들어선 이래 방목지는 미국의 쇠고기생산에서 점점 역할이 축소되었다. 방목하는 소(사육장으로 보낼 소)를 기르는 데 드는 시간과 마지막으로 살찌우는 시간이 점점 더 짧아졌다. 종자개량과 씨를 뿌려 가꾼 초지, 과학적인 경영으로 소는 이제 4개월 만에 무게가 약 181.4킬로그램 나가게 되었다. 그러면 농민들은 소를 사육장으로 보내 단백질이 풍부한 콩, 물고기, 칼로리가 풍부한 옥수수, 수수 그리고 비타민, 호르몬, 항생제를 섞어 적당한 온도로 만든 것을 시멘트 믹서형 트럭으로 밤낮으로 갖다 먹였다. 소는 온종일 먹고 또 밤을 낮처럼 밝히는 휘황한 불빛 아래서 밤새도록 먹었다. 아무리 먹어도 구유는 넘쳐흘렀으며 소는 4개월이 지나면 몸무게가 약 181.4킬로그램 더 쪄서 도살장으로 갈 준비를 마쳤다.

소 사육방식의 변화만큼 중요한 변화가 쇠고기 소비방식에서도 일어났다. 우선 도시 교외에 집을 가진 사람들이 늘어나자 사람들은 점점 정원에서 요리를 하며 즐기게 되었다. 시내 중심가에서 탈출한 교외거주자들에게 바비큐는 자기들만의 재미와 맛있는 음식을 먹고 싶은 갈망을 표현했다. 그 색다른 묘미 외에도―이는 아파트에 사는 사람들은 할 수 없는 요리법이었다.―정원에서 해먹는 바비큐는 번잡하지 않았고 프라이팬을 쓰지 않고도 빨리 요리할 수 있어 편리했다. 흔히 남편들이 옛날 족장처럼 축제를 베풀고 고기를 제공하는 훌륭한 사람 노릇을 하며 이 식사를 주도했다.

　이 정원의 재분배자들은 자신들의 그릴을 쇠고기로 채웠다. 그들이 훈제하거나 굽는 돼지고기는 다진 쇠고기가 40퍼센트 이상 들어 있는 프랑크푸르트 소시지였다. 바비큐 스테이크는 이들이 좋아하는 음식이었는데 이는 이전에는 먹을 수 없었기 때문에 더욱 큰 즐거움을 주었다. 그러나 엄청나게 많은 바비큐 햄버거는 구운 쇠고기를 향한 열광에 단순히 속물적인 매력을 뛰어넘는 무엇이 있음을 보여준다. 예를 들어 정원에서 하는 요리의 기술적인 측면 때문에 다진 돼지고기를 이용하는 것이 어려웠다. 돼지고기 패티를 그릴에 놓고 구우면 자꾸 밑으로 떨어지기 때문에 프라이팬에 구울 수밖에 없는데, 이는 부엌일에서 벗어나려는 목적에 위배되었다.

　더 중요한 이유는 선모충증의 위험 때문에 돼지고기는 쇠고기보다 더 오래 구워야 한다는 데 있었을 것이다. 믿을 수 없겠지만 미국 농무부는 돼지의 선모충증을 검사하지 않는다. 돼지 안에 있는 선모충을 찾아내기 위해서는 현미경을 사용할 수밖에 없는데 이는 시간이 걸리고 비싸며 전혀 효율적이지 않다. 그 결과 미국인의 약 4퍼센트가 선모충에 감염되어 근육 속에 선모충이 있으며 선모충증으로 생긴 발열을 가벼운 감기 때문이라고 오인한다.

미국 농무부와 미국의학협회는 선모충증을 검사하는 대신 1930년대에 교육 프로그램을 집중적으로 실시해 미국인에게 돼지고기가 분홍색에서 완전히 갈색이 될 때까지 반드시 요리해서 먹어야 한다고 가르쳤다. 이런 경고 때문에 사람들은 돼지고기를 그릴에 구워먹지 않게 되었다. 왜냐하면 완전히 갈색이 될 때까지 구우면 질기고 팍팍해지기 때문이다. 바비큐와 돼지갈비는 기술적으로 그럴 듯한 해결책이 되었다. 왜냐하면 지방이 많아 완전히 익혀도 여전히 부드럽고 육즙이 있었기 때문이다. 그러나 이는 햄버거나 스테이크에 비하면 고기양이 적고, 먹기에 번거롭고 빵에 끼워 먹을 수 없어서 간편식으로서는 햄버거를 따를 수가 없었다.

사람들이 교외로 이주하자 미국의 쇠고기화에 공헌하는 다른 사회적 변화들이 잇따랐다. 여성들의 취업, 맞벌이 가정의 출현, 여성해방주의의 물결, 가사노동에 분노하는 여성의 증가 같은 것들이다. 이러한 변화는 집 밖에서 쇠고기 식사를 푸짐하게 즐기는 시대를 열었으며 세계의 요리법에 미국이 가장 두드러지게 공헌한 패스트푸드 햄버거의 시대를 열었다. 전후의 새로운 맞벌이

가정에게 패스트푸드 햄버거는—집이 없어서 정원에서 바비큐 식사도 할 수 없는 사람들에게도—집 밖에서 먹을 수 있는 기회를 제공했으며 고된 부엌일에서 해방될 기회를 주었다. 특히 직장 여성들이 흔히 하듯이 주부의 가사노동 값을 더하면 그 비용도 일반 가정에서 요리해 먹는 데 드는 정도였다.

햄버거와 쇠고기

미국인들은 오래전부터 집 밖에서 쇠고기 구이를 먹었다. 일부 역사가들은 햄버거의 시초가 1892년 오하이오의 군축제(Ohio county fair) 때 어떤 식당 주인이 돼지고기 소시지가 떨어지자 돼지고기 대신 다진 쇠고기를 쓴 것이었다고 말한다. 다른 사람들은 햄버거가 처음 출현한 것은 1904년 세인트루이스(St. Louis fair)축제 때였다고 말한다. 역설적이게도 쇠고기 같지 않은 그 이름의 기원을 보면 이를 더 분명히 알 수 있다. '햄버거'는 함부르크에서 미국으로 가는 배에 탄 사람들에게 다진 쇠고기와 양파를 제공한 데서나 함부르크에서 인기 있는 다진 쇠고기 요리에서 유래했음이 틀림없다. 정확한 유래가 어찌되었든 식당의 햄버거는 19세기에는 시장이나 놀이공원, 해변의 휴양지에서만 맛볼 수 있는 색다른 별미였다.

1921년 캔자스시티에 화이트 캐슬 햄버거 체인점이 설립되면서 햄버거가 대량생산되는 식당요리가 될 수 있는 가능성이 보이기 시작했다. 이 체인점은 서서히 확산되어 뉴욕에 생기기까지 거의 10년이 걸렸다. 그러나 화이트 캐슬은 패스트푸드점이 아니었고 당시에는 아직 패스트푸드점의 시대가 무르익지 않았었다. 그것은 시내 중심지의 보행자들을 상대로 하는 저렴한 식당이었다. 손님들이 카운터에 앉아 커피를 마시는 동안 종업원들은 햄버거를 만들었다. 이는 밀려드는 새로운 주문을 받는 데 방해가 되었다.

최초의 진정한 패스트푸드점은 자동차 시대의 부산물이었다. 그들은 부엌 식탁에서 식사하는 것보다 유리창과 바퀴가 달린 거실에서 식사하는 것을 좋아하는 사람들에게 음식을 제공했다. 1955년 크록(Ray Kroc)이 선구적으로 개시한 맥도날드 햄버거는 1966년까지 앉아서 먹는 고객을 위한 의자와 식탁을 놓지 않았다. 그 후로 자동차를 위한 테이크아웃 코너, 넓은 주차장, 주문 장소와 식사 장소의 분리, 제한된 메뉴, 표준화된 음식, 깔끔한 '가족적 분위기'가 성공하는 공식이 되었다.

오늘날은 프렌차이즈 본사가 거의 모든 가맹점을 소유해서 운영한다. 그리고 다시 그 이름과 전국적인 홍보를 위해 가맹업자들은 본사에서 음식과 장비, 부대시설을 구입한다. 그들은 음식을 준비하고 내놓고 가게를 유지하는 것에서 단일한 기준을 준수해야 한다.

맥도날드에는 햄버거가 냉동된 패티 상태로 중앙의 공급처에서 도착한다. 점원들은 이를 익혀 양념하거나 치즈 한 조각과 함께 둥근 빵 사이에 끼워 손에 들고 갈 수 있도록 스티로폼 용기에 싸서 줌으로써 모든 고객의 주문에 지체 없이 응한다. 버거킹 회사에서는 이론적으로 햄버거를 조리한 지 10분 안에 손님에게 제공해야 한다고 되어 있다.

1980년대 초 미국인들은 1인당 다진 쇠고기 약 22.7킬로그램을 먹었다. 이는 대부분 햄버거 형태로 먹은 것이다. 매 초당 패스트푸드점에서만 200명, 1년에 무려 670억 명이 고기 한두 조각을 끼운 빵을 먹는다. 돈으로 치면 100억 달러에 달한다. 맥도날드 햄버거만도 하루에 미국인 1,400만 명이 먹는다.

나는 패스트푸드점이 부상한 것은 인간이 달에 간 것만큼 사회적으로 의미심장하다고 생각한다. 벨라미(Edward Bellamy)가 자신의 영향력 있는 유토피아 소설 『회고』(*Looking Backward*)에서 사회주의의 가장 위대한 업적은 자본주의적인 식생활 방식에 종지부를 찍는 것이라고 한 예언이 생각난다. 이 소설의 주인공은 1887년에 잠들어 꿈을 꾸고 2000년이 되어서야 깨어난다. 그가 겪은 이상한 일 가운데 가장 인상 깊은 것은 미국인들이 더 이상 저녁식사를 위해 각자 물건을 사고 준비하고 음식을 차리지 않는다는 것이다. 그 대신 신문에 난 메뉴를 보고 음식을 주문해 이웃의 주방에서 요리한 음식을 근사한 클럽에서 먹는다.

맥도날드와 웬디스, 버거킹은 벨라미가 예견한 고급스럽고 사치스러운 상점을 제공하지는 않지만 어느 때보다도 밖에서 식사하는 꿈을 실현하는 데 더 가까워지도록 했다. 자본주의의 품에서 성장한 맥도날드와 웬디스, 버거킹은 집중화되고 효율적이고 대중적이지 않다면 아무것도 아니었을 것이다. 음식은 저렴하고 영양가 있으며 즉시 얼마든지 구할 수 있다. 아무도 다른 사람 뒤에서 차례를 기다리지 않으며 설거지를 할 필요도 없다. 손님들은 음식을 테이블로 가져가 다 먹으면 직접 치운다(물론 여기에도 여전히 힘든 일이 많고 빠른 속도에 대한 압박과 저임금 문제가 남아 있다. 어쨌든 유토피아는 없다).

쇠고기 소비와 패스트푸드 산업은 돼지고기를 비행장에 남겨 놓은 채 하늘로 날아올랐다. 1980년대가 되어서야 돼지고기는 패스트푸드 메뉴에 올랐으나 그때도 겨우 아침 별식의 일부로 오른 것이었다(이는 맥도날드의 맥립McRib으로 바비큐 소스를 넣은 돼지고기 샌드위치다. 식당 3,500군데에서 시험 판매를 해봤으나 고객들이 너무 번거롭고 맛이 없다고 불평해 곧 메뉴에서 빠졌다).

돼지고기를 패스트푸드점 붐에 참여시키는 명쾌한 해결책은 돼지고기와 쇠고기를 섞은 햄버거를 파는 것이다. 사실 프랑크푸르트 소시지는 돼지고기와 쇠고기를 섞은 것이고 오랫동안 돼지고기 산업의 중심을 이뤄왔다. 그러나 어떤 패스트푸드 회사도 이러한 것을 상품화하려고 시도하지 않았다.

프랑크푸르트 소시지와 달리 미국에서 파는 햄버거는 전부 쇠고기로만 만들며 쇠고기 외에 다른 고기는 절대로 섞지 않는다. 거의 모든 미국인이 그 이유를 모르지만 사실 이유는 간단하다. 쇠고기만으로 만들지 않은 햄버거는 법적으로 햄버거가 아니기 때문이다. 미국 농무부 법규는 햄버거를 소나 소의 지방 이외의 어떤 고기나 지방도 들어 있지 않은 다진 고기구이라고 규정한다. 만약 다진 고기구이에 돼지고기나 돼지지방이 들어 있다면 이를 '구운 고기'나 '버거', '소시지' 등으로 부를 수는 있지만 '햄버거'라고 할 수는 없다. 다시 말해 정부의 법령에 의해 쇠고기

산업은 미국에서 가장 인기 있는 간편식이라는 일종의 특권 또는 상표권을 갖고 있는 것이다. 그 규정의 실행조항은 다음과 같다.

햄버거. '햄버거'는 신선하거나 냉동한 다진 쇠고기로 만들어야 하며, 여기에 소의 지방이나 양념을 넣어도 된다. 그러나 소의 지방을 30퍼센트 이상 넣어서는 안 된다. 물, 탄산수, 고착제, 증량제도 넣으면 안 된다. 소의 머리고기(소의 머리 살을 발라낸 것)는 이 장의 조항이 규정하는 조건에 따라서만 햄버거에 사용할 수 있다.

다진 돼지고기는 먹을 수 있다. 쇠고기도 다져 먹을 수 있다. 그러나 두 가지를 한데 섞은 것을 햄버거라 불러서는 안 된다. 이는 마치 「레위기」를 반복하는 것처럼 들린다. 그러나 원래의 돼지고기 금기가 그러하듯이 어떻게 보면 미신 같은 것도 다른 측면에서는 확실하고 실제적인 의미를 갖는다. 핵심적인 조항에 따르면 햄버거는 쇠고기로만 만들어야 하는데, 다진 쇠고기와는 달리 30퍼센트까지는 소의 지방을 추가로 넣어도 좋다. 다진 쇠고기에 들어 있는 소의 지방 함량은 다지기 전에 들어 있던 소의 지방에 따라 결정된다. 다시 말해 햄버거는 서로 다른 동물의 쇠고기와 소의 지방을 섞어서 만들 수 있다. 나는 다진 쇠고기에 관한 조항에서 실행에 관한 것을 고딕체로 표시했다.

다진 쇠고기, 간 쇠고기. '다진 쇠고기' 또는 '간 쇠고기'는 신선하거나 냉동한 다진 쇠고기로 만들어야 하고, 양념은 넣어도 된다. 그러나 소의 지방을 추가하면 안 되고 지방을 30퍼센트 이상 포함해서도 안 된다. 물, 탄산수, 고착제, 증량제를 넣어서도 안 된다(강조는 지은이).

이 모든 불가사의한 규정과 이상한 제한은 연방정부가 햄버거를 다른 한쪽 없이는 시장에서 판매할 수 없는 두 가지 성분—쇠고기와 소의 지방—의 혼합물로 승인했음을 의미한다. 항상 그랬듯이 가장 저렴하게 구할 수 있는 쇠고기는 살찌우는 과정을 거치지 않은 비쩍 마른 방목한 수소다. 그러나 만약 이 고기를 갈아서 햄버거를 만들려고 하면 고기가 덩어리지지 않고 자꾸 갈라질 것이다. 다시 말해 방목한 쇠고기로 햄버거를 만들기 위해서는 접착제 역할을 하는 지방이 필요하다. 식물성 지방이든 동물성 지방이든 아무 지방이나 상관없지만 그냥 고기구이나 소시지가 아니라 햄버거를 만드는 것이므로 이는 소의 지방이어야만 한다.

이제 옥수수·콩·생선·비타민·호르몬·항생제를 하루에 24시간씩 네다섯 달 동안 먹는 사육장의 소를 주목해보자. 이 소의 배에는 반추위가 들어 있다. 소를 도살한 후 떼어낸 반추위는 가장 값싸게 구할 수 있는 소의 지방이다. 사육장 소의 지방과 방목한 깡마른 소의 고기를 공장 기계에서 같이 갈아 햄버거 고기로 바뀌어 전국적으로 공급된다. 햄버거를 돼지고기와 소의 지방 또는 쇠고기와 돼지지방으로 만들도록 하거나 햄버거를 한 동물에서 나온 소의 지방에 다른 동물에서 나온 쇠고기를 더해 만들지 못하도록 한다면 쇠고기 산업 자체는 하루아침에 망해버릴 것이다. 패스트푸드 회사는 값싼 햄버거를 만들기 위해 사육장에서 버리는 지방이 필요하고 사육장은 사육장 고기의 원가를 낮추기 위해 햄버거가 필요하다. 이들은 공생관계에 있으므로 당신이 스테이크를 먹는 것은 곧 다른 사람이 햄버거를 먹을 수 있도록 해준다. 당신이 맥도날드에서 햄버거를 먹는 것을 좋아한다면 당신은 다른 누군가가 리츠에서 스테이크 먹는 것을 보조해주고 있는 셈이다.

농무부에 문의했지만 햄버거에 관한 연방법이 어떻게 결정되었는지 알 수 없었다. 연방정부가 선모충증에 대해 적당한 안전책을 마련하지 못했다는 사실과 함께 햄버거에 돼지고기와 돼지지방을 넣지 못하게 한 것은 쇠고기생산업자가 돼지고기생산업자보다 정부 인사에 더 많은 영향력을 미친다는 것을 보여준다. 만약 이것이 사실이라면 이는 19세기 말 이래 계속된 두 산업조직의 근본적인 차이에서 발생하는 당연한 귀결이다. 쇠고기생산은 상대적으로 소수의 대규모 목장과 사육 회사가 지배해왔다. 이에 비해 돼지고기생산은 상대적으로 많은 중소규모 농장 단위로 이루어져 왔다. 둘 가운데 더욱 집중화된 쇠고기생산업이 농무부의 규제에 영향력을 더욱 잘 행사할 수 있을 것이다.

그래도 역시 골치 아픈 문제가 하나 남아 있다. 가장 저렴한 햄버거용 고기의 공급원은 인구밀도가 낮으며 넓은 방목지가 넓은 오스트레일리아나 뉴질랜드 같은 나라들이다. 패스트푸드 산업은 할 수만 있다면 방목한 쇠고기 대부분을 해외에서 구입하려고 할 것이다. 이러한 상황을 방지하기 위해 연방정부는 쇠고기 수입을 제한하는 쿼터를 설정해왔다. 이렇게 해도 미국인들이 먹는 다진 쇠고기의 20퍼센트 정도가 외국산이다.

외국산 쇠고기가 소비자들의 위장까지 어떻게 들어가는지 정확히 아는 사람은 아무도 없다. 일단 통관을 한 뒤에는 그것이 어디로 가는지, 가공업자들이 그것으로 무엇을 하는지 아무런 기록도 남지 않는다. 일부 패스트푸드점들은 자신들이 파는 햄버거가 100퍼센트 쇠고기에다 100퍼센트 미국산이라고 주장한다. 다른 업체들은 침묵을 지킴으로써 미국인들의 고기 먹는 방식에 수수께끼를 하나 더한다.

요약하자면 최근 쇠고기가 돼지고기보다 더 우세해진 것은 순전히 쇠고기로 된 패스트푸드 햄버거의 직간접적인 영향 때문이라는 것이다. 살찌우는 과정을 거치지 않고 방목한 소의 쇠고기를 소 사육장의 쓸모없는 지방과 합침으로써 패스트푸드점은 곡물을 살코기로 전환하는 데 돼지의 자연적인 우월성을 넘어설 수 있었다. 그러므로 미국 농무부가 돼지고기 햄버거를 기피하는 것은「레위기」의 금기와 단순히 비유적으로만 닮은 것이 아니다. 미국 농무부는 곡물을 가장 많이 먹는 동물인 돼지와 풀을 먹는 최고의 동물인 소의 해묵은 투쟁을 중재하는 데 고대의 선례를 따랐던 것이다. 햄버거를 순쇠고기로 만든 것이라고 규정함으로써 농무부는 고기를 고르는 데 장애물을 하나 설치했고 쇠고기를 돼지고기보다 신성한 것으로 만들었다.

닭고기 혁명

고기에 대한 미국의 기호 변화는 돼지고기에 대한 쇠고기의 승리로 끝나지 않는다. 이 두 붉은 고기는 즉석 닭고기 요리, 냉동 닭고기, 신선한 닭고기의 형태로 부상하는 닭고기의 위협을 받고 있다. 미국인들은 1년에 닭고기 약 24.5킬로그램을 먹는다. 1976년 이래 1인당 쇠고기 소비량은 의학적으로 쇠고기가 건강에 나쁘다는 사실이 발견되고 소매가가 상승하자 약 7킬로그램이 감소했다. 이에 반해 닭고기 소비량은 약 5.1킬로그램이 줄었다. 이런 경향이 계속된다면 금세기(20세기―옮긴이) 말에 미국인들은 쇠고기보다 닭고기를 더 많이 먹게 될 것이다.

닭고기 혁명은 이미 오래전에 무르익었다. 닭은 천성적으로나 종자를 개량함으로써 곡물을 고기로 전환하는 데 돼지만큼 효율적이며 소보다는 다섯 배나 더 효율적이다. 최근에 나온 일부 종자들은 돼지보다도 더 효율적이며 이들은 고단백 먹이 약 0.9킬로그램을 고기 약 0.45킬로그램으로 전환하며 주로 가슴살로 만든다. 다양한 기술적 문제들―전염병에 잘 걸리고 닭장 안에서 서열을 정하기 위해 서로 죽을 때까지 쪼며 싸우는 성질과 병아리의 성별을 구별하는 것이 힘들다는 것 등―때문에 대량생산을 하지 못했다. 이러한 문제점들은 닭에게 항생제를 먹이고 인두로 부리를 지지고 암탉보다 더 날개가 긴 수컷 종자를 개발함으로써 극복되어왔다.

이제 닭은 양계장당 3만 마리씩 '제조'되며 닭 한 마리가 차지하는 닭장의 면적은 약 0.1제곱미터도 되지 않는다. 온도조절, 공기정화, 쓰레기 소거가 모두 자동화되었다. 닭이 쉬지 않고 모이를 먹도록 깨어 있게 하기 위해 하루에 22시간씩 불을 밝혀둔다. 닭은 부화한 지 47일이 되면 몸무게가 약 1.8킬로그램 이상 되어 내다 팔 수 있게 된다. 1950년에 걸린 시간의 절반밖에 걸리지 않는 것이다.

주요 유명 브랜드 공장들에서는 자동화 기계로 1초당 1.5마리의 비율로 닭을 잡고 털을 뜯어내고 내장을 빼고 냉장해서 포장한다. 이러한 기술혁신으로 닭고기 값은 지난 10년 동안 거의 오르지 않았고 닭고기 제품은 패스트푸드 산업 전체에서 가장 빨리 성장하는 품목이 되었다.

'쇠고기는 어디로 갔느냐?'는 말은 곧 그 말을 만들어낸 측에 적용될 것이다. 웬디스는 1984년 대통령선거 기간에 모든 사람의 입에 오르내렸던 슬로건을 갑자기 철회했다. 그것이 새로 도입한 닭고기 샌드위치를 위한 체인점의 계획에 방해가 되었기 때문이다.

음식전문가들이 식습관은 가장 느리게—미국인이 쇠고기를 선호하는 성향의 기원이 베다시대로 거슬러 올라갈 정도로 느리게—변화하는 문화의 일부라고 말하는 것은 미국의 고기 소비 역사에 충분히 주의를 기울이지 않았기 때문이다(덧붙이면 닭은 동남아시아의 정글에서 가축화되었으며 인도-유럽의 목축·농경 복합경제의 일부는 아니었다. 닭은 겨우 그리스와 로마시대에 이르러서야 최초로 유럽에 들어왔다).

전통적인 영구양도(부동산을 종교단체 등에 기부할 때 영구적으로 남에게 양도할 수 없도록 하는 형식)제도가 식민지시대에서부터 현재에 이르기까지 미국을 휩쓴 거대한 맛의 물결을 눈에 띄게 느리게 만든 적은 없었다. 미국에서는 역사상 처음으로 팔기 좋은 것이 곧 먹기 좋은 것이 되었다. 그러나 내가 살펴본 다른 어떤 경우보다도 확실하게, 고기에 대한 미국인의 입맛은 공격적인 농업이 자기 마음대로 이용할 수 있었던 방식에 따라 제멋대로 바뀌었던 것은 아니다.

이 둘을 매개하는 기술이 제아무리 발달하더라도 칼로리와 단백질, 자원의 측면에서 측정하든 아니면 돈으로 측정하든 간에 인도의 힌두교도처럼 자연과 문화의 상호작용 때문에 이윤에는 명확한 한계가 존재하게 된다. 또한 우리는 아직 보금자리로 돌아와야 할 닭이 많다는 것을 잊어서는 안 된다. 비록 나는 식물성 식품을 고기로 전환하는 효율에서 단기간의 개선을 강조했지만 패스트푸드의 고기는 칼로리 측면에서 인간의 식사로서는 비효율적인 방식이라는 것을 알아야 한다.

최근 슈퍼치킨은 옥수수·콩·수수, 기타 단백질이 풍부한 식품뿐 아니라 동물성 식품—주로 생선—을 포함하는 먹이로 닭을 기를 수 있는 가능성을 꾀한다. 이는 이름값을 하지 못한다. '닭 모이'라고 불리기에는 영양의 측면에서나 칼로리의 측면에서나 너무 비싸기 때문이다. 영양상으로 말해도 이 모든 고단백의 식물성 식품과 생선 식품은 평균적인 미국의 닭이 전 세계 인구의 5분의 3보다 더 잘 먹는다는 것을 의미한다. 칼로리 측면을 살펴보면 닭가슴살 1칼로리에 화석 연료는 최소 6칼로리가 든다. 이는 미국인들의 사치스러운 닭고기(그리고 돼지와 쇠고기) 식사가 전적으로 아직 상대적으로 저렴하고 재생할 수 없는 화석 에너지 원의 계속적인 가치저하에 의존한다는 것을 의미한다.

내가 처음에 말했듯 미국에서의 풍부한 육식은 베다시대의 인도에서 그랬듯이 과도기적인 것으로 증명될지도 모른다. 어쨌든 나는 미국인들이 고기를 선호하는 순서―돼지고기에서 쇠고기와 닭고기―가 먼 과거에서 전해져온 자의적인 유산으로 고정되고 어떠한 반응도 없이 남아 있는 것이 아니라 영양학적·생태학적·경제적·정치적인 조건들의 새로운 조합에 따라 재빨리 변화한다는 것을 증명하려고 했다.

나는 좀처럼 변하지 않는 식생활 방식도 있다는 사실에 반대하는 것은 아니다. 겨우 수십 년 정도밖에 지속되지 않는 선호와 기피도 존재할 뿐 아니라 수백만 년 동안 지속되는 선호와 기피도 존재한다. 그러나 다음 수수께끼가 보여주듯이 전통적인 영구양도제도로는 단지 수십 년 내에 생긴 식생활 방식을 설명하는 데 있어서처럼 수천 년간 존속해온 식생활 방식을 설명하는 데 있어서도 그리 믿을 만한 설명은 할 수 없다.

7

우유를 좋아하는 사람들과
싫어하는 사람들

만약 유럽의 신석기시대 개척자들에게
특별히 구루병과 골다공증에 걸릴 위험이 있었다면
문화적 선택과 자연선택 모두
짙은 푸른잎 채소를 재배하거나 많이 먹는 것보다는
우유를 많이 먹는 편을 택했을 가능성이 훨씬 크다.

완전식품을 무시하는 사람들

나는 인간의 식습관에 '변덕스러운 비합리성'이 존재한다는 사례를 즐겨 수집했던 유명한 인류학자 로이(Robert Lowie)의 저작을 읽기 전까지는 우유에 완전히 무지했다. 로이는 "중국인, 일본인, 한국인, 인도-중국인 등이 우유를 마시는 것에 거부감이 강하다는 놀라운 사실"을 발견했다. 이 사실은 내게도 놀라웠다.

나는 중국요리를 아주 좋아해 자주 먹었는데도 중국음식 가운데 우유를 사용한 것이 없음을 그때까지 깨닫지 못했다. 중국요리에는 생선과 고기에 곁들이는 크림소스가 없고 치즈토핑이나 수플레도 없다. 채소나 국수, 밥 또는 푸딩에 버터를 곁들이지도 않는다. 그러나 내가 그때까지 본 모든 중국요리에는 후식으로 아이스크림이 나왔다. 나는 이 하나뿐인 유제품이 미국인의 입맛을 즐겁게 해주기 위해 구색을 맞춘 것이라는 생각은 한 번도 해보지 않았다. 어떤 나라의 모든 사람이 내 어린 시절과 소년기의 '완전식품'을 무시할 수 있다고는 생각해본 적도 없었다.

로이는 이 문제를 가볍게 다뤘다. 중국인과 동아시아인, 동남아시아인은 우유 마시는 것을 꺼렸을 뿐 아니라 아주 싫어해서 시원하고 맛 좋은 우유를 한 잔 꿀꺽꿀꺽 마시는 광경을 보면, 시원하고 맛 좋은 소의 침을 먹는 광경을 보는 서유럽인처럼 반응했다. 우리 세대 사람들 대부분과 마찬가지로 나는 우유가 장수식품이며 남자를 성숙시키고 여성을 아름답게 하는 하얀 액체로 된 만나(manna)라고 믿으며 자랐다. 체통을 지키는 어른이라면 우유를 절대 마시려고 하지 않으며 이를 보기 흉하고 역겨운 냄새가 나는 분비물로 여기는 사람들이 있음을 알게 된 것은 나에게 엄청난 충격이었다.

어린 시절, 낙농업자들과 미국 농무부, 미국의사협회는 우유가 '완전식품'이라는 대중적인 상투어를 열렬히 홍보했다.

하루에 우유 약 1.14리터를 마셔라. 모든 학교의 점심급식에 우유를 넣어라. 식사 전에, 식사를 하면서, 식간에 그리고 밤참으로 우유를 마셔라. 우유를 살 때는 마개가 달린 플라스틱 용기에 든 것을 리터 단위로 사라. 냉장고 문을 열 때마다 우유를 마셔라. 위장을 가라앉히기 위해, 종기를 치료하기 위해, 설사를 그치게 하기 위해(끓여서), 신경을 안정시키기 위해, 불면증을 완화하기 위해(따뜻하게 데워서) 우유를 먹어라. 우유는 절대로 해롭지 않다.

제2차 세계대전 이후 저개발국가들이 미국에 식량을 보조해달라고 요청하자 미국의 국제개발기구 관리들은 당연히 기근에 대항하는 전쟁무기로 우유를 채택했다. 1955년부터 1975년 사이에 다양한 정부기관이 우유 수백만 통을 (대개 분유의 형태로) 전 세계 국가에 실어 날랐다. 우유가 남아돌았고 미국인들 자신은 분유를 좋아하지 않으면서도 농민과 정치가, 국제구호전문가들은 자신들의 만나를 영양실조에 걸린 전 세계 영혼들에게 날라주는 것이 좋은 일이라고 생각했다.

그러나 그 첫 선박이 아프리카와 라틴아메리카, 오세아니아 그리고 다른 구호지역에 있는 목적지에 도착하자마자 미국산 우유를 마시고 병이 난 사람들에 관한 소문이 떠돌기 시작했다.

1962년 케네디 정부의 평화를 위한 식량계획에 따라 분유 약

3,990만 킬로그램이 브라질에 도착했다. 브라질인들은 곧 우유를 마시면 헛배가 부르고 복통과 설사가 난다고 불평했다. 미국 외무부 관리들은 처음에는 이를 잘 믿지 않더니 나중에는 미국의 관대함을 상징하는 일이 무시당하고 비방당하는 것에 분개했다. 한 관리가 내게 이렇게 말했다.

"이 사람들은 우유가루를 한 줌 쥐고는 물에 섞지도 않고 입에 털어 넣는 거예요. 그러니 당연히 지독한 복통이 생기는 겁니다."

다른 관리는 이렇게 말했다.

"문제는 이 사람들이 우유가루를 오염된 물에 섞어 마신다는 겁니다. 우유는 잘못된 게 없어요. 이건 순전히 그들이 우유를 타기 전에 물을 충분히 끓여야 한다는 걸 모르기 때문입니다."

나의 브라질인 친구는 이렇게 대답했다.

"아닙니다. 우리는 분유를 물에 섞어 마시고, 끓인 물에 타서도 마셔요. 그래도 엄청난 복통이 생깁니다."

나는 우유를 거의 마시지 않았거나 마셨더라도 모닝커피에 조금 타서 마시는 정도였던 사람들이 탈이 났다는 사실을 지적해야만 했다. 그들은 그전에는 한 번도 우유를 한 컵씩 마신 적이 없었다.

브라질인들은 중국인들이나 다른 아시아인들과는 달리 미국인들이 구호품으로 준 우유를 마시기 전에는 우유에 대한 편견이 전혀 없었다. 그들의 문화적 전통이 주로 유럽에 기원을 두고 있었으므로 그들은 우유를 마신다는 생각에 반발하지 않았다. 그러나 브라질인들, 특히 구호품을 받았던 브라질의 빈민층은 유럽

이주민뿐 아니라 아프리카인과 아메리카 인디언과의 혼혈로 구성되어 있었다. 많은 아프리카인에게는 우유를 마시는 전통이 없으며 아메리카 인디언들은 유럽인들과 그들의 가축이 오기 전까지는 우유를 전혀 마시지 않았다는 것을 명심할 필요가 있다.

락토오스 결핍사건

미국 정부는 해외원조 프로그램 아래 엄청난 양의 분유를 해외로 보냈다. 동시에 다양한 빈곤퇴치 프로그램을 통해 남아도는 모든 우유를 가난한 미국인에게 나눠주었다. 1960년대 중반이 되자 미국 원주민들과 인디언 보호구역에 사는 사람들과 접촉하는 미국 의사들은 흑인과 아메리카 인디언들이 우유를 단 한 잔만 마셔도 불쾌한 위장증상이 나타난다는 것을 알게 되었다.

1965년에 존스홉킨스 의과대학의 내과연구팀이 그 원인을 밝혀냈다. 우유와 관련된 소화 장애를 일으킨 사람 가운데 대부분이 우유 안에 든 당분을 소화하지 못한다는 것이다. 이 당분은 락토오스라 불리는 것으로 화학적으로는 다당류나 복당류에 해당하는 것으로 알려져 있다. 바다표범, 바다사자, 해마 같은 기각류의 젖을 제외하고 모든 포유동물의 젖에는 락토오스가 들어 있다. 이러한 예외의 중요성은 뒤에서 밝히겠다.

락토오스 분자는 너무 복잡해서 소장의 벽을 통과하지 못한다. 이것이 혈관에 흡수되어 에너지원으로 사용되기 위해서는 단당류, 즉 포도당과 갈락토오스로 분해되어야 한다. 락토오스는 락타아세다는 효소의 화학적 작용에 의해 단당류로 전환된다.

존스홉킨스 의과대학의 연구자들은 백인 성인의 20퍼센트가 이 효소가 부족한 데 비해 흑인 성인은 약 75퍼센트가 부족하다는 사실을 발견했다. 락타아제가 부족한 사람들은 우유 한 잔을 마시고 나서 이 락토오스를 흡수하지 못한다. 락타아제 결핍이 심해지면 락토오스가 대장에 쌓여 발효하기 시작해 가스를 내뿜는다. 장은 물로 가득 차 부글거리고 락토오스는 설사가 되어 몸밖으로 쏟아져 나간다.

락타아제가 부족한 몇몇 사람들은 우유를 아침 시리얼에 부어 먹기만 해도 심각한 증상을 일으킬 수 있다. 락타아제 결핍 증상을 서술한 고전적인 책은 아메드(Ahmed)라는 수단의 의사가 쓴 것이다. 다음은 아메드가 영국의 유명한 의학잡지 『란세트』(*Lancet*)에 기고한 글이다.

나는 수단에서 온 31세 의사로 두 살 난 딸이 있고 운이 좋아 우리나라에서 좋은 교육을 받고 지금은 영국에 와 있다. 내 삶은 내장운동의 장애에 오랫동안 관심을 쏟고 몰두한 결과 큰 영향을 받아왔다.

생각나는 첫 번째 징후는 내가 아홉 살인가 열 살 때 간헐적인 복통과 설사를 경험한 것이었다. 내장에서 나는 꾸르륵거리는 소리, 잦은 방구, 불만족스러운 배설 등으로 몹시 괴로웠다. 나는 하루에도 몇 번씩 화장실에 가야 했으며 몇 시간씩 변기에 앉아 필사적으로 노력했다. 그러나 번번이 끝에 가서야 거의 다 쓴 튜브에서 짠 치약처럼 가느다란 끈 모양의 변만 나왔다.

이 때문에 나는 심리적으로 아주 큰 영향을 받았으며 특히 학교 때문에 집을 떠나 기숙사에서 다른 학생들과 함께 살아야 했을 때는 더욱 심했다. 나는 곧 화장실에 몇 시간씩 들어앉아 있는 것으로 유명해졌다. 나는 내 장 속에 가스를 오래 담아둘 수 없다는 것을 알게 되었고 내 처지를 자유롭게 하기 위해 큰 소리로 방귀뀔 수 있는 능력을 담은 유머로 스스로를 달래야 했다. 비록 내가 내 별명인 '스컹크'를 두고 농담하긴 했지만 속마음은 정말로 비참했다.

내가 처음 이 나라(영국)에 왔을 때, 내 상태는 훨씬 더 악화되었다. 그러나 나는 이를 낯선 문화적 환경에서 일해야 하는 스트레스와 (의학)시험 준비 탓으로 돌렸다. 매일매일의 일과가 고된 시련이었다. 콘플레이크와 우유로 아주 간단한 아침식사를 했을 뿐인데도 회진하기가 힘들었다. 나는 방귀소리와 장에서 꾸르륵거리는 소리가 나는 것을 참아야 했으며 회진이 끝나면 집으로 달려가 변기 위에 앉아 폭발적인 장 운동을 몇 번이나 해야 했다.

나는 쌀겨(bran)로 치료하기로 결심했다. 이는 까다로운 장 증상을 치료하는 데 주요한 요법으로 강력히 추천되고 있었다. 나는 매일 아침 우유와 함께 쌀겨의 분량을 점차 늘려 먹었다. 놀랍게도 그 결과 내 상태는 악화되었다. 절망적이었다.

나는 아주 우연히 우리 과에 새로 임명된 고문의사와 잡담을 하던 중 내 병에 관해 이야기했다. 그녀는 내 병이 우유 속에 들어 있는 당분 때문에 생겼을 가능성이 있다고 말했다. 나는 내키지 않았지만 검사를 받기로 했다. 그러나 나는 어떤 병리적 현상이 밝혀지리라고는 거의 기대하지 않았다.

락토오스 내성검사를 한 것은 나에게 하나의 사건이었다. 그것은 몇 해 전 내가 고향에서 콜레라 때문에 억수 같은 설사를 했던 것과 똑같은 경험이었다. 락토오스를 먹은 지 삼십 분도 안 되어 나는 배속이 심하게 부글거리는 것을 느끼기 시작했는데 나중에는 병실의 다른 쪽 끝에 있던 사람들도 그 소리를 들을 수 있을 정도였다. 두 시간이 지난 후 학생들을 가르치고 있던 나는 복통이 너무 심해 뛰쳐나오고야 말았다.

우유를 빼고 식사하기 시작한 지 며칠 안 되어 나는 계속 팽만하던 장이 나아졌고 자주 방귀를 뀌지 않아도 되었다. 장이 꾸르륵거리던 것도 없어졌으며 거의 내 생애 처음으로 대장이 정상적으로 운동했다. 몸무게가 빠지고 허리둘레가 줄어들어 새로운 문제가 생기긴 했다. 회진을 하는데 바지가 허리 아래로 흘러내렸다. 나는 이번에도 뛰쳐나와야 했지만 화장실에 가기 위해서가 아니라 바지 멜빵을 사기 위해서였다. 지금 나는 사기가 높다. 나는 신경안정제 병을 집어던졌고 두 번째 저작을 쓰고 있다.

아메드 의사의 이 이야기와 관련 있는 락토오스에 내성이 없는 사람들의 우유섭취 빈도에 대해서는 의사와 영양학자들의 의견이 다르다. 일부 전문가들은 우유 240밀리리터를 마신다면 락타아제 내성이 없는 사람의 50퍼센트가 불편을 느낀다고 추정한다. 반면 다른 사람들은 자신들의 연구에 따르면 같은 양을 마셔도 10퍼센트 이하의 사람들만이 미약한 증세를 보였다고 주장한다.

의견이 일치하지 않자 캘리포니아 우유업자 자문기구의 광고 캠페인을 금지하려는 연방통상위원회의 시도는 치명타를 입었다. 이 자문기구는 캘리포니아 사람들이 우유를 더 많이 마시게 하기 위해 "우유는 모든 사람에게 좋다"는 광고를 해왔다.

재판장은 최상의 이중맹검(二重盲檢, double-blind)연구에 기초해 우유제한 명령에 대한 요구를 기각했다. 이 연구에 따르면 "캘리포니아 인구 가운데 락타아제 결핍자는 20퍼센트에서 25퍼센트인데 그 가운데 우유 약 240밀리리터를 앉은 자리에서 먹고 무언가 증세를 나타내는 사람은 많아야 15퍼센트에 불과하다. 증거에 따르면 이 증세를 보이는 사람 가운데 사회적으로나 심리적으로 고려할 만한 것 또는 증상이 심각하다고 생각될 만큼 충분한 육체적 고통을 야기하는 경우는 겨우 15퍼센트 이내다."

재판관은 우유가 캘리포니아 인구의 0.7퍼센트에게만 심각한 증상을 초래한다고 결론지었다. 그러나 거의 모든 전문가가 우유를 많이 먹을수록 이러한 증상이 증가한다는 데는 동의하므로 법정은 한꺼번에 우유를 몇 잔씩 먹도록 장려하는 광고를 비판했다(한 텔레비전 광고에서 야구 영웅 블루Vida Blue는 자신이 우유를 하루에 약 9.46리터나 마신다고 말했다).

피고가 인구의 실질적인 한 부분인 락타아제 결핍자들에게 한 번에 우유를 많이 마시거나 무제한으로 마시는 것이 몸에 좋다고 말하는 것은 부당하며 사람들을 오도하는 일이다. 이런 사람들이 우유를 많이 마시거나 우유를 제한 없이 마시는 것은 건강을 해치지는 않더라도 고통스럽고 불편한 증상을 초래할 수 있다.

락토오스 내성이 없는 사람들도 우유를 평소에 꾸준히 먹으면 증상이 완화될 수 있음은 명백하다. 우유를 한 번도 마셔본 적이 없는, 락타아제 결핍자들은 우유를 조금만 마셔도 증세를 바로 일으킨다. 미국에서 행해진 실험 대상이었던 락타아제 결핍자 대부분은 우유를 엄청나게 마시는 문화적 환경의 지배적인 관습에 따라 계속 우유를 마셔온 사람들이었다. 위장병 증상은 심리적 상태에 민감하며 우리는 방귀나 헛배 부른 증상, 약간 속이 거북한 증상은 어느 정도까지는 관절이 좀 불편한 것과 마찬가지로 무시하거나 참고 지낼 수 있다. 또한 우유 먹는 데 길들여진 사람의 장은 우유 먹는 습관이 없는 사람과는 달라서 같은 정도로 락타아제가 결핍된 사람일지라도 증상을 나타내는 발병률이 서로 다를 수 있다.

이러한 요인 때문에 미국인보다 다른 나라 사람이나 아메리카 인디언 문화 속에 살아온 사람 중에 우유 한 잔을 마시고 더 심한 증상을 나타내는 비율이 더 높았을 것이다. 예를 들어 멕시코 시티에서는 우유를 단 한 잔 마신 후 락타아제 결핍자의 20퍼센트가 약한 증세를 보였고 16퍼센트는 심각한 증세를 보였다. 애리조나의 성인 피마 인디언들은 거의 100퍼센트가 락타아제 결핍자였다. 우유를 한 잔 마시자 그들의 68퍼센트가 증세를 나타냈다.

우유를 먹지 못하는 생물학적 이유가 밝혀진 후 의학연구자들은 락토오스를 소화시킬 수 없는 다른 종족을 확인하기 위해 서둘렀다. 그들은 처음에 락타아제 결핍자들을 '비정상'이라고 분류했으나 곧 성인에게는 락타아제 결핍이 '정상'적인 상태이며 실제로 모든 포유동물이 그러하듯 성인들 사이에서는 락타아제가 충분한 것이 오히려 '비정상적'이라고 밝혔다.

중국, 일본, 한국 그리고 그 밖의 동아시아의 성인 가운데 5퍼센트 이하만이 락토오스를 흡수할 수 있다. 타이와 뉴기니, 오스트레일리아 원주민 같은 일부 아시아와 오세아니아의 성인 가운데 락토오스를 흡수할 수 있는 사람은 거의 없다. 서아프리카와 중앙아프리카—미국과 브라질 흑인 조상 대부분의 고향—에서도 그런 사람은 거의 찾아볼 수 없다.

여기서 다시 브라질인이 일으킨 복통으로 돌아가보자. 분유를 먹고 불평했던 브라질인들은 아프리카인과 미국 인디언 조상 사이에서 태어난 혼혈인으로 우유를 물에 타지 않고 그대로 먹었거나 물이 더러워서가 아니라 락토오스를 흡수하지 못했기 때문에 복통을 일으켰던 것이다.

북유럽인들이 우유를 많이 마시는 이유

이제 우리는 '비정상적'인 락토오스 흡수자가 유럽과 알프스산맥 북쪽에 집중적으로 살고 있다는 사실을 알게 되었다. 네덜란드인, 덴마크인, 스웨덴인, 그 밖의 스칸디나비아인들의 95퍼센트 이상이 일생 동안 굉장히 많은 락토오스를 소화할 수 있는 락타아제 효소를 분비한다. 알프스 남쪽에는 중간보다 높은 수준이 많고 스페인인, 이탈리아인, 그리스인과 유대인, 중동 도시에 사는 아랍인들은 중간보다 약간 낮은 수준이다. 중간보다 높은 수준의 락타아제 효소를 가진 사람들은 북부 인도에서도 나타난다. 이들과 마찬가지로 아라비아의 베두인 유목민들과 북부 나이지리아와 동부 아프리카의 유목민은 그 지역에서 유독 높은 수준의 락토오스 흡수자들이다.

포유동물은 유아기에는 젖을 먹어야 한다. 그런데 대부분의 인간을 비롯한 포유동물은 청년기나 어른이 되면 왜 락타아제 효소를 생산할 능력이 없어지는 것일까. 자연선택(natural selection) 과정에서 유기체에 아무 쓸모없는 화학적·신체적 특징은 대개 없어지기 때문이라고 생각할 수 있다.

어린 포유동물이 자라 크고 무거워지면서 어미의 젖은 이제 그 자식의 영양상 필요를 만족시킬 수 없게 된다. 게다가 포유동물의 어미는 나이 먹은 자식들에게 젖을 그만 먹이고 그들로 하여금 먹이를 찾아 나서도록 함으로써 새로운 임신을 준비해야 하고 새로 태어난 자식을 돌보고 먹여야 한다.

인간이 어머니의 젖을 뗀 후에도 식사 때 우유를 먹을 수 있는 유일한 방법은 인간이 그 젖을 짤 수 있을 만큼 길들인 다른 포유동물의 젖을 '훔치는' 것뿐이다. 그렇게 우유를 짤 수 있는 종자를 가축으로 삼기 전까지는 락타아제를 합성할 수 있는 사람에게 유리한 점은 아무것도 없었다.

이 때문에 반추동물을 사육하기 전 수백만 년 동안 자연선택은 유아기 후에도 락타아제를 합성할 수 있는 능력이 있는 인간에게 유리하게 작용하지 않았다. 그러나 돌연변이의 결과 어른이 되어서도 락타아제를 갖고 있는 사람들이 종종 발생했다(우리는 이를 특정한 원숭이 종자에서 성체가 된 후에도 락타아제를 충분히 갖고 있는 종자가 생겨난다는 사실에서 유추할 수 있다).

반추동물을 사육하기 시작했을 때, 즉 약 1만 년 전에 와서야 젖을 짤 수 있는 동물을 가진 특정 집단 사이에서 발생하는 자연선택이 성인이 되어서도 락타아제를 충분히 분비하는 종에게 유리하게 작용했다. 오늘날 청소년과 성인 가운데 락타아제를 충분히 가진 사람이 많은 인구집단에게는 모두 한 가지 이상의 반추동물 젖을 먹어온 오랜 역사가 있다. 다른 식품에 비해 더 많은 우유를 마시면 마실수록 청소년과 성인이 되어서도 락타아제를 충분히 가질 확률이 더 높다.

이는 왜 북유럽인과 그 후손 가운데 성인 90퍼센트 이상에서 락타아제가 충분히 분비되는지 너무나 단순히 설명하는 것 같다. 만약 사람들이 영양상의 필요를 만족시키기 위해 우유를 많이 마셔야 한다면 자연선택이 락타아제가 충분한 변종 유전자를 가진 사람들에게 유리하게 작용하고 락타아제가 불충분한 '정상적인' 유전자를 가진 사람들의 재생산에 불리하게 작용했을 것이다.

그렇지만 무엇 때문에 우유를 많이 마실 필요가 있었을까. 인간이라는 종과 그 선조들은 젖을 짤 만큼 최초의 가축을 길들이기 전, 수백만 년 동안 잘 지내왔다. 우유를 마시지 않은 사람 가운데 건강하고 장수하는 사람들이 전 세계에 존재한다는 사실이 증명하듯 많은 사람은 아직도 기초적인 영양상의 필요를 위해 우유를 마시며 살고 있지는 않다. 그러나 다른 사람들이 우유를 마시지 않고도 살 수 있다고 해서 유럽인들이 우유를 마시게 한 유럽의 환경과 전역사와 관련된 특수한 조건이 있을 가능성이 없어지지는 않는다. 이제 문제는 어떤 조건 아래서 우유가 인간의 건강과 복지, 재생산에 결정적으로 중요하게 되었는지 밝히는 것이다.

우유에는 다른 식물이나 동물성 식품에 들어 있지 않은 어떤 영양소도 없다. 그러나 우유에는 유럽인들, 특히 북유럽인들에게 특별히 많이 필요한 한 가지 영양소가 많이 들어 있다. 그것은 바로 칼슘으로, 인간의 뼈를 만들고 유지하고 보강하는 데 쓰이는 미네랄이다. 우유 고형분은 우리가 먹는 모든 칼슘원 가운데 칼슘을 집중적으로 가장 많이 함유한다. 근대 잎, 무청, 시금치 같은 짙은 푸른잎 채소를 통해서도 칼슘을 적당량 섭취할 수 있다. 그러나 이런 것들은 대량으로 먹어야 하는 데다 (락토오스 내성이 있는 사람들에게는) 우유보다 훨씬 비효율적인 음식이다. 왜냐하면 우유에는 중요한 에너지원인 지방과 설탕뿐 아니라 단백질과 비타민, 미네랄이 들어 있기 때문이다. 생선뼈를 씹고 동물뼈에 붙은 질긴 힘줄들을 씹는 것으로도 칼슘 필요량을 간신히 채울 수는 있다. 에스키모족은 이런 식으로 칼슘을 섭취한다. 그러나 모든 사람이 다 생선을 먹을 수 있는 것은 아니고 큰 뼈를 씹는 것은 에너지 측면에서 순전히 손해일 뿐 아니라 치아에도 나쁘다.

어떤 음식에 칼슘이 들어 있다는 것은 그것이 내장에서 흡수될 수 있다는 것을 보장하지는 않는다. 짙은 푸른잎 채소에는 다른 많은 식물성 식품처럼 칼슘과 결합해 그 흡수를 방해해 생물학적 가치를 낮추는 산(酸)이 들어 있다. 우유는 다른 대부분의 식품보다 칼슘을 더 많이 포함한다는 것뿐 아니라 우유에는 내장의 흡수를 돕는 물질, 즉 락토오스가 들어 있다는 점에서도 다른 칼슘식품을 능가한다. 그러나 이에 대해서는 잠시 후에 살펴보기로 하자.

우선 흡수할 수 있는 칼슘의 최상의 공급원으로서 젖을 이용하도록 진화한 것이 척추동물 가운데 포유류의 가장 두드러진 특징이라는 사실을 지적해야겠다. 새로 태어난 포유류는 뼈가 미숙하고 부드럽기 때문에 뼈를 빨리 굳게 하고 자라게 해야 한다. 스스로 딱딱한 음식을 먹을 수는 없다. 따라서 포유동물의 젖은 칼슘흡수를 촉진시켜 유아의 뼈를 가장 빨리 성장하도록 하는 뛰어난 자연적 공식을 포함한다. 젖을 짤 수 있는 동물과 충분한 락타아제가 있다면, 칼슘이 필요한 청소년과 성인 역시 이러한 공식에서 혜택을 받을 수 있다.

어린이와 성인이 칼슘을 충분히 섭취하지 못할 경우 일어날 수 있는 일을 더 자세히 살펴보자. 어린이의 경우에는 구루병, 어른의 경우에는 골다공증(骨多孔症)이 생길 수 있다. 어린이의 경우,

다리가 괴상하게 굽고 발육이 저해되며 가슴이 찌부러진다. 여성은 골반이 뒤틀려 태아가 빠져나올 수 없게 된다. 나중에는 다리와 엉덩이, 팔이 약해져서 살짝 넘어지거나 부딪치기만 해도 쉽게 부러진다. 구루병에 걸린 어린이와 청소년이 적절히 치료받지 못하면 건강한 사람에 비해 결혼하고 출산할 확률이 낮아진다. 구루병에 걸린 임산부는 산도(産道)에서 아이가 나오지 못해 아이와 함께 죽을 위험성이 높다.

락타아제 결핍과 뼈의 질병이 관련 있다는 증거가 있다. 골다공증에 걸린 백인의 47퍼센트가 락타아제 결핍이었다. 그러므로 젖을 짤 수 있는 동물은 가졌지만 다른 칼슘 공급원은 별로 없는 사람 가운데 락토오스에 내성이 없는 사람들은 확실히 재생산에 영향을 받는다.

조금 전에 말했듯이 칼슘 공급원으로서 우유가 효율적인 것은 우유 속에 칼슘이 많이 들어 있고 장에 칼슘 흡수를 돕는 특수한 물질, 즉 락토오스가 들어 있기 때문이다. 만약 락토오스를 소화할 수 없다면 우유를 마시는 것은 유쾌하지 않은 방식으로 칼슘을 섭취하는 것일 뿐 아니라 비효율적이기도 하다. 이 점은 최근에 와서야 명백해졌다. 연구자들은 심한 락토오스 과민성이 우유에 들어 있는 풍부한 칼로리를 흡수하지 못하고 낭비하는 결과를 불러온다는 데는 일반적으로 동의한다. 그러나 락토오스 과민성이 우유에 든 칼슘도 소화하지 못하고 몸 밖으로 배출하는지에 대해서는 상반되는 증거가 존재한다.

제네바 대학의 뼈 질병 연구센터 과학자들은 락타아제 결핍이 칼슘의 흡수 능력에 어떠한 영향을 미치는지 실험하기 위해 락타아제가 결핍된 집단과 락타아제가 충분한 집단에게 표준량의 칼슘을 물에 녹여 먹였다. 한 실험에서는 락토오스가 든 칼슘을 먹였고 다른 실험에서는 칼슘만 먹였다. 락타아제 결핍자들은 모두 락토오스와 함께 칼슘을 먹자 칼슘 흡수율이 평균 18퍼센트까지 뚝 떨어졌다. 이러한 결과의 중요성은 락타아제가 충분한 사람들이 락토오스와 함께 칼슘을 먹었을 때 어떻게 되었는지 비교해보면 정확히 평가할 수 있다. 그들 12명 모두에게서 흡수할 수 있는 칼슘의 양이 눈에 띄게 증가했다. 즉 락토오스 없이 칼슘만 먹었을 때보다 61퍼센트나 증가한 것이다. 이러한 발견은 (동물실험과 더 적은 인간을 대상으로 한 실험이 예견한 대로) 락토오스 내성이 있는 사람들이 락토오스에 과민한 사람들보다 우유에 든 칼슘을 79퍼센트나 더 유리하게 활용할 수 있음을 말해준다.

이러한 새로운 증거는 캘리포니아 우유생산업자 자문위원회에 관한 재판에서 나온 주요한 주장과 완전히 모순된다. 재판관은 다음과 같은 전문가의 증언을 따랐다. 증언에 따르면 "락토오스 과민성징후를 보이는 많은 사람을 포함해 캘리포니아인에게 우유는 꼭 필요하다. ……왜냐하면 그들도 락토오스 안에 든 칼로리를 제외하고는 우유에 든 모든 영양소를 섭취하기 때문"이며, 그들의 신체가 필요로 하는 칼슘을 얻기 위해 우유가 필요하다고 말했던 것이다. 그러나 새로운 자료에 따르면 락타아제 결핍자들이 칼슘을 충분히 섭취하기 위해서는 락타아제가 충분한 사람들보다 우유를 더 많이 마셔야 한다. 그러나 그들이 우유를 더 많이 마시면 당연히 그들의 증상(아메드 의사의 경우를 상기하라!)도 심해진다. 이에 대한 분별 있는 처방은 락타아제 결핍자들에게 우유를 더 많이 마시라고 조언하는 것이 아니라 푸른잎 채소나 뼈까지 먹는 생선을 더 많이 먹으라고 조언하는 것이다.

요약하자면 오늘날 락타아제가 충분한 유럽인의 선조들은 우유에서 칼슘을 얻었다. 그들에게 구루병이나 골다공증에 걸릴 위험이 있었다면 우유를 많이 마실 수 없거나 우유에서 칼슘을 조금밖에 흡수할 수 없는 사람들은 더 큰 위험에 처했으리라는 것이다.

그렇다면 락토오스 내성이 있는 오늘날의 유럽인들의 선조는 누구이며 왜 그들은 동물의 젖에서 칼슘을 얻었을까. 고고학적·언어학적 증거에 따르면 약 1만 년쯤 전 중앙유럽과 북부유럽은 숲이 빽빽이 우거졌고 수렵·채집인들이 드문드문 흩어져 살고 있었다. 젖을 짤 수 있는 동물을 가축으로 만든 지리적 중심지는 중동과 지중해 동쪽 지역이었다. 8,000~9,000년쯤 전부터 신석기시대의 농민와 가축을 기르는 사람들이 불을 질러 숲을 태워 없애고 작은 마당에 곡물을 심었다. 그리고 가축에게 나무가 타고 난 뒤에 자라는 풀을 뜯게 하면서 북쪽으로 이주하기 시작했다. 이러한 생존방식으로 살아가는 사람들에게 칼슘은 풍부하지만 칼로리는 별로 없는 푸른잎 채소를 기를 여유가 거의 없었다. 사실상 잘 알려진 짙은 푸른잎 채소 대부분은 아직 세계 어느 곳에서도 재배되지 않았다. 왜냐하면 푸른잎 채소는 칼로리와 단백질의 공급원으로서 곡물이나 동물성 식품에 비해 뒤떨어지기 때문이다. 만약 유럽의 신석기시대 개척자들에게 특별히 구루병과 골다공증에 걸릴 위험이 있었다면 문화적 선택과 자연선택 모두 짙은 푸른잎 채소를 재배하거나 많이 먹는 것보다는 우유를 많이 먹는 편을 택했을 가능성이 훨씬 크다.

락토오스 과민성의 지리적 분포

이제 문제는 신석기시대의 개척자에게 특별히 구루병이나 골다공증에 걸릴 위험이 있었다는 증거의 유무다. 증거는 있다. 비록 그 증거가 전혀 예상 밖이고 식습관과는 전혀 무관한 것 같긴 하지만 말이다. 그 증거는 북유럽인들의 피부색이 유난히 희고 유럽인들의 피부색이 영국제도와 스칸디나비아에서 지중해 연안으로 내려오면서 점점 어두워진다는 것이다.

양적인 측면에서 본다면 분홍색이 떠오를 정도로 극도로 흰 피부는 락타아제가 충분한 어른과 마찬가지로 '비정상적'이다. 인간의 피부색은 대부분 갈색이나 검은색이며 아마도 1만 년 전까지만 해도 피부색이 오늘날의 북유럽인 같은 사람은 어디에도 없었을 것이다. 흰 피부와 락타아제가 충분하다는 사실, 이 두 가지 예외가 동시에 일어난 것은 우연의 일치가 아니다. 흰 피부는 락타아제가 충분한 것과 마찬가지로 칼슘 흡수율을 높인다. 즉 특정한 파장의 빛을 피부 밑으로 통과하게 해 표피에 있는 일종의 콜레스테롤을 비타민 D_3로 전환시킨다. 이 비타민 D_3가 피를 통해 장으로 가 (기술적으로 이를 비타민이 아니라 호르몬으로 만드는) 칼슘을 흡수하는 데 중요한 역할을 한다.

비타민 D는 음식을 통해 직접 섭취할 수도 있지만 이는 아주 제한적이며 주로 바닷물고기의 기름, 특히 바닷물고기와 바다포유류의 간(민물고기에는 없다)에 들어 있다. 중요한 것은 우유에는 비타민 D가 많이 들어 있지 않다는 사실이다. 왜 그런가. 우유는 비타민 D를 대신해 칼슘 흡수를 촉진할 수 있는 락토오스를 함유하고 있다. 이는 이상하게도 기각류의 젖에만 예외적으로 락토오스가 없는 이유를 설명해준다. 다른 포유류의 젖과는 반대로 바다사자, 바다표범, 해마의 젖에는 비타민 D가 풍부하게 들어 있기 때문에 그들에게는 칼슘 흡수를 촉진하기 위해 락토오스가 필요하지 않다. 이렇게 락토오스를 비타민 D로 대치한 것은 바다 포유류의 먹이는 거의 대부분 비타민 D가 풍부한 생선이기 때문이다.

생선을 먹는 습관 때문에 비타민 D를 많이 공급받을 수 있는 기각류는 다른 포유류와는 달리 어미가 유선에서 락토오스를 분비할 필요성도, 새끼가 장에서 락타아제를 분비할 필요성도 없다. 인간의 '정상적인' 피부색이 갈색이라는 내가 방금 말한 견해에 비추어보면 흰 피부가 칼슘 섭취에 좋다는 것은 이상하게 들릴 것이다. 만약 칼슘이 그렇게 중요한 영양소이고 또 만약 엷은 피부색이 비타민 D의 합성과 칼슘 흡수를 촉진한다면 왜 흰 피부가 '비정상'이라는 건가. 그 답은 암, 즉 피부암에 있다.

인간의 피부색은 멜라닌이라는 분자에 따라 결정된다. 멜라닌은 도마뱀이 색깔을 바꾸고 문어가 먹물을 검게 하는 것과 같은 물질이다. 인간에게 멜라닌의 주요한 기능은 대기를 통과한 자외선 때문에 피부가 손상되는 것을 막아주는 것이다. 인간은 대부분 포유류에게 햇빛을 차단해주는 털을 적게 갖고 있기 때문에 자외선은 인간에게 심각한 문제를 발생시킨다. 털이 없어서 좋은 점도 있다. 그 덕분에 많은 땀샘이 기화열을 통해 우리 몸을 식힐 수도 있다. 따라서 인간은 한낮의 더위 속에서도 사냥감을 쫓아 먼 거리를 달릴 수 있는 독특한 능력을 가질 수 있다. 그러나 그 대가로 인간은 자외선 때문에 두 가지 피해를 입게 되었다. 햇볕으로 인한 화상과 악성 흑색종(黑色腫)이다. 화상을 입게 되면 물집·발진·감염의 위험이 따른다. 흑색종은 치사율이 가장 높은 질병이다. 멜라닌은 이러한 병에서 인간을 보호해주는 최전선의 방어벽이다. 멜라닌 입자가 많을수록 피부는 어두워지고 화상을 입거나 피부암에 걸릴 위험은 적어진다.

악성 흑색종은 피부가 흰 북유럽 혈통의 사람들이 강렬한 태양열에 노출되었을 때 주로 나타난다. 피부암 발병률이 가장 높은 곳은 오스트레일리아인데 이곳 백인들은 주로 북유럽인의 자손들이다. 태양열이 이와 관련이 있다는 것은 다음 두 가지 사실로 알 수 있다. 지난 30년간 피부암 발생률이 4배 증가했는데 이는 가벼운 옷차림으로 즐기는 야외 스포츠가 증가한 것과 일치한다. 또한 남쪽에서 북쪽으로 올라가면서 태양열의 강도와 양이 달라지며 발병률도 이에 따라 달라진다.

미국에서 해마다 새로 발병하는 암의 3분의 1이 피부암이며 1935년부터 1975년까지 악성 흑색종의 비율이 6배나 증가했다. 이 역시 야외 스포츠의 인기가 높아지고 옷차림이 가벼워진 것과 때를 같이한다. 추측건대 악성 흑색종은 댈러스나 포트워스에 사는 백인 가운데서 가장 많이 발생할 것이며, 디트로이트나 미니애폴리스에 사는 사람들에게서 가장 적게 발생할 것이다. 셔츠를 안 입고 다니는 경우가 많은 남자는 허리 윗부분에 피부암이 많이 발생한다. 여성은 다리에 많이 발생하며 등에는 더 적게 발생하고 거의 드러내지 않는 가슴에는 실질적으로 전혀 발생하지 않는다. 이와 대조적으로 악성 흑색종은 중앙 아프리카인들이나 신세계(주로 남북아메리카를 가리킨다—옮긴이)에 사는 그들의 후손에게서는 드물게 발생한다. 또 하나 묘한 사실은 피부색이 아주 검은 사람들이 악성 흑색종에 걸릴 경우에는 그들의 신체에서 가장 흰 부분, 즉 발바닥이나 손바닥, 입술에 걸린다는 것이다.

유럽에서는 이와 상반되는 증거들이 나타나는 것 같다. 즉 노르웨이인이 햇빛에 감겨 사는 스페인인보다 20배나 더 많이 악성 흑색종에 걸린다. 그 이유는 명백하다. 노르웨이인과 스웨덴인이 일반적으로 스페인인보다 피부색이 더 흴 뿐 아니라 열정적으로 나체나 반나체인 채 일광욕을 즐기기 때문이다. 이들은 짧은 여름에는 자기 나라에서, 겨울 휴가에는 외국에서 일광욕을 한다. 따라서 인간의 특정한 피부색은 햇빛이 너무 많은 데서 오는 위험과 너무 적은 데서 오는 위험을 서로 맞바꾸고 있는 것이다. 한편에서는 햇빛에 잘 타고 피부암에 잘 걸리지만 다른 한편에서는 구루병과 골다공증의 위험에 노출되어 있다. 피부가 갈색인 사람이 가장 많은 것이나 적도에 사는 사람들의 피부색이 가장 검고, 위도가 높은 곳에 사는 사람일수록 피부색이 희다는 일반적인 경향은 바로 이러한 교환에서 생긴 것이다.

　중위도지역에서는 사람들의 피부는 계절에 따라 뚜렷이 색깔이 변하는 전략을 따른다. 가령 지중해만 주변에서 여름에 햇빛에 노출되면 암에 걸릴 위험은 높아지지만 구루병에 걸릴 위험은 낮아진다. 멜라닌이 더 많이 생겨서 사람들은 더 검어진다(즉 선탠을 한다). 겨울에는 햇빛에 화상을 입을 위험과 암에 걸릴 위험이 감소한다. 멜라닌 색소가 덜 생겨 햇빛에 탄 것이 벗겨지고 적당한 양의 비타민 D_3 합성을 보장한다.

　이제 지금까지 말한 것을 종합해보자. 신석기시대의 개척자들이 북쪽으로 이동함에 따라 구루병과 골다공증이 발생할 위험이 피부암에 걸릴 위험보다 더 커졌다. 겨울은 점점 더 길고 추워졌으며 태양은 더 자주 안개와 구름에 가려졌다. 동시에 비타민 D를 얻기 위해 노출할 수 있는 피부는 더 줄어들었다. 왜냐하면 추위를 막기 위해 몸을 둘둘 싸고 있어야 했기 때문이다. 끝으로 그들은 내륙에서 농사를 짓고 가축을 길렀으므로 에스키모족을 따라해 (대서양 북해와 발트해 어업을 위한 기술이 개발되기 수천 년 전부터) 햇빛 대신 생선을 비타민 D_3의 공급원으로 이용할 수도 없었다.

　이런 상황에서 가장 약하고 짧은 햇빛을 비타민 D_3을 합성하는 데 활용할 수 있는 희고 햇빛에 타지 않는 피부를 가진 사람들이 자연선택에 의해 강력히 선호되었을 것이다. 이들 대부분이 햇빛에 그을리는 능력을 전적으로 잃었다. 겨울에 두꺼운 옷 밖으로 내놓을 수 있는 것은 얼굴뿐이었으므로 ─ 비타민 D_3의 합성을 촉진하기 위한 피부의 진정한 창으로서—북유럽인들의 뺨은 특별히 투명한 분홍빛을 띠게 되었다.

비타민 D_3는 오직 칼슘을 적절히 섭취할 때만 구루병이나 골다공증을 예방해주므로 흰 피부와 충분한 락토오스는 동일한 자연선택의 힘에 적응하면서 함께 진화했을 것이다. 인구유전학자 카발리스포르차(Luigi Cavalli-Sforza)는 햇빛에 타는 갈색 피부를 가진 락타아제가 부족한 지중해인에서 피부가 희고 락타아제가 충분한 스칸디나비아인으로 변화하기까지 5,000년이 걸렸을 것이라고 추정한다. 각 세대에서 흰 피부색과 락타아제가 충분한 유전자를 가진 사람들이 피부가 더 검고 락타아제가 부족한 유전자를 가진 사람들보다 자손을 평균 2퍼센트나 더 많이 가졌으리라고 추정되기 때문이다.

또 다른 시나리오도 언급해야겠다. 일부 고고학자들은 갈색 피부를 가진 사람들이 중동에서 우유와 곡물을 모두 가지고 남쪽에서 북쪽으로 이주했다는 것에 의문을 제기한다. 그보다는 이미 유럽에 살고 있던 수렵·채집인들이 한 집단에서 다른 집단으로 우유와 곡물을 모두 전해주었으리라는 것이다. 그리고 그 가운데 일부—예를 들면 우유를 짤 수 있는 소의 사육—는 유럽인들 스스로 독자적으로 발명했으리라는 것이다. 이 시나리오 역시 자연선택의 압력이 흰 피부와 충분한 락타아제를 택했으리라는 앞선 견해와 같은 함의를 갖는다.

우리는 우유와 곡물을 먹는 사람들의 선조가 주로 해안가에 살았으며 비타민 D가 풍부한 생선과 바다포유류를 풍부하게 먹었다는 것을 알고 있다. 이 집단 중에서 더 북쪽에 살았던 사람들은 오늘날의 에스키모족(비록 훨씬 남쪽에 살긴 하지만)과 아주 비슷한 북극권의 환경에서 살았을 것이다. 비타민 D에 그다지 압박을 받지 않는 오늘날의 에스키모족처럼 이들은 사냥과 고기잡이를 그만두고 더 살기 나쁜 유럽의 내륙으로 이동할 것이다. 우유와 곡물에 의존하는 생활방식을 채택한 그들의 후손보다 피부가 훨씬 더 갈색일 수도 있었을 것이다.

이제 끝으로 우유에 대한 선호와 기피의 기원에 관한 주요 설명을 종합해보자. 그전에 우선 식습관은 대개 문화적 자의와 환상의 문제라는 로이의 주장을 더 좋아하는 학자들이 제기하는 반대의견을 검토해야겠다. 락타아제 결핍자라 해도 우유를 적게 마시면 아무런 증상도 보이지 않을 수 있다는 데 기초한 오랜 반대는 쉽게 해결할 수 있다. 우리의 신석기시대 개척자들이 직면했던 문제는 단순히 아메드 의사가 겪었던 불편을 겪지 않고 우유를 많이 먹을 수 있는지에 관한 문제가 아니라 그들이 마시는 우유에서 칼슘을 최대한 흡수하는 것이었다. 락타아제가 충분한 사람들이 그렇지 못한 사람들보다 락토오스가 들어 있을 경우 칼슘을 흡수하는 데 78퍼센트나 유리하다는 발견은 락타아제가 충분한 사람들이 구루병과 골다공증에 걸릴 위험이 크더라도 재생산하는 데 2퍼센트 더 유리하다는 것을 보여주었다.

또 하나 오래된 비판은 우유로 락토오스를 단당류로 분해하는 물질을 쉽게 만들 수 있기 때문에 유럽인들에게 락타아제가 충분하다는 사실이 우유에서 칼슘을 얻는 데 있어 결정적인 것이 될 수 없다는 것이다. 예를 들면 치즈나 요구르트, 발효우유는 락토오스 과민성이 있는 사람들에게도 불쾌한 증상을 일으키지 않는 칼슘이 풍부한 유제품이다. 그러나 우유를 치즈나 요거트 또는 발효우유로 전환시키면 락토오스가 칼슘 흡수를 촉진할 수 없게 된다(락토오스가 단당류인 갈락토오스로 전환되는 정도는 발효기간과 온도에 따라 다르다. 온도가 높으면 요거트 속에 있는 락토오스는 대부분 몇 시간 안에 '자동으로 소화된다').

비타민 D를 햇빛이나 식사를 통해 잘 섭취하지 못하고 이러한 유제품을 통해 칼슘을 섭취하는 사람들은 락토오스가 변화되지 않은 우유를 마실 수 있는 락토오스 내성이 있는 사람보다 칼슘 필요량을 채우기에 불리하다. 자연선택은 수세대에 걸쳐 축적되는 재생산의 작은 차이에 의해 작용한다. 락토오스가 칼슘 흡수를 촉진하므로 락토오스 내성이 있는 사람이 신선한 우유를 마시면 발효우유나 치즈, 요거트를 먹는 락토오스 과민성인 사람보다 재생산을 하는 데 더 유리하다. 그리하여 그들이 구루병과 골다공증에 걸릴 위험이 매우 크다고 가정하면, 아동기 후에도 락타아제를 충분하게 유지하는 유전자가 더 자주 발생하며 확대될 것이다.

이런 논리를 확장하면 유대인과 이탈리아인, 아랍인 그리고 남부 인도 출신 사람들이 중간 정도의 락토오스 내성의 발생빈도를 보이는 이유를 이해할 수 있다. 이들 각각의 경우에 우리는 락토오스 내성에 대한 자연선택의 압력이 환경과 기술, 경제적 관행에서 얻을 수 있는 생우유 외의 칼슘원의 수에 따라 변하리라는 것을 기대할 수 있다. 예를 들어 북서부의 전통적인 유목지대 바깥에 사는 인도인들은 아마도 최소한 4,000년 동안 유제품을 먹어왔을지라도 그들의 락토오스 내성의 발생빈도가 중간 이하다. 이는 남부 인도인들은 우유로부터 칼슘을 얻기 위한 자연선택의 압력을 아주 약하게만 받아왔다는 것으로 설명할 수 있다. 남부 인도의 농업은 푸른잎 채소와 콩―칼슘의 좋은 공급원―을 제공하며 사람들은 이를 다져서 '달'이라는 향긋한 요리를 만들어 먹는다. 또한 인도에는 햇빛이 강하기 때문에 피부암으로부터 보호하는 것이 비타민 D를 얻는 것보다 더 중요하다. 따라서 남부 인도인들의 피부색은 매우 검다. 자연선택의 압력이 중간 정도였으므로 우유는 주로 요거트로 만들어 먹었다. 그러나 요거트는 완전히 발효되지 않으면 여전히 락토오스를 많이 함유한다. 이것이 인도인들이 락토오스를 섭취하는 특징적인 형태다. 그러므로 락타아제가 충분한 사람들은 계속해서 락타아제가 불충분한 사람보다 더 많은 칼슘을 우유에서 얻었다. 이들은 락타아제 결핍자들보다 약간 유리했으므로 락타아제가 충분한 유전자가 중간에서 그 이하로 나타난 것이다.

중국인들이 우유를 마시지 않는 이유

여기서 다시 로이가 말한 '놀라운 사실'이 생각난다. 락토오스 과민성의 지리적 분포를 알고 나면 왜 중국인들과 다른 동아시아와 동남아시아인들이 우유를 무시하는지에 대한 대답이 너무나 확실해지는 것 같다. 그들은 락타아제가 부족해 우유를 소화시킬 수 없기 때문에 우유를 무시하는 것이다.

그러나 이는 동양인들이 우유를 멸시하는 이유를 설명해주지는 않는다. 중국인들은 그들에게 유당불내증(lactose intolerant)이 있기 때문에 우유를 무시하는 것이 아니라 우유를 무시했기 때문에 유당불내증이 생겼다. 더 정확히 말하면 그들은 우유를 먹어도 하등의 좋은 점이 없었기 때문에 정상적인 유아에서 성인이 됨에 따라 유당불내증을 유지했던 것이다. 이는 극동지역에 사는 사람들이 그들의 환경이나 생활방식으로 인해 칼슘이나 다른 영양소를 얻기 위해 우유에 의존할 필요가 없었다는 것을 의미한다.

왜 이 점에서 중국은 인도와 달랐을까. 낙농을 하지 않은 동양에 있는 땅에서는 인도의 농업제도보다 쟁기 끄는 동물에 덜 의존하는 집약적인 관개농업이 실시되었다. '신성한 암소'에 관한 장에서 말했듯이 인도의 몬순기후에서는 우기와 건기가 현격히 차이나며 농민들은 우기가 시작되기 전에 황소가 끄는 쟁기를 여러 개 사용해 땅을 미리 갈아놓아야 한다. 그러나 토양과 기후가 더 나은 중국에서는 인도보다 관개농업이 훨씬 발달해 쟁기질은 사람의 힘이나 더 적은 짐승이 끄는 쟁기만으로도 할 수 있었다. 더욱이 중국은 인도와는 달리 인구밀도가 높은 지역에서 쟁기 끄는 짐승을 기를 필요가 없었다. 중국은 아시아 내륙의 변방에 펼쳐진 광대한 초원지대에서 사는 유목민들이 기르는 동물을 항상 이용할 수 있었기 때문이다. 인도는 세계에서 가장 높은 힌두쿠시산맥과 히말라야산맥 때문에 아시아 내륙과는 단절되어 있었고 따라서 이러한 기회가 없었다.

인도와는 달리 중국은 자기 마을이나 마을 근처에서 일을 시키기 위해 많은 동물을 기를 필요가 없었다. 따라서 중국에서는 황소를 낳기 위해 많은 암소를 기를 필요도 없었다. 또 쟁기를 끄는 암소가 생산하는 부산물로서 우유를 마실 동기가 전혀 없었다. 중국에는 낙농을 위해 양이나 염소를 키울 경제적 필요도 없었다. 반대로 높은 인구밀도 때문에 이러한 작은 반추동물을 동물성 식품의 원천으로 삼아 자원을 분배하는 것에는 이점이 없었다. 오래전부터 중국과 다른 동아시아 나라들이 덜 집약적인 농경형태를 가진 농경민이었다면 그들이 방목에 이용했을 언덕배기를 관개된 계단식 밭으로 만들어 곡물을 경작하는 데 뛰어난 능력을 보였다. 이 모든 점에서 봤을 때 중국은 인도하고만 대비되는 것이 아니라 비가 많이 내리는 농업지역이자 최근까지 인구밀도가 낮은 유럽과 더욱 대비된다.

중국인은 주요한 동물성 식품을 반추동물보다는 돼지에서 얻었다. 수천 년 동안 중국인은 인도나 중동인과는 달리 돼지를 자신들의 농업제도의 일부분으로 만들었다. 그들은 돼지를 자신들의 농가에 딸린 우리에 넣고 집 안 쓰레기를 먹임으로써 이에 성공했다. 중국요리에서 나타나는 돼지고기의 우수성이 증명하듯이 이는 매우 성공적인 방법이었다.

만약 중국인이 가축에게서 젖을 훔치는 기술을 발달시켜야 했다면 멀리 있고 수도 적은 반추동물보다는 항상 옆에 있어 손쉽게 잡을 수 있는 집 안의 암돼지가 표적이 되었을 가능성이 크다. 그러면 왜 중국인은(그리고 다른 누구도) 돼지의 젖을 짜지 않았을까. 그것은 돼지의 유선이 젖을 짜기에 적당하지 않기 때문이다. 돼지의 모든 생리는 반추동물과는 다른 양육전략을 반영한다. 소나 양, 염소에는 유선에서 분비된 젖이 모여 있는 큰 저장소, 즉 젖통이 있다. 그 덕분에 반추동물의 어미는 새끼에게 젖을 먹이면서 먹이를 먹을 수 있다. 그러나 돼지는 한 배에서 수많은 무력한 새끼돼지를 낳는다. 암돼지는 굴을 지어 자신이 먹이를 먹을 동안 새끼를 그곳에 놔둔다. 암돼지에게는 젖을 저장할 장소가 없다. 새끼돼지들이 젖을 빨면 젖의 생산을 자극해 상대적으로 적은 양이 짧게 뿜어져 나온다. 약 15분이 지나면 다시 암돼지가 먹이를 먹어야 한다. 식생활의 다양성에서 가히 천재적인 중국인조차도 암돼지의 젖꼭지에서 젖을 얻지는 못했다(최소한 고기를 얻기 위해 돼지를 기르면서 암돼지의 젖을 가치 있는 부산물로 만들지는 못했다).

그러나 돼지의 젖을 짤 수 있는지 없는지에 상관없이 사실 중국인은 유럽인과 달리 영양상 젖을 먹을 필요가 없었다. 중국인이 하는 식사의 많은 부분은 오래전부터 다양한 배추와 여러 종류의 상추, 시금치, 그 밖의 짙은 푸른잎 채소들로 구성되었다. 그들은 이 채소를 잘게 잘라 작은 고깃덩이에 섞어 튀겨 먹었다. 사람들이 짙은 푸른잎 채소를 많이 먹자 많은 잎과 줄기가 자연히 버려졌는데 이는 훌륭한 돼지먹이가 되었다. 사람들은 이를 콩과 다른 유명한 중국 특제요리의 다양한 부산물에 섞어서 돼지에게 먹였다.

나는 앞에서 짙은 푸른잎 채소가 풍부한 칼슘 공급원임을 지적했다. 그러므로 왜 중국인이 돼지나 다른 가축의 젖을 짜도록 자연선택의 압력을 받지 않았는지 설명하기 위해 이제 콩에도 칼슘이 풍부하게 들어 있으며, 중국의 기후는 맑은 날이 많다는 것만 덧붙이면 된다. 중국인들은 낙농에서 아무런 재생산상의 이득이나 경제적인 이익을 얻을 수 없었으므로 중국인 가운데서 락타아제가 풍부한 유전자는 거의 발생하지 않았다. 락타아제를 충분히 가지고 있으며 우유 마시기를 실험해본 중국인이 락타아제 결핍자보다 재생산의 측면에서 유리한 점이 아무것도 없었다. 락타아제 결핍자 가운데 일부 경솔한 사람들이 우유를 마셔보려고 하자 아메드 의사가 겪었던 일들이 그들에게도 발생했다. 따라서 동물의 젖은 혐오식품이라는 일반적이고 잘 증명된 신념의 토대가 마련되었다.

뼈 질병에 걸릴 위험이 유럽에서 락타아제가 충분하도록 작용한 자연선택의 가장 중요한 근원이다. 하지만 우유가 칼슘과 락토오스뿐 아니라 칼로리와 질 좋은 단백질의 공급원이라는 사실을 놓쳐선 안 된다. 주로 우유에서 칼슘뿐 아니라 칼로리와 단백질을 얻어야 했던 사람들은 락타아제 결핍에 대해 자연선택의 압력을 받았을 것이다. 이것이 왜 피부가 검은 특정한 아프리카 유목민들이 햇빛으로 활성화되는 비타민 D가 부족하지 않은데 스칸디나비아인과 맞먹을 정도로 락타아제가 충분한지에 대한 이유다. 중국인과는 달리 이 집단의 경우에는 락타아제가 충분하고 아메드 의사의 증상을 나타내지 않고 생우유를 많이 먹을 수 있는 사람들이 락타아제 결핍자들보다 훨씬 재생산율이 높았을 것이다. 이러한 장점은 우유를 발효시켜 먹거나 치즈나 요거트 형태로 먹는 경우에도 계속된다.

거의 전적으로 우유에 의존해 생활하며 소량의 피와 고기를 보완적으로 먹는 동부 아프리카의 유목집단에 관한 연구에 따르면, 가뭄에는 물론 건기에도 저장해놓은 치즈와 마른 유제품이 떨어지면 그들은 생우유나 약간 신 우유만을 먹어야 한다고 한다. 아메드 의사의 증상은 사막 한가운데를 횡단할 때 낙타 젖을 그냥 먹어야 하는 베두인 같은 낙타 유목민들에게는 훨씬 더 치명적이다.

마지막으로 두 가지만 더 지적하자. 첫째로 중앙아프리카나 오세아니아에서 락타아제 결핍자들은 그들이나 그들의 조상이 젖을 짤 수 있는 가축을 기르는 것을 한 번도 보지 못했기 때문에 우유에 대한 내성을 키울 기회가 없었다. 따라서 중국인이나 다른 극동지역인과는 달리 이 사람들은 우유를 적극적으로 혐오하려 한 적이 없었다. 이들에게는 우유를 마시는 것은 좋지 않으며, 우유 대신 뼈나 식물성 식품으로 칼슘을 섭취하면서도 잘 지낼 수 있다고 경고하는 문화적 경험이 없었기 때문에 이들은 "우유는 모든 사람에게 좋다"는 서유럽중심적인 자만에 특히 취약했다.

두 번째로 어떤 사람들은 우유를 좋아하는데 다른 사람들은 우유를 싫어하는 이유에 관한 설명에 포함된 종의 다양성이 이 책의 다른 수수께끼에도 적용되지는 않는다는 점을 지적해야겠다.

우유를 좋아하는 경향과 락타아제가 충분한 유전자의 '상호진화'는 이것이 다른 대부분의 식생활의 진화와는 아주 다르기 때문에 의미 있다. 이와 비슷한 유전자의 변화가 채식주의나 돼지고기 또는 쇠고기 금기, 순쇠고기 햄버거에 대한 선호나 말고기 상식(常食)의 생성과 소멸을 촉진하거나 이와 함께 나타났다는 증거는 전혀 없다. 지역적·자연적으로 엄청나게 다양한 요리법은 물론 앞으로 다룰 수수께끼들에서도 가장 중요하고 가장 두드러지고 가장 놀라운 차이는 절대로 유전자의 변이에 기초하지 않는다(물론 이것이 생물학적 기초가 없다는 의미는 아니다). 예를 들어 유전자의 변이는 다른 곳에서는 식도락의 근원인 특정한 작은 생물을 먹는 광경을 보고 미국인 대부분이 느끼는 역겨움을 설명할수 없다. 이것이 바로 내가 이제부터 설명하려는 작은 생물들의수수께끼다.

8

벌레

서유럽인이 벌레를 더 싫어하는 이유는
벌레가 인간과 가까운 곳에서 숨어 살기 때문이다.
많은 사람이 이런 벌레에 공포감을 갖고 있다는 것은
그리 이상한 일이 아니다. 우리가 벌레를
먹지 않으므로 우리는 그것을 순전한 악으로
규정하고 이를 더럽고 공포스럽고 혐오스러운 것으로
거리낌 없이 상상한다.

벌레를 역겨워하는 사람들과 벌레를 먹는 사람들

유럽인이나 미국인에게 왜 벌레를 먹지 않는지 물어보면 그들은 이렇게 대답할 것이다.

"윽, 벌레는 역겹고 병균투성이잖아요."

이 장의 목적은 벌레를 먹는 것에 대한 사람들의 느낌을 바꾸려는 것이 아니다. 단지 이 질문에 대해 좀더 나은 설명을 해보려는 것이다. 내 생각에는 우리가 모든 것을 거꾸로 보는 것 같다. 유럽인과 미국인이 벌레를 먹기를 거부하는 것은 벌레가 질병을 옮긴다거나 먼지와 오물을 묻히고 다닌다는 것과는 별로 관계가 없다. 우리가 벌레를 안 먹는 이유는 그것이 더럽고 혐오스러워서가 아니다. 반대로 우리가 벌레를 먹지 않기 때문에 그것을 더럽고 혐오스럽다고 생각하는 것이다.

내가 콜롬비아 대학에서 인류학 개론을 가르치던 시절, 나는 학생들이 문화적 차이에 관해 생각해볼 수 있도록 깡통에 든 일본산 메뚜기 튀김을 보여주곤 했다.

"너무 욕심내지 말고 몇 마리만 집어먹고 친구를 위해 남겨두세요."

만약 누군가 그걸 먹고 병이 난다면 학과장이 나와 대학 전체를 고소할지도 모른다고 지적해줄 때까지 나는 그것이 미래의 현장연구가들을 기르는 아주 좋은 방법이라고 생각했다. 실제로 많은 학생이 병이 나는 증세를 보였기 때문에 나는 그 충고를 받아들이지 않을 수 없었다. 역겨워하는 신음소리가 적대적인 시선과 내 말에 무관심한 눈초리로 바뀌어갔다. 반발을 해야 한다는 생각 때문에 그들은 말을 부드럽게 하지도 않았다.

　"나는 당신이 뭐라고 말하든 상관없다. 이런 것을 먹는 사람은 정상이 아니다. 벌레를 먹으려고 하는 것은 자연스럽지 않다."

　그러나 나는 그것이 벌레든 거미든 지렁이든, 작은 무척추동물을 먹는 것에 본능적인 혐오감을 가진 사람은 없다는 것을 확신한다. 우선 우리가 선조들의 본성에 대해 알게 된다면 우리는 오랫동안 벌레를 먹어온 사람들의 후손임을 인정해야 한다. 나는 「고기를 밝히는 사람들」이라는 장에서 이에 관한 몇 가지 증거를 제시했다. 오늘날 살아 있는 거대한 유인원과 원숭이 대부분은 벌레를 많이 먹는다. 적극적으로 벌레를 잡아먹지 않는 원숭이들도 우연히 벌레를 먹거나 잎에 싸여 있거나 과일 속에 들어 있는 벌레를 보너스로 먹는다. 원숭이는 많은 시간을 서로의 털에서 이를 잡으면서 보낸다. 이러한 행동은 순수한 이타주의를 표현하는 것만은 아니다. 이를 잡은 원숭이는 이 작은 악당을 더 이상 해를 끼칠 수 없는 곳으로 확실히 보내기 위해 원하는 만큼 이를 잡아먹는다.

　유인원 가운데 우리와 가장 가까운 친척인 침팬지는 야생돼지 새끼나 개코원숭이를 쫓듯이 열심히 벌레를 찾는다. 그들은 흰개미와 개미를 먹기 위해 특별한 도구―나뭇잎을 떼어낸 질기고 잘 휘는 나뭇가지―까지 만든다. 그들은 흰개미 구멍에 이 나뭇가지를 집어넣는다. 그들은 흰개미가 나뭇가지에 달라붙도록 몇 초 동안 기다렸다가 꺼낸 뒤 나뭇가지에 달라붙은 흰개미를 혀로 핥아 먹는다. 공격적으로 쏘는 개미종류를 '낚아 올릴' 때는 비슷한 과정을 거치지만 더 많은 기술과 용기가 필요하다. 땅속에 있는 개미집을 발견하면 침팬지는 자기들이 만든 이 특별한 도구를 입구에 집어넣는다. 성난 개미 수백 마리가 나뭇가지에 달라붙는다. 그 후에 일어나는 일에 대해 맥그루(William McGrew)는 다음과 같이 서술한다.

> 침팬지는 개미가 나뭇가지로 기어 올라오는 것을 지켜본다. 개미가 거의 자기 손까지 다다르면 재빨리 끌어들여 다른 손으로 나뭇가지를 훑어 엄지손가락과 집게손가락으로 개미를 한 움큼 집어서 입을 벌리고 집어넣는다. 그리고 우적우적 씹는다.

원숭이와 유인원에게서 나타나는 이 모든 식충현상은 모든 유인원이 벌레를 먹는 포유동물에 속하는 영장류에서 진화했다는 것을 생각해보면 예측할 수 있다. 인간의 태곳적 조상을 형성하는 데 있어 자연선택은 열대 나무 위에서 사는 벌레나 다른 작은 무척추동물을 잡는 데 유용한 특성을 지닌 사람들에게 유리하게 작용했을 것이다. 나뭇가지나 나뭇잎에 붙어 있는 벌레를 먹고사는 동물에게는 특별한 특성이 필요했다. 즉 예민한 후각보다는 입체적이고 날카로운 시야, 날랜 몸, 작은 것을 입에 넣기 전에 집어서 움켜쥐고 눈 가까이 가져가 살펴볼 수 있게 하는 손가락 그리고 무엇보다도 햇빛이 아른거리고 바람 불고 비가 내리더라도 나무 속에 들어 있는 먹이의 움직임을 알아낼 수 있는 복잡하고 빈틈없는 두뇌가 필요했다. 이런 점에서 벌레를 잡아먹는 것은 손이 더욱 기민하게 진화해 발과 구별되며 거대한 동물군 가운데 인간의 독특한 위치를 규정하는 뇌를 두드러지게 발달시키는 토대가 되었다.

이렇게 벌레를 잘 먹는 선조를 계보에 둔 우리는 유럽인이나 미국인처럼 벌레나 작은 무척추동물을 먹지 않는 것이 일반적인 것이 아니라 예외적인 것이라고 해서 놀라서는 안 된다. 현대 이스라엘의 곤충학 아버지 보덴하이머(Frenz Bodenheimer)는 인류가 벌레에 식욕이 얼마만큼 있는지를 최초로 기록한 학자였다(그는 구약성서에 나오는 하늘에서 떨어지는 만나가 시나이반도에 서식하는 일종의 깍지진드기에서 나온 설탕 결정임을 증명한 것으로 알려져 있다). 보덴하이머는 각 대륙에서 벌레를 먹는 동물의 사례를 제시했다. 사람들은 특히 메뚜기·여치·귀뚜라미·개미·흰개미 그리고 큰 나방·나비·딱정벌레의 유충과 번데기를 좋아한다. 어떤 사회에서는 벌레가 척추동물에 견줄 만한 동물성 단백질과 지방의 공급원이 되고 있다.

가령 캘리포니아에 유럽인들이 정착하기 전에 원주민들은 농사도 짓지 않았고 개를 제외하고는 가축도 없었으므로 벌레를 많이 먹었다. 그들은 특별히 벌과 장수말벌·개미·구정모기·나방의 통통한 유충을 좋아했다. 늦여름이면 작은 파리의 번데기가 캘리포니아의 해안과 네바다의 짠 호수에 인디언들이 한 번에 많은 양을 건지기 좋도록 덩어리를 이루어 밀려왔다. 인디언들은 메뚜기를 많이 잡기 위해 땅을 두드리고 원을 이루어 메뚜기 떼를 몰아 메뚜기 떼가 뜨거운 석탄 위에 떨어지도록 했다. 인디언들은 판도라 나방의 유충을 잡기 위해 소나무 아래에 모깃불을 피우고 이 6센티미터짜리 생물이 마비되어 툭툭 떨어지기를 기다렸다. 여자와 아이들·노인들이 이 유충을 뜨거운 재 안에 넣어 죽여서 말렸다. 또한 그들은 벌레조차 구하기 힘든 겨울철을 위해 말린 메뚜기와 나방 번데기를 엄청나게 저장했다.

아마존강 유역에 사는 많은 원주민은 특히 벌레음식에 예민한 것 같다. 콜롬비아와 브라질의 국경 근처에 사는 타투야족(Tatuya)에 관한 연구에 따르면 그들은 벌레 약 20종을 먹는다. 이 연구는 굉장히 포괄적이지만 나는 단지 그 양적인 결과만을 잠정적인 형태로 인용해도 좋다는 허락을 받았다. 그들이 먹는 벌레의 거의 75퍼센트는 살찐 유충이었으며 나머지는 날개 달린 성충—비행과 짝짓기에 대비해 역시 살이 찐—과 병정계급인 개미와 흰개미였다. 이 개미는 머리가 커서 개미에게 물리기 전에 먼저 개미를 깨물지 않으면 안 된다(우적우적 씹어 먹는 침팬지를 상기하라).

한 가지 중요한 발견은 벌레를 먹는 것이 남자보다 여자에게 더 중요하다는 점이다. 이는 내가 이미 주목했던 일반적 명제인 아마존의 여성이 남성보다 동물성 식품을 먹을 기회가 적다는 것과 잘 부합한다. 타투야족의 경우 여성은 생선과 고기보다 많은 벌레를 먹음으로써 이 차이를 보완하는 것 같다. 1년 가운데 어떤 시기에는 벌레가 여성이 먹는 모든 단백질원의 14퍼센트를 차지했다.

그러나 오직 미개한 부족과 부락사회의 사람들만 벌레를 좋은 음식으로 생각하는 것은 아니다. 세계에서 가장 문명이 발달한 많은 나라에서도 벌레가 일상적인 음식이 되고 있다. 예를 들면 중국인은 최근까지도 누에의 번데기, 매미, 귀뚜라미, 물방개, 파리의 구더기를 먹었다. 벌레 먹는 중국의 풍습은 부분적으로는 특이한 음식에 대한 식도락적인 흥미에 기인한다. 그러나 벌레를 가장 많이 먹는 사람들은 벌레를 먹는 것 외에 달리 동물성 단백질을 취할 길이 없는 가난한 계층이다. 전통적인 중국 농민들은 지주와 황제의 궁전에 차려진 엄청나게 고급스러운 식사 자리에 함께할 수 없었다. 그 대신 그들은 "먹을 수 있는 모든 종류의 채소, 벌레 그리고 찌꺼기를 명민하게 이용한"것으로 알려졌다. 중국 농민들이 했던 소박한 건강관리법, 특히 비단을 생산하는 지역에서는 누에를 많이 먹었다. 누에고치를 푸는 젊은 여자들은 누에를 뜨거운 물이 든 항아리에 떨어뜨려 고치를 풀 준비를 하면서 온종일 갓 요리한 음식을 먹을 수 있다.

"그들은 오랜 시간을 계속 빠르게 일하는 데다가 삶은 누에가 계속 앞에 있으므로 온종일 쉬지 않고 먹는 것 같다. 명주실을 얼레에 감는 공장 앞을 지나가면 맛있는 음식냄새가 풍겨온다."

누에를 치는 몇몇 지역에서는 농민들이 씨를 뿌리는 봄철에 누에고치를 거두어들이지만 명주실을 푸는 것은 시간이 많은 여름까지 미루었다가 그때 한다. 그들은 번데기를 죽이고 비단실을 보존하기 위해 고치를 삶거나 소금물에 절인다. 고치를 풀고 나서는 농민들은 소금에 절인 번데기를 햇빛에 말려 먹을 것이 적은 철을 대비해 저장한다. 이것을 먹을 때가 되면 물에 담갔다가 건져서 양파를 넣어 볶거나 암탉이 있다면 달걀과 섞어서 먹는다.

비서유럽인들이 벌레음식을 즐기는 것을 살펴볼 때는 산업화 이전 농민들의 식사에서 동물성 단백질과 지방이 극히 부족했다는 사실을 염두해야 한다. 예를 들면 19세기 중국 북부의 노동자들은 "고구마를 하루에 세 번씩 매일 1년 내내 먹었고 다른 음식이라고는 소금에 절인 무·두부·콩장을 약간 먹었을 뿐이다." 이 불운한 사람들에게는 바퀴벌레와 물방개도 사치였다.

동남아시아인들도 벌레를 먹는 것에서는 중국 못지않았다. 라오스인, 베트남인 그리고 타이인들 모두 물방개를 먹는 것 같다. 더욱이 라오스인들은 바퀴벌레 알을 볶아서 먹으며 큰 거미(곤충은 아니지만 역시 작고, 서유럽인들 사이에서 음식으로서는 평판이 좋지 않은)를 몇 종류 먹는다. 1930년대 초 브리스토우(William Bristowe)는 라오스인의 식생활에 대해 자세히 서술했다. 라오스인들은 단순히 굶주림을 이기기 위해서가 아니라 그 맛을 좋아해 전갈 같은 절지동물뿐 아니라 곤충과 거미를 먹는다는 것이다. 여기에는 아무런 모순도 없다. 사람들은 굶주림을 이기기 위해 먹는 것에서 맛을 찾아낼 수 있다. 브리스토우 자신이 거미와 쇠똥구리·물방개·귀뚜라미·메뚜기·흰개미·매미를 먹어보고 다음과 같은 사실을 발견했다.

맛이 없는 것은 하나도 없었고 맛이 아주 좋은 것도 꽤 있었다. 특히 물방개가 맛있었다. 대개는 채소 향료만 약간 넣어 담백했다. 그러나 예를 들어 어떤 사람이 빵을 처음 먹어보았다면 우리에게 왜 그렇게 맛없는 음식을 먹느냐고 의아해 할 수도 있지 않은가. 구운 쇠똥구리나 몸뚱이가 연한 거미의 껍질은 바삭바삭하고 속은 수플레처럼 부드러워 기분 나쁜 것은 전혀 없었다. 대부분 소금을 쳐서 먹었고 때로는 칠리나 허브 잎을 뿌려서 먹었다. 쌀이나 소스, 커리와 함께 먹기도 했다. 맛은 뭐라고 규정하기가 아주 힘든데 흰개미, 매미 그리고 귀뚜라미의 맛은 상추 맛과 가장 비슷한 것 같았다. 큰 무당거미는 상추와 날감자 맛이 났으며 물방개(태국물장군)는 농축한 고르곤졸라 치즈맛이 났다. 나는 이 곤충들을 먹고 아무렇지도 않았다.

이 거미에 대해 조금 더 덧붙이면 브리스토우는 라오스인 동료와 함께 거미사냥을 가서 한 시간 만에 약 0.22킬로그램이나 나가는 거미 여섯 마리를 잡았다고 썼다. 거미를 먹는 다른 사람들로는 뉴칼레도니아인, 캄차카인, 칼라하리사막의 산족, 서인도제도의 카리브인 그리고 마다가스카르 주민들이 있다. 남아메리카의 구아하리보와 피아로아 인디언들은 특히 독거미를 좋아했다.

비누와 살충제가 발명되기 전에는 이가 다른 유인원들만큼 인간을 괴롭혔다. 가족 구성원들은 서로의 머리털에서 이를 잡아내어 이빨로 으깼다. 이를 잡는 많은 사람이 원숭이가 하는 식으로 이를 이빨 사이에 넣고 깨물어 삼키면 잘 잡히지 않는 이 동물이 다시 들끓지 않게 된다고 믿었다. 보덴하이머는 유목민 키르기즈족(우리가 이미 말고기 애호가로서 알고 있는)이 이를 먹는 습관에 관해 19세기 자연과학자의 설명을 인용한다.

"나는 헌신적인 아내의 이상한 광경을 목격했다. 우리 주인의 아들은 깊이 잠들어 있었다. ……그의 다정하고 헌신적인 아내는 이 기회를 이용해 그의 웃옷 속을 기어 다니는 이를 잡고 있었다. ……그녀는 모든 주름과 솔기를 찬찬히 뒤져 그녀의 희게 빛나는 이빨 사이에 이를 넣고 재빨리 씹었다. 이를 깨무는 소리가 쉬지 않고 똑똑히 들려왔다."

간단히 말해 내 관찰과 관련 서적과 동료 인류학자들의 보충 설명을 따르면 많은 사람이 최근까지도 최소한 몇 가지 벌레를 좋은 음식이라고 생각한다. 그러나 나는 오늘날 세계에서 벌레를 어느 정도나 먹는지 확실히 증명할 수 없다. 왜냐하면 벌레를 먹는 것을 혐오하는 유럽인과 미국인의 성향이 덜 개발된 국가의 음식전문가들에게까지 전달되어 그들은 자기 나라 음식에 벌레가 얼마만큼 이바지하는지 연구하기를 꺼리기 때문이다. 심지어는 자기 나라 사람들이 벌레를 먹는다는 사실을 인정조차 하지 않는다. 더 복잡한 것은 중국과 일본 같은 나라에서 벌레를 먹는 사람들이 실제로 감소하고 있다는 사실이다. 그렇다고 해도 벌레를 먹는 것이 수백 가지 문화에서 받아들여졌거나 아직도 받아들여지고 있는데도 왜 벌레를 역겨워하는 사람들이 있는가라는 수수께끼는 여전히 남는다.

다른 또 하나의 문제는 명백하다. 대다수의 세계 문화에서는 여전히 유럽과 유로 아메리카의 식생활에서 나타나는 벌레혐오가 똑같이 나타나지 않는다. 이러한 벌레혐오는 유럽인들 자신이 벌레를 먹었던 것이 (인류학적으로 말해) 그리 오래전 일이 아니라는 점에서 흥미롭다. 예를 들어 아리스토텔레스(Aristoteles)는 매미를 먹는 데 아주 익숙해서 매미는 마지막 허물을 벗기 전의 애벌레일 때가 가장 맛이 좋으며 성체가 된 것 중에서는 "수컷이 더 낫고 짝짓기 후에는 하얀 알이 가득 든 암컷이 더 낫다"라고 말했다. 아리스토파네스(Aristophanes)는 메뚜기를 "날개가 넷 달린 닭"이라고 불렀으며 아테네의 가난한 계층이 이를 먹는다는 것을 시사했다. 플리니우스의 『자연사』(*Natural History*)는 로마인들도 벌레를 먹었다는 것을 증명한다. 그들은 특히 나무껍질 속에 사는 '코서스'(cossus)라는 유충을 먹었는데 이는 플리니우스가 "가장 우아한 요리"라고 부른 음식 속에 들어 있었다.

그러나 중세 이후로는 이탈리아에서 볶은 누에를 먹은 독일 병정들이나 풍뎅이의 번데기에 밀가루와 빵가루를 묻혀서 먹는 미식가들에 관한 몇 가지 기록을 제외하면 프랑스인들조차 벌레 음식을 삼갔다. 실제로 19세기 동안 일부 과학자와 문필가들이 프랑스인에게 말고기를 먹게 하려고 애쓰는 동안 다른 사람들은 그들에게 벌레를 먹게 하려고 했으나 이는 전자보다도 더 성과가 없었다. 1880년대에는 우아한 벌레향연이 적어도 한 번 파리의 근사한 식당에서 있었다. 여기에 나온 **피세 드 레지스탕스**(pièce de résistance)라는 음식은 흰풍뎅이 유충이었다. 1878년 프랑스 의회는 해충을 박멸하기 위한 법에 대해 토론했다. 상원의원이었던 폰빌레(Wilfrid de Fonvielle)는 하루살이를 이용해 스프 만드는 법에 관한 책을 펴냈다. 한편 파리 곤충학회 부회장은 하루살이를 한 줌 입에 넣고 "아주 만족스러운 표정을 지음으로써" 벌레를 다루는 것에 관한 자신의 '흡수'이론 강의를 실제로 증명했다.

말고기 옹호자들처럼 유럽의 벌레음식 애호가들은 벌레음식이 노동계급에게 값싼 고기를 제공한다는 것을 자신의 명분으로 삼는다. "자라나는 모든 축복받은 푸른 것"을 먹어치우는 벌레 때문에 화가 난 영국의 지주 홀트(Vincent Holt)는 1885년에 『왜 벌레를 먹지 않는가?』(Why Not Eat Insects?)라는 책을 출간했다. 그는 이 책에서 농장의 노동자들이 부지런히 방아벌레나 구정모기의 애벌레, 하루살이의 애벌레 그리고 풍뎅이를 잡는다면 밀을 두 배는 더 수확할 수 있을 뿐 아니라 아이들이 해를 입지 않을 것이고 가난한 사람들은 더 이상 고기를 먹을 수 없다고 불평하지 않을 것이라고 했다.

"농업이 침체된 요즘 같은 때에는 우리는 굶주리는 이웃의 고통을 덜어주기 위해 할 수 있는 모든 일을 해야 한다. 우리가 간과하고 있는 음식 공급원을 가르쳐주는 데 우리의 영향력을 행사해선 안 된단 말인가?"

이것은 합리적인 제안처럼 들리지만 실패로 끝날 운명이었다.

곤충 영양학과 위생학

영양학적인 관점에서 보면 벌레고기는 거의 붉은 고기나 닭고기만큼 영양가가 있다. 아프리카 흰개미 300그램은 610칼로리와 단백질 38그램, 지방 46그램을 함유한다. 약 100그램짜리 중간 두께 햄버거에는 겨우 245칼로리, 단백질 21그램, 지방 17그램이

들어 있을 뿐이다. 나방 유충 10그램에는 약 375칼로리, 단백질 46그램, 지방 10그램이 들어 있다. 말린 메뚜기는 42퍼센트에서 76퍼센트까지가 단백질이고, 6퍼센트에서 50퍼센트까지가 지방이다. 집파리 번데기에는 단백질 63퍼센트와 지방 15퍼센트가 들어 있으며 말린 벌의 번데기에는 90퍼센트 이상의 단백질과 8퍼센트의 지방이 들어 있다.

벌레가 붉은 고기나 닭고기, 생선과 비교해서 뒤떨어지는 점은 오로지 필수아미노산으로 측정한 단백질의 질뿐이다. 일부 벌레는 쇠고기나 닭고기와 거의 비슷한 양의 아미노산을 포함하고 있다. 다른 신선한 음식과 마찬가지로 벌레에는 많은 곡물과 뿌리채소에 가장 부족한 아미노산인 라이신이 풍부하게 들어 있다. 가장 중요한 것은 고단백질과 함께 고지방이 결합해 '단백질 절약' 효과를 발생시킨다는 점이다. 이는 주기적으로 단백질과 칼로리가 부족해지는 사람에게는 영양학적으로 바람직하다. 이런 점에서 곤충은 새우나 게, 바닷가재, 기타 갑각류(곤충의 가까운 친척인)처럼 고단백·저지방 식품들이나 대합조개, 굴, 기타 다른 연체동물들처럼 저칼로리 저지방 식품보다 더 값싸고 좋다. 하루에 필요한 칼로리를 충족시키기 위해서는 새우 약 3,300그램을 먹어야 하지만 날개 달린 흰개미는 500그램만 먹으면 된다.

벌레에 단점이 있다면 이는 인간이 소화할 수 없는 키틴질이라는 단단한 물질로 싸여 있다는 점일 것이다. 메뚜기나 딱정벌레처럼 키틴질로 된 까슬까슬한 다리와 날개와 몸통을 깨물어 먹어야 한다는 것을 생각하면 벌레를 먹는 데 익숙하지 않은 사람들은 겁을 먹게 된다. 하지만 유럽인과 미국인이 벌레를 먹지 않는 이유는 키틴질이 소화되지 않아서가 아니다. 이는 사람들이 키틴질로 된 '껍질'이 소화되지 않는다는 이유로 바닷가재나 새우를 싫어한다고 할 수 없는 것과 마찬가지다.

키틴질에 대한 해결책은 간단하다. 벌레가 아직 번데기나 유충일 때, 즉 다리와 날개가 나기 전, 피부가 두껍고 딱딱하게 되기 전에 먹거나 성체에서 다리와 날개를 떼어내고 부드러운 부분만 먹으면 된다. 사실 부드럽고 아직 성체가 되지 못한 것들도 키틴질을 약간 포함하고 있지만 키틴질이 섬유질과 같은 역할을 하기 때문에 이 정도는 오히려 몸에 좋다고 할 수 있다. 내가 「고기를 밝히는 사람들」이라는 장에서 지적했듯 다른 종류의 고기에는 이것이 부족하다.

여기서 유럽인과 미국인들이 벌레고기를 싫어하는 첫 번째 이유, 즉 벌레가 무서운 질병을 옮긴다는 말에 대해 살펴보자. 벌레가 인간의 건강에 해를 끼칠 수 있는 세균이나 바이러스, 박테리아, 원생동물을 옮기거나 몸에 갖고 있는 것을 부인할 사람은 아무도 없다. 그러나 내가 「혐오스러운 돼지고기」에 관한 장에서 말했듯이 소·양·돼지·닭 그리고 기타 모든 친숙한 농가의 동물들이 과학적이고 위생적인 관리를 받지 못하고 있다. 오염된 고기라는 문제를 해결하는 통상적인 간단한 방법은 그것을 익혀서 먹는 것이다. 벌레를 익혀서 먹지 못할 이유가 없으므로 이러한 방법은 오염된 벌레고기 문제에도 똑같이 적용될 수 있다. 사람들이 일반적으로 고기를 날것으로 먹지 않듯이 벌레도 날것으로 먹는 일은 거의 없다. 꿀이 들어 있는 배를 갈라서 통째로 먹는 꿀개미나 가끔 메뚜기, 구더기 또는 이와 비슷한 벌레를 날것으로 먹는 경우를 빼고는 대부분 벌레를 굽거나 볶아 털과 가시를 없애고 겉을 더 바삭거리게 만들어 먹는다. 성체 역시 굽거나 끓여서 성가신 다리와 날개를 떼어내기 좋게 해서 먹는다. 물방개, 바퀴벌레, 딱정벌레 그리고 귀뚜라미는 삶아서 식초에 담가 먹는다. 한 번에 꿀꺽꿀꺽 마시기 위해서가 아니라 삶은 게나 바닷가재에서 살을 발라 먹듯이 대나무 젓가락으로 하나씩 집어먹기 위해서다. 실제로 벌레를 한 입 먹는다고 해서 인간의 건강을 위협하지는 않는다. 접시나 가사도구, 막 먹으려 하는 음식 위를 기어다니는 바퀴벌레가 집파리를 끓여 스튜를 만들거나 기름에 튀긴 것보다 훨씬 더 위험하다.

최근 과학자들은 일부 딱정벌레와 바퀴벌레가 발암물질을 유발하거나 함유하고 있으며 일부 사람들은 바퀴벌레나 옥수수 나방, 밀가루 딱정벌레, 쌀바구미에 알레르기 반응을 보인다는 것을 발견했다. 그러나 과학자들은 최근 버섯에서부터 바비큐 스테이크까지 모든 것이 암을 유발할 수 있으며 알레르기 반응에 대해서는 밀·딸기·조개가 가장 심한 알레르기 인자를 포함하고 있음을 밝혀냈다.

이제 사람들은 생각만 해도 혐오스럽다는 주장으로 이를 반박하려고 할 것이다. 벌레를 먹어도 해가 될 것이 없다 해도 기어다니는 생물은 더럽고 추하며 따라서 질병을 연상시킨다고 말이다. 유럽인과 미국인 대부분이 벌레에게서 식욕을 느끼지 못하는 것은 그것이 실제로 그렇든 아니든 그런 생각이 들기 때문이라는 것이다.

왜 사람들은 사람과 멀리 떨어져 풀과 나뭇잎과 나무를 먹으며 드넓은 야외에서 깨끗하게 살고 있는 메뚜기나 딱정벌레 유충, 누에, 흰개미, 나방의 유충, 기타 수백 종의 벌레를 더러움과 연관시키는 것일까. 벌레 대부분은 밭과 뜰에서 나오는 것만큼 깨끗하다. 유럽의 농산물은 역사적으로 소나 말, 돼지 그리고 다른 동물의 배설물을 거름으로 곡물을 기르지 않았던가. 음식의 명성을 떨어뜨리는 것이 더러움과 관련된 것이라면 인간은 오래전에 굶어죽었을 것이다. 게다가 유럽인들은 질병이 더러움과 연관되기 훨씬 전과 미비한 공중위생이 대중의 건강을 위협한다고 알려지기 전에 이미 확고하게 벌레를 먹는 것을 거부했다.

최적 먹이 찾기 이론

중요한 해답은 벌레나 다른 작은 것을 먹는 비용 편익을 검토해보는 것이다. 우리는 먼저 벌레가 전체 식량생산의 체계 속에서 대안적인 영양공급원으로 어떤 역할을 할 수 있는지 살펴보아야 한다. 벌레는 지구상에 가장 많은 생물이며 단백질과 지방이 풍부해 유익하다. 그러나 이들 영양소의 공급원으로서 벌레는 원래 동물의 왕국 전체에서 가장 비효율적이고 가장 의존할 만하지 못하다. 수확된 단위당 시간과 에너지 비용의 측면에서 볼 때 곤충은 일반적인 가축과 많은 야생 척추·무척추동물군에 못 미친다. 왜 어떤 때는 벌레를 기피하고 어떤 때는 선호하며 왜 어떤 종류의 벌레를 다른 종류의 벌레보다 더 많이 먹는지를 이해하는 핵심은 바로 이러한 측면에 있다.

생태학자들은 인간이 아닌 먹이를 찾아다니는 동물들―먹이를 찾아야만 하는 동물들―의 식사에 관한 이와 비슷한 질문에 여러 가지 답을 제시해왔다. 사람들 대부분이 상상하는 것과는 반대로 인간이 아닌 먹이 찾는 동물들, 예를 들어 원숭이나 늑대, 쥐 등은 자연의 서식지에서 그들이 만나는 모든 먹을 수 있는 것을 먹지는 않는다. 그들은 이 점에서 인간과 아주 비슷하다. 그들이 먹고 소화시킬 수 있는 수백 가지 먹이 가운데 자신이 먹지 않는 것들을 빈번히 만나지만 아주 적은 수의 것만을 모으고 찾고 사냥하고 먹는다. 이러한 까다로운 행동을 설명하기 위해 생태학자들은 최적 먹이 찾기 이론 원리를 제시했다. 이 이론은 먹이를 찾는 동물이 그들이 구할 수 있는 것 가운데 비용상 가장 유리한 '품목'을 고른다는 것을 예측한다. 그뿐만 아니라 어떤 지점에서 어떤 특정한 품목의 먹이가 그것을 모으거나 사냥하는 것을 보장하기에 너무 비용이 큰지 정확히 계산할 수 있게 하는 방법을 제공한다.

최적 먹이 찾기 이론은 사냥꾼이나 채집꾼이 그들이 먹이를 찾는 데 들이는 시간에 비해 칼로리를 최대한 얻을 수 있는 먹이만을 쫓거나 수확할 것임을 예측한다. 먹잇감을 발견한 후 쫓고 죽이고 모으고 운반하고 준비하고 요리하는 데 드는 시간, 즉 '처리하는 시간'에 대해 가장 높은 비율의 칼로리를 얻을 수 있는 것이 언제나 최소한 한 가지는 있기 마련이다. 먹이를 찾는 동물은 전체 들인 노력에 대해 얻을 수 있는 칼로리의 비율을 높일 수 있을 때에만 그들이 마주치는 두 번째, 세 번째, 네 번째 먹잇감을 먹는다.

어떤 숲에 딱 세 가지 종자, 즉 야생 돼지, 개미핥기, 박쥐가 있다고 가정해보자. 이 숲에서 4시간을 헤맬 때 야생돼지 한 마리를 만날 수 있고 그 돼지를 '처리하는'(쫓아가서 죽이고 요리하는 등) 비용이 두 시간이며 그때 2만 칼로리를 얻는다고 하자. 개미핥기를 다루는 데도 2시간이 들지만 칼로리는 겨우 1만 칼로리밖에 얻을 수 없다면 사냥꾼이 개미핥기를 만났을 때 이를 쫓아가야 할 것인가 아니면 계속 야생돼지를 찾아야 할 것인가. 4시간 동안 찾아다니면서 야생돼지밖에 잡지 못했다면 이 사냥꾼이 얻은 칼로리는 다음과 같다.

$$\frac{2\text{만 칼로리}}{4\text{시간}+2\text{시간}} = \frac{2\text{만 칼로리}}{6\text{시간}} = \frac{3{,}333\text{칼로리}}{1\text{시간}}$$

만약 사냥꾼이 개미핥기를 잡기 위해 멈췄다면 그의 이익률은 다음과 같다.

$$\frac{2\text{만}+1\text{만 칼로리}}{4+2+2\text{시간}} = \frac{3\text{만 칼로리}}{8\text{시간}} = \frac{3{,}750\text{칼로리}}{1\text{시간}}$$

3,750칼로리가 3,333칼로리보다 크므로 사냥꾼은 개미핥기를 그냥 지나쳐선 안 된다. 박쥐는 어떨까. 박쥐를 '다루는' 시간 역시 2시간인데 얻을 수 있는 칼로리는 500칼로리뿐이라고 가정해

보자. 그는 박쥐를 잡기 위해 멈춰야 하는가.

$$\frac{2만+1만+500칼로리}{4+2+2+2시간} = \frac{3만\,500칼로리}{10시간} = \frac{3,050칼로리}{1시간}$$

아니 멈추면 안 된다. 만약 개미핥기나 야생돼지를 계속 찾지 않고 박쥐를 잡으려고 멈춘다면 '시간을 낭비'하게 된다.

다시 말해 최적 먹이 찾기 이론의 예측에 따르면 먹이를 찾는 사람은 먹이를 찾는 행동의 전체 효율이 증가할 때에만 새로운 품목을 더한다는 것이다. 이러한 예측은 벌레처럼 먹이 품목이 많다는 사실이 그것이 최적 식사의 '목록'에 오르는지 아니면 오르지 못하는지에 어떻게 영향을 미치는가 하는 질문과 관련해 특히 흥미롭다. 전체 칼로리 이익률을 낮추는 품목은 그것이 아무리 풍부하더라도 이 목록에 오르지 않을 것이다. 높은 순위에 있는 품목이 드물어지면 그전에는 너무 비효율적이라 목록에 오르지 못했던 것들이 목록에 오른다. 그 이유는 높은 순위에 있는 품목을 발견하기까지 더 많은 시간이 들게 되므로 목록 전체에 대한 평균 성과율이 내려가 칼로리 이익률이 낮은 품목을 얻으려고 멈추는 것이 더 이상 시간을 낭비하는 것이 아니기 때문이다.

이러한 관계는 다음과 같은 것을 상상해보면 즉각적으로 알 수 있다. 만약 누군가가 20달러짜리 지폐와 1달러짜리 지폐를 숲속에 있는 나뭇가지에 매달아 놓았다고 하면 우리는 1달러짜리 지폐를 가지러 올라가야겠는가. 답은 명백히 20달러짜리 지폐가 몇 장이나 있느냐에 달려 있다. 만약 숲 전체에 20달러짜리 지폐가 몇 장뿐이라면 1달러짜리 지폐를 집는 데 몰두하는 편이 낫다. 그러나 20달러짜리 지폐가 많다면 1달러짜리 지폐가 많이 있더라도 이를 지나치는 실수를 범하게 될 것이다. 그러나 20달러짜리가 몇 개든 그것을 일단 보았다면 그냥 지나치지는 않을 것이다.

호크(Kristen Hawkes)와 그녀의 동료들은 파라과이의 아케(Aché) 인디언의 실제적인 칼로리 소득에 관한 연구에서 이들이 먹이를 찾으러 다니며 만나는 것 가운데 단지 16종만을 취한다는 것을 발견했다. 이 16가지 식량원을 발견한 뒤 얻은 평균 이익률은 멧돼지의 시간당 6만 5,000칼로리에서 팜 열매의 시간당 946칼로리까지 다양했다. 예견된 대로 발견한 뒤의 시간당 칼로리 소득으로 보면 각각의 품목이 점점 비효율적이지만 그것을 포함시키는 것이 아케 인디언의 먹이 찾기 체제의 전체적인 효율성을 증가시킨다. 예를 들어 아케 인디언들이 만약 맨 위의 두 가지 종목─목걸이 멧돼지와 사슴─만을 잡는다면 그들의 전체 먹이 찾기의 효율은 시간당 겨우 148칼로리에 불과하게 된다. 왜냐하면 이 두 종목은 칼로리 소득은 높지만 드물어서 좀처럼 마주치기 어렵기 때문이다. 세 번째와 네 번째 품목─기니피그와 곰─을 추가하면 전체 먹이 찾기의 효율은 시간당 405칼로리로 높아진다.

더 가치가 낮은 종목을 추가할 때마다 전체 이익률은 계속 높아지지만 증가분은 점점 작아진다. 앞에서 말했듯이 이 목록은 한 시간에 946칼로리밖에 얻지 못하는 팜 열매에서 끝난다. 아케 인디언들이 더 이상 품목을 추가하지 않는 것은 그들이 시행착오를 통해 더 이상 전체 먹이 찾기 효율(16품목에 대해 시간당 872칼로리)을 높일 것이 없음을 알았기 때문일 것이다. 그렇다면 이제 벌레는 어떤가.

아케 인디언들은 수렵·채집 원정에서 한 가지 벌레―팜 딱정벌레 종류의 유충―만을 잡는다. 이 유충은 썩은 팜 나무 둥치의 덤불 속에 무더기로 산다. 아케 인디언들은 이 나무둥치를 자르고 부드러운 나무를 갈라 이 벌레들을 집어낸다. 팜 유충은 발견한 뒤 시간당 2,367칼로리의 평균 이익률로 11위에 해당하며 흰입페커리(소목 멧돼지과의 포유류―옮긴이) 바로 아래이고 물고기 바로 위다. 이를 취함으로써 아케 인디언들의 전체 수렵·채집 효율은 시간당 782칼로리에서 799칼로리로 높아진다.

최적 먹이 찾기 이론이 아니었다면 많은 사람의 눈에 그들은 그들이 사는 곳에 있는 먹을 수 있는 식물 수천 종과 동물을 단지 입맛에 맞지 않아서 안 먹는 것처럼 보였을 것이다. 또한 이 이론은 높은 순위에 해당하는 식량공급원의 물량변동에 따라 수렵·채집인들이 먹는 산물 목록의 과거와 미래의 추이를 예측할 수 있는 틀을 제시한다. 예를 들어 만약 목도리페커리와 사슴이 점점 풍부해진다면 아케 인디언들은 곧 팜 열매를 채집하는 것이 시간낭비라는 사실을 알게 될 것이며 결국 그들은 팜 유충을 먹지 않게 될 것이다. 만약 사슴과 목도리페커리를 만나는 비율이 높아져서 다른 어떤 것을 먹으려고 하는 것이 전체 이익률을 낮추게 된다면 그들은 사슴과 목도리페커리만을 잡게 될 것이다. 반대로 만약 사슴과 목도리페커리가 점점 더 적어진다면 아케인들은 그것들을 보기만 하면 잡으려고 하겠지만 지금은 무시하는 다른 자원들—벌레를 포함해서—을 잡으려고 멈추는 것이 시간 낭비가 아님을 알게 될 것이다.

최적 먹이 찾기 이론을 적용한 예

최적 먹이 찾기 이론은 특히 벌레와 다른 작은 것에 적용할 때 아주 흥미롭다. 왜냐하면 이 이론은 보잘것없는 식사를 하면서도 사람들은 왜 그들이 사는 곳에 아주 풍부한 벌레와 지렁이 같은 것을 먹지 않는지 설명해주기 때문이다. 어떤 것이 식단에 오를 것인지는 그 음식의 희소성이 아니라 식량생산의 전체적인 효율에 대한 기여도에 따라 결정된다. 효율적이지만 희귀한 품목은 이 최적 식단에 오를 것이고 풍부하지만 비효율적인 품목은 오르지 않을 것이다.

불행히도 나는 작은 생물에 관한 이러한 예측을 증명할 더 이상의 양적 지표를 인용할 수 없다. 그러나 대강 질적인 측면에서 이 이론이 왜 유럽에서는 벌레를 먹지 않게 되었는지에 관한 문제에 적용될 수 있는 것 같다. 벌레를 잡는 것은 쉬웠고 단위 무게당 높은 칼로리와 단백질을 가져다주었지만 거의 모든 종류의 벌레는 이를 잡고 준비하는 데서 얻는 이익이 커다란 포유동물이나 생선, 심지어 쥐나 토끼, 새, 도마뱀, 거북이 같은 좀더 작은 척추동물에 비해 아주 적었다. 따라서 큰 척추동물을 구할 수 있는 가능성이 가장 적은 사회가 가장 광범위한 식단을 가지고 있었으며 벌레나 다른 작은 것을 가장 많이 먹었으리라고 추측할 수 있다. 이것이 왜 가장 부지런히 벌레를 먹는 사람들이 큰 동물은 거의 볼 수 없고 몇 안 되는 사냥꾼만으로도 사냥감이 금방 다 고갈되어버리는—내가 아마존에서의 고기 열망에 대한 논의에서 설명했던—열대의 밀림지역에 살고 있는지를 부분적으로 설명해준다.

이 스펙트럼의 반대쪽으로 가보면 왜 유럽의 요리에서 벌레요리가 빠졌는지 그리고 고기가 풍부한 유럽과 미국의 식단에서 벌레요리가 중요한 일부분이 될 수 없었는지를 알 수 있다. 앞에서 말했듯이 브라우델은 중세 이후 유럽의 특징을 '육식의 세계적 중심지'라고 말했다. 돼지고기·양고기·염소고기·닭고기·생선이 풍부해서 말고기도 안 먹는데 사람들이 벌레를 먹겠는가.

최적 먹이 찾기 이론은 단순히 어떤 문화가 벌레를 그만 먹게 되는 조건을 제시할 뿐 아니라 벌레를 먹을 경우 어떤 벌레를 선호할 것인지 추측할 수 있는 수단을 제공한다. 인간의 식량으로서 대개 벌레가 갖는 문제점은 벌레는 엄청나게 많지만 작고 넓게 흩어져 있다는 것이다. 가장 많이 소비되는 벌레는 반대의 특성을 갖는 것들이다. 즉 커서 하나씩 잡아야 하는 것이 아니라 한꺼번에 떼를 지어 다니는 것들이다. 길이가 약 8센티미터에 달하고 수십억 마리가 떼를 지어 다니는 메뚜기가 그 예다. 떼를 지어 다니는 종류인 사막메뚜기는 모리타니에서 파키스탄까지 65개 국가를 휩쓸며 거기 있는 것을 전부 먹어치운다. 메뚜기는 여치처럼 무리를 짓지 않고 따로따로 지내는데 비가 많이 올 때까지 휴면하고 있던 알들이 동시에 부화하면서 메뚜기 떼가 발생한다.

이들이 성숙하면 엄청나게 많은 숫자가 떼를 지어 날아다니게 된다. 보통 크기의 메뚜기 떼는 400억 마리로 이루어져 있으며 약 518제곱킬로미터의 지역을 뒤덮는다. 메뚜기는 수천 킬로미터를 날아가며 약 3,048미터 상공까지 날아오를 수 있다. 이 윙윙거리는 재앙이 머리 위를 지나갈 때 수많은 메뚜기가 땅에 떨어지기도 하고 곡물이나 풀을 먹고 있는 메뚜기를 쉽게 잡을 수도 있다. 메뚜기 떼가 지나갈 때면 사람들은 옷이나 벽, 식물 등에서 메뚜기를 수백 마리씩 국자로 퍼낼 수 있다. 사람들은 이를 그물과 바구니에 모아 끓는 물에 넣거나 뜨거운 석탄불에 올려놓고 굽는다.

메뚜기는 곡물과 자연 초지를 먹어치우기 때문에 순위가 높은 품목―곡물과 가축―을 구할 수 없게 만들고 대신 자기 자신이 이 최적 식단에 한 자리를 차지한다. 식물과 동물 자원이 전부 파괴되기 때문에 피해자들에게 남은 유일한 대안은 그들의 식단을 확대해 자신들의 곡물과 자연 초지를 먹어치운 자를 먹는 것이다. 먹어치운 자를 먹는 이 원칙은 떼를 지어 다니지 않는 종에도 적용할 수 있다. 예를 들면 중국과 동남아시아에서 아주 즐겨 먹는 물방개는 하나씩 잡히지만 두 가지 점에서 메뚜기와 비슷하다. 이것들도 크고 인간이 먹는 것을 먹는다. 즉 물방개는 농민들이 동물성 단백질의 중요한 공급원으로 관개된 논에서 기르는 물고기가 부화한 알을 먹는다.

메뚜기의 특성―크기가 크고 거대한 떼를 이루며 곡물과 초지를 황폐하게 하는―에서 나타나는 한 가지 재미있는 결과는 메뚜기가 「레위기」에서 금지하는 벌레에서 제외되어 있다는 것이다('딱정벌레'도 제외되어 있지만, 이것이 무엇인지 확실하지 않다).

너희들이 먹어도 좋은 것은 이런 것들이다. 메뚜기 종류와 베짱이 종류와 딱정벌레 종류다.

이스라엘인에게 벌레를 먹는 것이 실제로 중요하다는 것은 황야에서 오직 메뚜기와 꿀만을 먹고 살아남았던 세례 요한의 경우가 증명해준다. 우연히도 「레위기」가 금지하는 모든 새와 다른 비효율적인 동물의 목록은 최적 먹이 찾기 이론과 관련이 있다. 소나 양, 염소 같은 효율적인 동물이 풍부했다고 전제한다면 갈매기·펠리컨·박쥐 같은 동물을 금지하는 것은 설사 이런 동물들이 이스라엘인의 고향에 아주 많이 있었다고 하더라도 비합리적인 것은 아니었다.

다시 메뚜기 이야기로 돌아가자. 구약성서와 신약성서의 허락과 장려에도 유럽인들은 메뚜기에 맛을 들인 적이 없었다. 그저 마음이 내키지 않아서였을까. 그런 것 같지 않다. 사막메뚜기가 침략한 지역을 보여주는 지도를 살펴보면 이베리아반도의 남쪽 변방을 제외하고는 서유럽 전체가 실제로 이 메뚜기 떼의 북쪽 한계선 바깥에 놓여 있다. 유럽 농민들이 다른 종류의 메뚜기에서 완전히 자유로웠던 것은 아니다. 하지만 유럽의 메뚜기 종자들은 굶어죽지 않기 위해서 메뚜기를 먹을 수밖에 없는 지역에서 다른 메뚜기들이 했던 것처럼 곡물과 초지를 광범위하게 파괴하는 일이 거의 없었다.

흰개미와 개미는 아마도 양적인 측면에서 지구상에서 사람들이 먹는 '작은 것' 가운데 메뚜기 바로 다음일 것이다. 흰개미와 개미는 작지만 수백만 마리에서 수십억 마리까지 밀집해서 군생하기 때문에 좋은 에너지 품목이다. 일부 종자는 땅 밑에 집을 짓는데 먹을 것을 찾는 인간은 이를 침팬지와 똑같은 방법으로 채집한다. 즉 개미집에 나뭇가지를 넣었다가 꺼낸다. 개미와 흰개미를 잡는 더욱 흔한 방법은 열대지방에서 흔히 볼 수 있는 광경으로 개미가 집을 지은 작은 언덕이나 흙더미를 부수는 것이다. 서아프리카에서는 전통적으로 불을 피워 개미가 나오게 한다.

그러나 개미와 흰개미를 잡기에 제일 좋은 때는 우기가 시작될 때로 날개가 돋고 살이 통통하게 쪄서 스스로 떼를 지어 나온다. 큰 비가 내린 뒤에는 근처에 있는 모든 흰개미가 동시에 집을 떠나느라고 윙윙거리며 약 152.4미터나 날아올라 거대한 구름을 이뤄 해를 가리기도 한다. 날개가 달린 개미를 잡기 위해 상아 해안의 여자들과 아이들은 옥수수처럼 생긴 짚으로 된 빗자루를 개미 구멍 위에 놓는다. 개미가 빗자루에 잔뜩 달라붙으면 준비해놓은 물 항아리에 떨어뜨려 날개가 젖어 날아가지 못하게 한다. 또한 한 구멍만 빼고 모든 출구를 막은 뒤 나뭇잎과 바구니로 만든 기발한 덫으로 개미 떼를 잡기도 한다.

잘 알다시피 적도지방은 기후적으로 유럽 같은 곳보다 벌레가 훨씬 더 풍부하다. 예를 들어 아마존지역의 동물군은 대부분 벌레와 지렁이로 이루어져 있다. 적도지방과 비교할 때 유럽에는 기후가 온화한 모든 지역에서처럼 벌레 종류가 훨씬 적고 큰 벌레가 없으며 떼를 지어 다니거나 한 군데 집중적으로 있거나 해서 채집하기 쉬운 종자가 상대적으로 적다. 확실히 메뚜기의 경우처럼 유럽에도 개미와 흰개미가 있지만 사람 집처럼 큰 둥지를 짓거나 해를 가릴 만큼 떼를 지어 나는 종류는 없다. 유럽에는 베오스토마 인디카처럼 한 마리당 무게가 약 14.2그램에 길이가 9센티미터나 되는 물방개도 없고 날개 길이가 15센티미터나 되는 육카 인디언의 뱀잠자리 같은 것도 없고, 커다란 팜 유충이 가득 들어 있는 썩은 팜 나무 숲도 없다.

요약하자면 어떤 지역에서 풍부한 벌레군—특히 크거나 떼를 짓는 종자—이 나타나는 동시에 큰 야생 척추동물이나 가축이 별로 없다면 벌레가 식단에 오르는 경향이 높게 나타날 것이다. 그러나 만약 어떤 지역이 벌레군은 빈약하지만—특히 크고 떼를 지어 사는 종자가—동시에 큰 야생 척추동물이나 가축이 많다면 벌레를 먹지 않는 경향이 나타날 것이다. 실제로 염두에 두어야 하는 상황은 두 가지 유형이 아니라 네 가지 유형이다. 다음 표를 보면 잘 알 수 있다.

	큰 척추동물이 없음	큰 척추동물이 있음
무리 짓는 곤충이 있음	1번	2번
무리 짓는 곤충이 없음	3번	4번

1번은 아마존 유역이나 아프리카의 열대 밀림지역에서처럼 '작은 것'을 가장 많이 먹을 가능성이 있는 상황, 즉 무리를 짓는 벌레는 많고 큰 척추동물은 적은 상황을 나타낸다. 4번은 유럽이나 미국, 캐나다에서처럼 '작은 것'을 가장 적게 먹을 것 같은 상황으로 떼를 짓는 곤충은 별로 없고 큰 척추동물은 많은 상황을 나타낸다. 2번과 3번은 두 가지 서로 다른 상황을 나타내는데 둘다 '작은 것'을 중간 정도 먹을 것 같은 상황이다. 즉 큰 척추동물과 떼를 짓는 곤충이 모두 많거나 모두 적은 경우를 나타낸다.

한 가지 빠진 문제가 있다. 유럽인과 미국인이 벌레 먹는 것을 특별히 혐오한다는 것이다. 흥미로운 사실은 서유럽인 대부분이 벌레 먹는 것을 꺼릴 뿐만 아니라 구더기나 흰개미―바퀴벌레는 말할 것도 없고!―를 먹는다는 것을 상상만 해도 복통을 일으킬 정도라는 것이다. 벌레를 만지거나 더 나아가서 벌레가 몸 위를 기어 다니게 하는 것은 그 자체만으로도 구역질이 나는 일이다. 다시 말해 벌레는 미국인과 유럽인에게는 이슬람교도와 유대인에게 돼지와 같은 것이다. 그것은 혐오동물이다. 벌레가 더럽고 역겹다는 규범적인 주장은 마찬가지로 말이 안 된다. 나는 이미 먹기 적당하지 않은 종자는 천한 것이 되거나 성스러운 것이 된다는 이론을 제시한 바 있다(돼지에 관한 장을 보라). 그 이론을 여기에 적용해보자.

어떤 종은 여분의 유용성이나 해악에 따라 신성화되거나 혐오시된다. 힌두교에서 먹지 않는 암소는 수소와 우유, 소똥을 제공한다. 그것은 신성화된다. 먹지 않는 말은 전쟁에 쓰이고 쟁기를 끈다. 말은 고귀한 존재다. 먹지 않는 돼지는 쓸모가 없다―돼지는 쟁기를 끌지도 못하고 젖을 내지도 못하고 전쟁에 사용할 수도 없다. 따라서 돼지는 혐오스러운 동물이 된다. 먹지 않는 벌레는 먹지 않는 돼지보다도 나쁘다. 벌레는 밭의 작물을 먹어치울 뿐 아니라 바로 접시 위에 놓인 음식을 먹는다. 또한 사람을 깨물고 쏘아서 가렵게 만들며 사람의 피를 빤다. 만약 사람이 벌레를 먹지 않는다면 그것들이 사람을 먹을 것이다. 벌레는 백해무익하다. 벌레를 먹는 다른 벌레나 식물의 수정을 돕는 벌레처럼 소수의 유용한 벌레가 무수히 많은 유해한 사촌을 보상하지는 못한다.

서유럽인이 벌레를 더 싫어하는 이유는 벌레가 인간과 가까운 곳에서 숨어 살기 때문이다. 그들은 집과 옷장, 캐비닛을 뚫고 낮에는 숨어 있다가 밤에만 나타난다. 많은 사람이 이런 벌레에 공포감을 갖고 있다는 것은 그리 이상한 일이 아니다. 우리가 벌레를 먹지 않으므로 우리는 그것을 순전한 악―내부에서 우리를 공격하는 적―으로 규정하고 이를 더럽고 공포스럽고 혐오스러운 것으로 거리낌 없이 상상한다.

필요 밖의 유용성에 대한 나의 이론은 틀림없이 특정한 종류의 동물 애호가들에게는 그릇되고 불경한 것으로 보일 것이다. 미국인과 유럽인이 먹기 좋지도 않고 무언가 쓸 데도 없는 어떤 특정한 종류의 동물을 집 근처에서 공들여 키운다는 사실을 잊은 것은 아닌가.

9

개, 고양이, 딩고, 그 밖의 애완동물

서유럽인은 개가 자신들이 가장 사랑하는

애완동물이어서가 아니라 근본적으로 개가 육식동물로서

비효율적인 고기 공급원이기 때문에 먹지 않는다.

서유럽인에게는 다른 동물성 식품 공급원이 엄청나게 많다.

그리고 개는 고기와 시체로 제공하는 것보다

살아 있는 동안 훨씬 가치 있는 서비스를 많이 제공한다.

애완동물은 먹을 수 없는가

내 친구 부부는 최근 말을 기르고 싶은 열망을 실현하기 위해 교외에 있는 약 2만 235제곱미터나 되는 집으로 이사했다. 그들이 나를 파티에 초대했을 때 나는 이 책의 말고기에 관한 챕터를 집필하고 있는 중이었다. 우리가 유리창으로 앞뜰에서 풀을 뜯고 있는 수말 두 마리와 살찐 암말 한 마리를 바라보고 있을 때 나는 최대한 아무렇지도 않게 말했다.

"내가 아는 사람이 말고기버거 패스트푸드점을 차리려고 해."

나를 잠재적인 말도둑이라기보다는 멍청한 인류학자로 생각할 수 있을 만큼 진정이 되자 그 집주인은 더듬거리며 말했다.

"말을 먹는다고? 그런 일은 상상도 할 수 없군. 말은 애완동물이야."

"사람들이 애완동물을 먹지 않는다고?"

나는 물었다(물론 나 자신에게 말이다. 나는 더 이상 오해를 사는 위험을 무릅쓰고 싶지 않았다). 유럽인과 미국인, 뉴질랜드의 유럽인 후손들(그 친구는 뉴질랜드에서 태어났다)은 애완동물을 먹지 않는다는 사실은 명백하다고 생각한다. 그러나 인류학자인 내게는 그것이 전혀 명백한 일로 보이지 않는다. 처음부터 애완동물로 키우던 동물도 그 주인의 위장(또는 주인의 동의가 있다면 어떤 다른 사람의 위장) 속에서 생을 마감할 수 있다.

그런데 애완동물이란 과연 무엇을 말하는 것일까. 우선 애완동물은 사람들이 정답게 느끼고, 먹이를 주고 돌보며 자발적으로 같이 사는 동물이라고 할 수 있다. 애완동물은 논리적으로 혐오동물과 반대된다. 우리는 혐오동물에게 먹이를 주거나 그들을 돌보지 않는다. 그 대신 혐오동물을 박멸하고(바퀴벌레나 거미처럼), 인간세상에서 몰아내려고 애쓴다. 이와 반대로 사람들은 애완동물을 몰아내는 것이 아니라 우리와 가까이 있게 한다. 그들을 집으로 초대하고 가족처럼 대접하며 하고 싶은 대로 하도록 놔둔다. 쓰다듬고 긁어주고 꾸며주고, 말 그대로 '애완'한다.

논의를 계속하기에 앞서 혐오동물과 애완동물 사이의 구분은 특정한 문화 속에 사는 사람에 따라 어느 정도 다르다는 것을 지적해야겠다. 소수의 미국인은 개와 고양이를 싫어한다. 또 소수의 미국인은 보아구렁이나 독거미, 바퀴벌레를 좋아한다. 그렇다. 쿠퍼(Gale Cooper)의 『동물인간』(*Animal People*)에서 앨리슨(Geoff Alison)은 약 8센티미터나 되는 마다가스카르의 쉿쉿 소리를 내는 바퀴벌레가 그의 손가락 위를 기어 다니기를 얼마나 좋아하는지 묘사한다.

"그들은 손가락 주위를 위아래로 돌아다니면서 아주 즐거워한다."

어느 사회에나 규범에 벗어나는 사람들이 있다. 이것이 일부 애완동물 가게에서 혐오동물을 애완동물로 파는 이유다. 그러나 만약 애완동물 가게가 뱀이나 마다가스카르의 쉿쉿거리는 커다란 바퀴벌레만 팔아서 먹고살아야 한다면 얼마 안 가 대부분이 문을 닫아버릴 것이다. 이러한 일탈이 생기는 이유는 재미있는 주제이긴 하지만 내가 여기서 다룰 주제는 아니다.

우리 앞에 놓인 문제는 사람들이 통상적으로 애완동물도 요리할 수 있다는 사실이다. 애완동물을 키우고 있는 미국인 대부분은 말을 기르는 내 친구에게 동의하겠지만 인류학자들은 먹을 수 있는 동물과 인간 사이에도 애완동물과의 관계와 아주 비슷한 관계가 있을 수 있다는 것을 안다. 나는 「고기를 밝히는 사람들」이라는 장에서 뉴기니와 멜라네시아인들이 얼마나 돼지고기를 먹고 싶어 하는지에 대해 말한 바 있다. 그들은 암돼지의 살코기를 너무나 좋아해서 그것을 반드시 조상과 동맹자들과 나눠먹어야 한다고 생각한다. 그러나 다른 점에서 보면 그들은 돼지를 미국인이 애완동물을 다루는 식으로 다룬다.

좀더 자세히 설명해보자. 돼지를 먹이고 돌보는 것은 여자의 일이고 죽이는 것은 남자의 일이기 때문에 뉴기니의 여자들은 남자보다 돼지와 친밀한 관계를 형성할 기회가 더 많다. 고원지대에 사는 사람 중에는 여자와 아이들이 남자들과 자지 않고 돼지와 함께 오두막에서 잔다. 남자는 남자들만 자는 회관에서 따로 잔다. 새끼돼지가 어미돼지와 떨어지면 여자들은 주저 없이 자기 아이들과 함께 가슴에 품고 기른다. 그리고 이들은 새끼돼지를 자기 자식처럼 멀리 떨어진 얌밭이나 고구마밭에 데리고 다닌다. 새끼돼지가 자람에 따라 그들은 돼지를 손수 돌보고 만약 병이 나면 자기 자식인 것처럼 걱정한다. 새끼돼지가 상당히 자란 뒤에야 여자들은 자기가 자는 방 바로 옆에 우리를 지어 돼지가 집 안에서만 살도록 한다.

미드(Margaret Mead)는 뉴기니의 "돼지들은 귀여움과 총애를 너무 많이 받아서 개의 모든 특징을 갖고 있다. 야단치면 고개를 숙이고 다시 사랑을 받기 위해 달라붙는다"라고 말한 적이 있다. 여기에 나는 이렇게 덧붙이려고 한다.

"그리고 그들은 뉴기니의 개들과 마찬가지로 잡아먹힌다."

아무리 총애를 받던 돼지라도 마을의 돼지축제에서 잡아먹히거나 다른 누군가의 조상을 기쁘게 하기 위해 다른 마을로 팔려가는 날을 맞이한다.

동아프리카 역시 즐겨 먹는 동물을 애완동물처럼 다루는 지역으로 유명하다. 수단의 나일강 유역과 케냐 북부에 사는 딩카족(Dinka), 누에르족(Nuer), 실루크족(Shilluk), 마사이족(Masai) 그리고 다른 유목민들은 소를 뉴기니의 돼지처럼 귀여워하고 총애한다. 단지 소를 돌보고 소와 더 친한 관계를 형성하는 것이 여자가 아니라 남자라는 점만 다를 뿐이다. 남자들은 모든 소에게 이름을 지어주고 뿔이 멋진 곡선을 이루도록 조금씩 자르고 꼬아준다. 그들은 황소와 암소에 대해 이야기하고 노래를 부르며 소를 보살피고 술, 나무 목걸이, 종으로 장식한다. 딩카족 남자들은 짚으로 지붕을 맨 갈대와 풀로 된 외양간을 지어 모기와 맹수들에게서 보호한다.

뉴기니에서처럼 딩카족의 남편과 아내는 따로 떨어져서 잔다. 남편은 소 외양간에서 자고 아내는 아이들과 함께 근처에 있는 집에서 따로 잔다. 대부분의 유목민처럼 나일강 유역에 사는 소를 사랑하는 사람들도 그들이 먹는 동물성 식품의 많은 부분을 우유와 유제품으로 충당한다. 그러나 쇠고기에 대한 그들의 미각은 잘 발달해 나이 든 동물이 자연사했을 때나 장례식이나 결혼식, 계절의 변화를 기념하는 잔치 때 쇠고기를 즐긴다.

인류학자 에반스프리처드(Edward Evans-Pritchard)는 누어족(Nuer)에 관한 고전적인 연구에서 이렇게 말했다.

"누어족은 자신들의 가축을 먹기 위해 죽이지는 않지만 실제로 모든 동물의 최후는 솥으로 들어가는 것이다. 따라서 그들에게는 고기가 충분하며 야생동물을 사냥할 필요성을 전혀 느끼지 않는다."

누어족은 소를 뉴기니의 돼지와 마찬가지로 제의를 통해 도살해 조상과 신들과 함께 나눠 먹는다.

"고기를 먹고 싶은 욕구는 이러한 기회에 부끄러움 없이 표현하며 누어족은 일부 사람들이 정당한 이유 없이 소를 죽인다는 것을 알고 있다."

어떤 축제에서는 "일반적으로 소의 시체를 놓고 서로 다투는 일이 벌어진다." 그리고 우기에는 젊은이들이 "수소를 잡아 고기를 포식하기 위해 농가에 함께 모이기도 한다."

이런 예들은 애완동물이 정해진 형태가 있는 것은 아님을 보여준다. 사람들은 어떤 동물이든 어느 정도는 애완동물처럼 다룰 수 있다. 애완동물 가게의 보아구렁이나 뉴기니의 돼지 또는 누어족의 소가 진짜 애완동물인지 아닌지 따지기보다는 특정한 문화에서 인간과 동물의 관계가 애완적인 성격을 띠는 정도를 확인해야 한다. 거의 모든 사람에게는 혐오동물이지만 그 주인에게는 애완동물인 동물과의 관계는 아무리 그 주인과 동물이 서로 좋아하더라도 애완동물의 객관적인 기준에서 높은 순위를 차지할 수는 없다. 보아구렁이나 독거미 같은 혐오동물은 '애완동물' 심사에서 떨어진다. 이들은 그들의 괴짜 인간 친구와 한 지붕 아래서 살 수 있지만 창살이나 유리 속에서 살아야지 집 안을 마음대로 돌아다닐 수는 없다. 딩카족의 소나 뉴기니의 돼지는 이 애완동물 심사에서 좀더 높은 점수를 얻을 수 있다. 이 동물들은 집 안에서 키울 수 있을 뿐 아니라 실제로 잠도 같이 잔다. 그러나 이 동물의 친애하는 주인이 바로 이 동물의 고기를 갈망하는 것은 애완동물로서 그들의 지위에 심한 타격을 준다. 그들은 가족의 깊은 사랑을 받지만 또한 도살되어 가족의 위장 속으로 들어간다. 이것은 인간이 자기 식구들에게는 보통 면제하는 (다음 장에서 설명할 카니발에서조차도) 함께 있는 형태다.

애완동물 세계에서 순위가 좀더 높은 것으로는 무척 사랑을 받는 힌두교도의 소와 앵글로 아메리칸의 말이 있다. 영적인 교감이 쇠고기나 말고기를 먹는 것을 상상도 할 수 없게 한다. 하지만 실제적인 친교는 영적 교감에 훨씬 못 미친다. 이들은 너무 커서 집 안에서 가족과 함께 지낼 수 없고 집 밖이나 거실의 창문을 통해서만 즐길 수 있다. 이런 검토를 통해 우리는 왜 서유럽인이 보기에 개와 고양이가 애완동물 중 최고인지를 알 수 있다. 우리는 그들을 먹이고 돌보며 집 안에서 같이 살게 하고 같은 방에서 자거나 심지어는 같은 침대에서 잔다. 그리고 우리의 상호적인 애정은 그들의 고기에 대한 갈망으로 방해받는 일이 없다(이러한 제한은 일반적으로 보답을 받는 것 같다).

먹는 동물은 혐오동물로 추락하거나 애완동물로 올라갈 수가 없다. 이 양극의 동물은 금지된 고기로서 준비되어 있다. 따라서 애완동물 세계에서 가장 높은 순위에 있는 애완동물은 먹기에 적당하지 않다. 그러나 이것이 말을 가진 나의 친구들이 그랬듯이 우리가 어떤 동물을 그것이 애완동물이기 때문에 먹지 않는다는 의미는 아니다. 애완동물이라는 사실이 먹는 것을 결정하는 독립적인 결정요인이었던 적은 한 번도 없었다. 왜 어떤 동물은 먹지 않으며, 왜 그것이 혐오동물이 아니라 애완동물이 되는가. 그것은 식량과 다른 물건 그리고 서비스를 생산하는 어떤 문화의 전반적인 제도에 어떻게 부합하는지에 달려 있다.

개의 경우를 통해 이를 증명해보도록 하자. 서유럽인은 개가 자신들이 가장 사랑하는 애완동물이어서가 아니라 근본적으로 개가 육식동물로서 비효율적인 고기 공급원이기 때문에 먹지 않는다. 서유럽인에게는 다른 동물성 식품 공급원이 엄청나게 많다. 그리고 개는 고기와 시체로 제공하는 것보다 살아 있는 동안 훨씬 가치 있는 서비스를 많이 제공한다.

이와 대조적으로 개고기를 먹는 문화는 일반적으로 다른 동물성 식품의 공급원이 부족하고 개가 살아서 제공할 수 있는 서비스가 개가 죽어서 제공하는 것보다 충분히 가치 있지 못한 곳에서 발달했다. 예를 들어 1년 내내 고기가 모자라고 낙농을 하지 않기 때문에 사람들이 오랫동안 비자발적인 채식주의자가 되어야만 하는 중국에서는 개고기를 먹는 것이 일반적인 현상이다. 이렇게 현격한 문화적 차이를 드러내는 중국과 영국의 개 애호가에 관해 자주 회자되는 이야기가 있다.

베이징에 있는 영국 대사관저에서 축하 연회가 있었다. 중국 외교부 장관이 이 대사의 스패니얼 암캐를 보고 감탄했다. 대사는 그 개가 곧 새끼를 낳을 예정인데 만약 장관이 그 새끼 가운데 한두 마리를 선물로 받아주면 영광이겠노라고 말했다. 4개월 뒤 강아지 두 마리를 담은 바구니가 장관의 집으로 배달되었다. 몇 주일이 지나 두 사람이 공무로 서로 만나게 되었다. 대사가 물었다.

"그 강아지들이 어떻습니까?"

장관이 대답했다.

"맛있었습니다."

이런 사건이 실제로 일어나지는 않겠지만 개고기에 대한 중국인과 유럽인과 미국인의 태도에서 나타나는 근본적인 차이는 지어낸 것이 아니다. 『뉴스위크』(*Newsweek*)에 보도된 대로 베이징시 당국은 도시 가구에서 개를 기르는 것을 금지하는 엄격한 법을 제정했다. 2년 동안 당국은 개 28만 마리를 '퇴치했다.' 나는 이 가운데 몇 마리가 솥으로 들어갔는지는 알지 못하지만 베이징에 있는 한 식당은 하루 평균 개를 30마리 팔았다고 보고했다. 고기가 일반적으로 부족한 중국의 식단에서는 벌레도 먹을 만하며 개고기는 환영받는 메뉴다. 전통적으로 중국인들은 개를 시골에서 길렀는데 사람이 먹을 수 없는 채소 찌꺼기나 쓰레기를 먹였다. 베이징시가 개를 키우지 못하게 한 것은 중국인이 도시의 아파트에서 고기를 위해 개를 기를 만큼 아직 풍족하지 못하다는 것을 보여준다. 서유럽의 도시거주자들과는 달리 중국의 도시에 사는 개는 그것을 먹이는 비용을 보상할 만한 다른 유용성이 거의 없다. 범죄율이 낮고 훔칠 물건이 있는 시장이 적으며 이웃은 정치적 감시를 위해 조직되어 있기 때문에 자신의 재산을 지키기 위해 개를 기를 필요가 없다.

우선 나는 개고기를 먹는 사람과 먹지 않는 사람 간의 차이에 관한 나의 설명을 비서유럽 문화에서 차지하는 개의 역할에 관한 두 개의 뛰어난 연구를 사용해 증명하려고 한다. 하나는 하와이 대학의 루오말라(Katherine Luomala)가 진행한 폴리네시아인들과 개에 대한 연구이고, 다른 하나는 이타카 대학의 사바친스키(Joel Savachinsky)가 진행한 미국 북극지방 사람들과 개에 관한 연구다.

개고기를 즐기는 사람들

폴리네시아의 주요 세 집단인 타히티인, 하와이인 그리고 뉴질랜드의 마오리족에게는 유럽인들이 항해해 오기 전에 개가 있었다(개는 투오모투스에도 있었는데 그 용도는 거의 알려져 있지 않다). 실질적으로 모든 폴리네시아 개는 자신의 삶을 인간 식사의 일부로서 마쳤다. 폴리네시아인들은 일부 개를 집 안에서 길렀다. 나머지는 울타리를 치거나 보호가 될 만한 나무 아래 있는 특수한 오두막에서 길렀다. 그들은 대부분의 개가 쓰레기를 찾아 먹도록 놔두었으나 일부에게는 생선 찌꺼기를 넣은 야채요리를 규칙적으로 먹였다.

그들은 일부 개를 빨리 살찌우기 위해 등을 꽉 누르고 생선과 야채를 반죽한 것을 강제로 먹였다. 야채를 먹인 개는 좋은 냄새가 난다며 사람들이 좋아했다. 개를 요리하기 위해 그들은 개의 입을 묶고 맨손으로 목을 졸라 죽이거나 막대기로 눌러서 죽였다. 때로는 개의 머리를 가슴 쪽으로 눌러서 숨이 막혀 죽도록 했다. 그런 후에는 내장을 빼서 씻고 불에 그을려 털을 없애고 코코넛 껍질에 담가둔 피를 바른 뒤 흙으로 만든 그릇에 넣어 구웠다.

폴리네시아에서 개는 신과 나눠 먹어야 할 정도로 좋은 음식이었다. 타히티와 하와이 군도에서는 사제들이 중요한 공적인 행사에서 개를 많이 잡았다. 제물로 바친 개 중 먹지 않는 부위가 있긴 하지만 사제들은 개고기를 먹었고 덜 신성한 부분은 집으로 가져가 아내와 아이들과 나눠먹었다. 오직 하와이와 타히티의 사제와 귀족들만이 통상적으로 개고기를 먹을 수 있었다. 여자와 아이들은 개를 먹으면 안 되지만 희생제가 끝나면 타히티의 평민들은 "남은 것을 몰래 가져가 가족에게 주었다." 만약 마우리족의 아내가 임신 중에 개고기를 먹고 싶어 한다면 남편은 이를 마련해줘야 했다.

하와이인, 타히티인, 마오리인들은 모두 개를 명예로운 재산이자 가치의 척도로 생각했다. 하와이인은 개로 세금, 대여료, 요금, 통행세를 지불했다. 또 누군가를 죽게 한 저주를 건 사람을 찾아내기 위해 그들은 점쟁이에게 개를 수십 마리부터 수백 마리까지 바쳐야 했다.

폴리네시아인들은 개를 고기 때문만이 아니라 털, 가죽, 이빨 그리고 뼈 때문에 가치 있는 것으로 보았다. 개가죽 망토는 마우리족 추장의 가장 소중한 가보였다. 하와이인은 개의 어금니 수백 개를 그물에 고정시킨 발찌와 팔찌로 장식했다. 또 나무로 만든 하와이 신상(神像)의 벌어진 입에 개의 어금니를 일렬로 늘어놓기도 했다. 타히티의 전사들은 가슴을 흰 개털로 장식했고 개의 이빨과 턱뼈로 빗과 낚시 바늘을 만들었다.

이렇게 개고기를 좋아하고 개가 살아서보다 죽어서 더 많은 서비스와 부산물을 준다는 사실은 폴리네시아인들이 식량을 생산하는 두드러진 특징에 잘 부합한다. 즉 그들에게는 초식동물 가축이 없었다. 개는 실질적으로 마오리족이 기른 유일한 가축이었다. 사실 하와이인과 타히티인은 개뿐 아니라 돼지와 닭을 기르고 있었고 선택의 여지가 있다면 하와이인과 타히티인 모두 개고기보다는 돼지고기를 선호했다. 하지만 그들의 섬은 인구밀도가 높고 돼지를 놓아 기를 수 있는 고도가 낮은 숲도 충분하지 않으며 돼지에게 먹일 만한 곡물도 없었다. 하와이와 타히티의 주요한 에너지원이 되는 요리는 타로나무의 뿌리를 익혀서 빻아 반죽해 만드는 녹말 덩어리인 포이라는 요리였다. 그러나 타로나무 뿌리에는 수산(蓚酸)이 많이 들어 있어서 돼지가 좋아하지 않았다. 따라서 돼지에게 먹이려면 타로나무의 뿌리를 익혀서 먹여야 했는데 이 때문에 돼지고기는 개고기만큼(개의 먹이도 야채를 익힌 것이었다)이나 사치스러운 요리가 되었다. 닭은 벌레나 곡물 낟알 또는 타작이나 방아질에서 나온 찌꺼기를 먹고산다. 그러나 폴리네시아인들에게는 쌀·밀·옥수수 같은 곡물이 없었으므로 닭고기는 개고기보다도 희귀했다.

개는 죽어서 아주 유용했던 데 반해 살아서는 그리 유용한 서비스나 산물을 제공하지 못했다. 가장 중요한 사실은 큰 사냥감이 없어서 하와이인이나 타히티인은 개를 사냥에 이용하지 않았다는 점이다. 마우리족은 개를 사냥에 이용했지만 개가 이 일을 썩 잘해내지는 못했다. 개의 사냥감은 대개 날지 못하는 새인 키위와 고구마 덩굴의 잎 속에 사는 애벌레 종류였다. 이를 최적 먹이 찾기 이론의 관점에서 보면 마우리족의 개들이 사냥에 유용했음을 보여준다. 또한 벌레사냥은 마오리족에게 동물성 식품이 매우 부족했다는 것을 보여준다. 이 문제에 대해서는 다음 장에서 다루겠다. 마우리족의 개를 사냥에서 낯선 동물이나 적들을 공격하도록 훈련할 수 있는 가능성도 있기는 했다. 그러나 뉴질랜드에서 유일한 가축이었던 개가 먹기 적당하지 않은 것으로 생각되려면 개는 인간에게 훨씬 더 중요하고 결정적인 서비스를 제공하지 않으면 안 되었을 것이다.

쿡(Cook) 선장의 친구 킹(James King)에게는 하와이인의 관습이 변화하기 전에 그들을 관찰할 기회가 있었다. 그는 1779년에 이렇게 썼다.

"나는 유럽에서처럼 개를 친구로 삼는 예를 한 번도 보지 못했다."

킹은 동물을 귀여워하는 데는 다양한 종류가 있을 수 있다는 것을 받아들일 준비가 되어 있지 않았다. 그는 개고기를 먹는 풍습이 "그들을 문명사회로 받아들이는 데 있어서 넘을 수 없는 장벽이며 이 섬에는 잡아먹을 동물도 사냥할 대상도 없으므로 이 원주민들은 개의 사회적 성질, 충성심, 애착, 총명함을 계속 알 수 없을 것이다"라고 말했다. 그러나 폴리네시아인들은 개고기를 좋아하면서도 개를 애완동물처럼 다룬다. 하와이 여자들은 뉴기니의 여자들이 새끼돼지를 키우듯 강아지를 품에 안아 기른다.

"개가 이러한 애완동물이기 때문에 그 개를 기른 여자들은 마지못해 개를 내놓을 때 매우 슬퍼한다."

그러나 그들도 개를 내놓고 만다. 왜냐하면 하와이인은 인간의 젖을 먹인 개가 가장 맛이 좋다고 생각하기 때문이다.

마오리족 남자들은 자신들의 개와 아주 친해 카누 여행이나 다른 먼 여행에 개를 데리고 다닌다. 하와이인 역시 사교적·종교적 모임에 개를 안거나 업고 다니면서 개와의 친밀함을 표시한다. 그렇다면 폴리네시아에서 개가 유럽과 비슷한 정도로 애완동물이 되는 것을 방해하는 것은 폴리비시아인이 개를 다루는 능력이 부족하거나, 애완동물로 삼고 싶은 욕구가 적어서가 아니다. 명백히 개가 음식으로서 중요하기 때문이다.

개고기를 기피하는 사람들

이제 훨씬 더 열악한 환경에서 살고 폴리네시아인들보다 1인당 더 많은 개를 키우면서도 오늘날의 유럽과 미국의 개 애호가들보다 개고기를 더 많이 기피하는 사람들의 경우를 살펴보자.

캐나다 북서쪽 콜빌호수 근처 북극권에서 북쪽으로 약 80킬로미터 되는 곳에 아타바스카어를 사용하는 하레족(Hare)이라는 집단이 살고 있다. 그들은 사냥과 덫을 놓아 잡은 동물을 먹으면서 살아간다. 하레족은 살아 있는 것이 죽은 것보다 더 유용한 동물은 잡아먹어서는 안 된다는 전제에 따라 개고기를 먹지 않는다. 8개월에 걸친 북극권의 겨울 동안 하레족은 순록·큰사슴·담비·밍크·여우·비버·사향뒤쥐·족제비 그리고 송어·흰송어·창꼬치 등 신선한 생선을 쫓아 한 캠프에서 다른 캠프로 계속 여행한다. 개는 순록이나 물고기 따위의 동물을 쫓거나 몰지는 않지만 한 사냥구역에서 다른 구역으로 옮겨가는 데 꼭 필요하다. 인류학자 사바친스키는 이렇게 썼다.

마을과 캠프 사이의 여행, 덫을 놓고 살펴보고 덫을 놓은 영역을 확대하는 과정, 나무와 생선, 고기, 장비의 운반, 순록이 사는 지역으로의 이동, 모피교역과 장비를 보충하기 위한 주기적인 여행―이런 일을 할 때는 개가 꼭 필요하다.

한 해의 겨울과 봄 동안에 사냥꾼 한 명―그리고 그의 개들―이 무려 약 3,862킬로미터나 여행한다. 이렇게 힘든 생활을 위해 한 가족에게 최소한 개 한 조가 있어야 하는데 이 개 한 조는 최소 4마리에서 6마리는 되어야 한다. 콜빌호수 마을에 사는 주민 75명은 개 224마리를 가지고 있는데 이는 한 사람당 세 마리꼴이다. 이는 사람이 고기와 생선을 먹기 위해 쓰는 시간을 개에게도 써야 한다는 것을 의미한다. 그러나 개에게 먹이를 먹이고 개와 함께 사냥과 여행을 하는 편이 개를 잡아먹고 개 없이 사냥과 여행을 하는 것보다 훨씬 낫다. 폴리네시아의 개와는 달리 이 북극 인디언들의 개는 개와 개 주인이 나눠먹기에 충분한 고기를 사냥할 수 있도록 돕는다.

하레족은 일상적으로 다른 동물을 죽이면서 자신의 생을 영위하지만 개고기를 먹는다는 것은 생각만 해도 겁에 질릴 뿐 아니라 병들고 절룩거리거나 쓸모없게 된 개를 죽이는 것도 너무나 어려워한다. 콜빌호수 사람들은 병들고 쓸모없는 자신의 개를 죽이는 것이 너무나 싫어서 다른 사람에게 돈을 지불하고 죽이도록 한다. 그렇지만 이러한 제안은 종종 거부당한다. "나보고 하라고요? 나는 그 개를 쳐다볼 수도 쏠 수도 없어요"라는 것이 전형적인 대답이다. 어쩔 수 없는 개 주인들은 만약 기마경찰들이 이 지역에 들르면 경찰이 그 개를 떠돌이 개로 생각하고 죽이기를 바라면서 풀어놓는다. 어떻게도 할 수 없을 경우에는 너무 늙은 개들을 사냥꾼의 캠프에서 얼어 죽도록 놔두고 온다. 그런데 이런 방식은 예전 사람들에게도 적용되었던 것이다. 즉 한 무리가 병이 난 동료와 함께 다 같이 죽을 것이냐 아니면 나머지를 구하기 위해 그를 남겨두고 갈 것이냐 사이에서 선택을 해야 하는 경우다.

폴리네시아인들과 비교할 때 북미 원주민들은 일반적으로 개고기를 좋아하지 않는다. 한 연구에 따르면 북미 원주민 문화 245개 가운데 75개만 개고기를 먹었다고 한다. 그러나 폴리네시아인들처럼 북미 원주민에게도 초식동물 가축이 없었다—그들에게는 돼지조차도 없었다(한두 가지 부분적으로 가축화된 닭고기, 즉 칠면조나 오리는 있었지만). 그들이 폴리네시아인들보다 개고기에 덜 이끌렸던 이유는 그들이 일반적으로 훨씬 많은 다양한 야생동물을 얻을 수 있었기 때문이다.

하레족의 경우처럼 개가 사냥에 결정적인 공헌을 하는 곳에서는 개를 먹을 이유가 별로 없었다. 개고기를 먹는 문화 대부분은 그 중간범주에 속한다. 즉 개가 사냥에 꼭 필요하지 않거나 사냥할 수 있는 동물이 상대적으로 적은 경우였다. 예를 들어 캐나다 남부에서 텍사스에 이르는 대평원에서는 들소가 가장 중요한 식량원이었다. 개는 이렇게 큰 동물을 찾아내고 죽이는 데는 별로 도움이 되지 않았지만 전혀 쓸모가 없는 것은 아니었다.

유럽에서 말이 퍼지기 전까지는 여자들이 천막집과 물건을 캠프에서 캠프로 옮기는 것을 개가 도왔다. 그러므로 평원에 사는 인디언들은 개를 먹는 것에 복합적인 느낌을 가지고 있었으며 많은 사람이 개고기를 주로 기근이나 비상시에만 먹는 음식으로 생각했다. 중부 캘리포니아 인디언들은 개고기를 훨씬 더 좋아했다. 이들은 큰 사냥감이 없었고 주로 씨앗과 도토리·도마뱀·토끼·곤충을 먹고 살았다. 개고기를 더 잘 먹는 사람들은 사냥을 하기보다 옥수수와 다른 곡물을 재배해서 먹고 사는 집단 가운데서 찾아볼 수 있었다. 북미에서 개를 먹는 문화 75개 가운데 열두 개가 개를 먹기 위해 공들여 기르거나 살찌우고 있었다. 웨스턴 온타리오 대학의 캐롤(Michael Carroll)은 북미의 모든 개고기 찬미자는 주로 농경민이거나 야생식물 채집자들이었다고 말했다.

북미와 세계에서, 개고기를 많이 먹은 가장 큰 중심지는 단연

코 콜럼버스가 신대륙을 발견하기 이전의 멕시코지역이었을 것이다. 이곳의 조건은 하레족이 개고기를 먹는 것을 금지하게 한 것과 완전히 반대였다. 예를 들어 중부 멕시코에는 폴리네시아처럼 사냥할 만한 큰 육지동물이 실제로 거의 없었다. 멕시코인은 사냥할 때 개가 필요하지 않았으며 다른 북미 원주민들처럼 가축이라고는 개와 칠면조뿐이었기 때문에 오직 고기를 위해서만 개가 필요했다. 신대륙 발견 이전의 멕시코가 개를 먹는 것으로 유명할 뿐 아니라 인간고기에 대한 미각이 잘 발달된 것으로 유명한 것은 단순히 우연의 일치일까(이에 대해서는 다음 장에서 다루겠다).

오스트레일리아의 딩고

개와 고양이 그리고 다른 애완동물이 제공하는 효용 때문에 이들이 현대 산업사회의 요리로 적당하지 않다는 문제에 대해 말하기 전에 여기서 먼저 오스트레일리아의 원주민이 쓸모없는 개과의 동물을 애완동물로 키우고 있다는 오래된 신화를 풀고 넘어가야겠다.

딩고(Canis antarticus)는 개과의 반야생종이다. 내가 딩고에 흥미를 느낀 것은 로이가 '자의적인 비합리성'의 주요한 예로 딩고를 인용한 것을 보고나서였다. 로이는 "오스트레일리아인은 딩고라는 개를 기르는데 사냥이나 무언가 봉사를 하도록 훈련시키지 않는다"라고 말했다. 많은 관찰자가 오스트레일리아의 원주민이 딩고를 먹지도 않고 사냥에 이용하지도 않는다는 데 동의한다. 원주민 여자들은 하와이 여자들이 폴리네시아의 강아지를 기르듯이 딩고를 열심히 기른다. 그들은 딩고가 다 자랄 때까지 마치 자식들처럼 키운다. 원주민들은 사람에게 바르는 기름과 황토를 섞은 것을 딩고에게도 발라준다. 그 목적은 사람의 경우와 똑같이 신체를 튼튼히 하고 질병에 대한 면역을 기르기 위한 것이었다.

그들은 모든 딩고에게 이름을 지어주고 그들의 입에 입 맞추고, 사랑을 속삭이고, "그들의 부드러운 발이 가시나 돌에 찔리지 않게 하기 위해" 그들을 안고 다닌다. 그러나 이 모든 부드러운 사랑의 보살핌에도 딩고가 인간 친구를 떠나야 할 때가 온다. 그들은 풀숲으로 떠나 다시는 돌아오지 않는다. 그리고 원주민은 그들을 막지 않는다. 실제로 나이 많은 딩고는 캠프에서 골치 아픈 존재로 간주한다. 사람들은 이들을 더 이상 좋아하지 않으며 먹이를 한 조각도 주지 않고 그들이 떠나는 것을 조금도 애석해하지 않는다.

사람들은 사실상 딩고도 먹는다. 물론 원주민이 딩고를 주로 먹지는 않지만 먹을 것이 부족한 시기에는 딩고를 먹는다. 일부 집단은 구할 수 있는 다른 고기만큼 딩고를 먹는다. 금세기 초에 쓰인 한 과학적 보고서는 딩고를 「원주민의 음식」이라는 제목 아래 열거했으며, 원주민들이 "열심히 잡아먹는 동물이며 보통 샘에서 창으로 찔러 잡는다"라고 썼다. 19세기 후반의 보고서에는 "그들은 딩고를 길들여 애완동물로 만드는 한편, 의심할 여지없이 이들을 잡아먹기도 한다"라고 되어 있다. 지금부터 설명하려는 이유들 때문에 주민들은 그들의 애완동물이었던 딩고를 잡아먹지 않는 편을 좋아한다. 그러나 식량이 부족할 때에는 실제로이들을 잡아먹으며 상황이 극도로 나빠지면 새끼딩고도 잡아먹는다.

딩고를 사냥에 이용할 수 없다는 것은 원주민들의 식사에서 사냥한 동물이 차지하는 중요성을 생각할 때 참으로 이상하게 여겨진다. 개가 잘 쫓을 수 있는 중간 이하 크기의 동물이 드문 것도아니다. 개가 사냥할 수 있는 동물이 있다는 증거는 유럽의 사냥개가 들어오자마자 원주민들이 사냥하기 위해 딩고와 유럽개의다양한 혼혈 종을 열심히 받아들였다는 사실에서 증명된다. 그들은 몇몇 종류의 캥거루를 사냥하기 위해 그레이하운드, 울프하운드 또는 엘크하운드와 딩고 잡종을 이용했다. 그리고 더 작은 사냥감에는 딩고와 웰시 코기 잡종을 이용했다.

원주민은 유럽인이 사냥개를 이용한 방식대로 딩고를 이용하지는 않았지만 어쨌든 사냥에 이용했다. 야생 딩고가 풀숲에서사냥감을 쫓으면 원주민들은 크게 짖는 그 소리를 신호로 서둘러서 딩고의 뒤를 따라간다. 딩고가 사냥감을 죽이자마자 도착한사냥꾼들은 손쉽게 딩고를 쫓아내고 자신들이 먹이를 갖는다.

딩고는 보초 역할도 한다. 과거에는 원주민들이 아주 호전적이었으며, 적인 샤먼의 매복과 급습, 기습공격을 많이 받았다. 샤먼들은 덤불에 숨어 있다가 원시적인 죽음의 광선처럼 사람의 몸을 꿰뚫고 영혼을 파괴할 수 있는 날카로운 뼈로 원주민을 공격했다. 오늘날 원주민들은 전쟁을 하지는 않지만 지금도 캠프 주변에 개를 많이 키우는 주요한 이유는 맹렬히 짖는 개의 소리가 낯선 사람들과 눈에 보이지 않는 해로운 정령이 접근한다는 것을 알려주기 때문이다. 전투가 진행되던 과거에는 딩고를 보초로서 더욱더 귀중하게 여겼을 것이다.

딩고는 밤에 원주민을 따뜻하게 해주기도 한다. 다른 사막지역과 마찬가지로 오스트레일리아의 내륙도 낮에는 덥고 밤에는 춥다. 원주민은 눈에 보이는 모든 딩고를 끌어안고 잔다. 한 탐험가는 두 여자가 딩고 열네 마리와 함께 한 담요에서 자는 것을 보았다. 원주민이 딩고를 이리저리 데리고 다니는 것도 딩고의 체열을 이용하기 위해서다. 여자들은 종종 딩고를 허리에 감고 다닌다. 한 손으로는 앞발과 코를 잡고 다른 한 손으로는 뒷발과 꼬리를 잡아 마치 휴대용 온열기처럼 차고 다닌다.

딩고가 쓸모없다는 그릇된 생각을 완전히 불식시킬 만한 정보가 몇 가지 더 있다. 우리는 딩고가 완전히 길들여진 동물이 아니라는 것을 기억해야 한다. 앞에서 말했듯이 원주민은 새끼딩고와 어린 딩고는 매우 좋아하지만 나이 든 딩고에게는 먹이를 주지 않는다. 끼니때가 되면 어른 딩고들은 멀찌감치 떨어져 있어야만 한다. 그래서 오갈 데 없는 딩고는 전적으로 인간의 똥만 먹고살아야 한다. 딩고는 언젠가는 인간집단과 떨어져야 하므로 완전히 길들여진 개와는 달리 인간과 함께 사는 동안 새끼를 낳지 않는다. 그렇다면 원주민은 딩고를 어떻게 구하는 걸까. 번식을 시켜서가 아니라 사냥해서 딩고를 잡는다.

"딩고가 새끼를 낳는 철에 굴속에서 어미딩고를 찾아내어 어미

딩고는 창으로 찔러 (잡아먹고) 새끼딩고 가운데 일부는 캠프로 가져와 당분간 애완동물로 삼는다."

딩고에 관한 이런 몇 가지 단편적인 지식은 딩고를 가축으로 만드는 시초나 초보단계라고 생각되는 기간에 인간과 동물의 관습화된 체계적 관계를 형성하는 데 아주 잘 들어맞는다. 딩고는 인간의 보호 아래서 양육되어 잠시 동안 몸을 따뜻하게 해주며 보초를 서거나 친구가 되어주고 비상식량을 공급하는 역할을 하다가 야생에서 새끼를 낳기 위해 풀려난다. 이렇게 함으로써 (짖어대다가 더 큰 동물한테 먹히지만 않는다면) 인간이 잡아먹기 아주 쉬운 한 사냥감을 서식지에 놓아 기르는 것이 된다. 원주민이 유럽의 사냥개 종자를 갖게 되자 딩고를 기르고 이용하는 아주 다른 체제를 재빨리 개발했다는 사실은 이전 체제에 딩고라는 종자를 완전한 가축으로서 이용하기에는 한계가 있었기 때문이지 원주민의 어리석음이나 감상 때문이 아니었음을 보여준다.

보통 개의 조상이라고 추정되는 것들과는 달리 딩고는 무리를 짓지 않고 혼자서 또는 두 마리씩 짝을 지어 사냥한다. 이러한 특징 때문에 딩고는 다시 야생 상태로 돌아간다. 커서도 협력해서 사냥하는 데 적응하지 못하는 딩고는 커가면서 점점 더 모여살지 못한다. 딩고가 다 크면 딩고를 훈련시키거나 신뢰할 수 없기 때문에 원주민은 딩고를 다른 사람들처럼 완전히 가축화된 개처럼 이용할 수 없었다. 그렇다고 해서 딩고가 완전히 쓸모없는 애완동물이라는 말은 결코 아니다.

애완동물의 효용

내가 제시한 증거는 애완동물의 또 다른 효용이 사람들이 그것을 먹을지 말지 결정한다는 것을 강력히 나타낸다. 그런데도 오늘날의 애완동물 소유자들은 이런 견해에 의문을 제기한다. 미국인은 대부분 애완동물이 되는 필수조건은 효용이 아니라 무용이라고 믿는다. 사전적인 의미도 그렇다.

'애완동물: 효용보다는 즐거움을 위해 키우는 가축.'

그러나 이런 정의는 확실히 무언가 크게 잘못되었다(나는 애완동물 가게에 있는 열대어와 잉꼬가 이상하게 가축으로 잘못 개념화된 것에 대해 말하는 것은 아니다). 즐거움과 효용은 상반되는 것인가. 필요한 우유를 많이 제공하는 힌두교의 암소가 비쩍 마른 암소보다 주인에게 기쁨을 덜 주는가 아니면 하레족과 그들에게 매우 유용한 썰매 끄는 개의 경우에 아주 힘이 세고 총명한 개 한 팀이 주인의 즐거움을 감소시키는가. 오히려 썰매 끄는 개가 빠르게 더 멀리 달릴수록 주인은 기뻐한다. 그들이 제공하는 모피와 털 때문만이 아니라 단지 그 개들을 쳐다보고 다른 사람에게 그 개가 얼마나 좋은 개인지 자랑하는 것에서 즐거움을 느낀다.

애완동물의 유용성을 부정하는 것은 대부분 인기 있는 애완동물 종들이 진화해온 역사에 전적으로 어긋난다. 개, 고양이, 말은 만약 사냥이나 재산 보호, 쥐잡기, 수송, 전쟁과 관련해서 그들이 제공하는 서비스가 아니었다면 가축이 되지 않았을 것이다. 이러한 더욱 분명한 효용에 더해 애완동물은 오늘날 애완동물을 기르는 데 드는 비용을 능가하는 이득을 확실하게 안겨준다.

애완동물이 쓸모없다는 생각은 동물을 키우던 귀족계급의 관습에서 나왔다. 고대 중국에서 로마에 이르기까지 황제의 왕궁에는 오락과 부와 권력의 상징으로서 신기한 새와 동물을 기르는 동물원이 있었다. 이집트 왕족들은 고양이와 치타를 특히 좋아했으며 로마 황제들은 애완용 사자를 침실 바깥에 놓아두었다.

이 동물들을 쓸모없다고 생각하는 것은 권력과 위엄을 과시하고 확인하기 위한 황제의 허세와 사치의 중요한 가치를 무시하는 것이었다. 평민들은 사람을 잡아먹는 사자와 호랑이(이 동물들은 불순한 노예와 전쟁포로를 잡아먹었다)를 애완동물로 기르는 지배자들의 능력에 감명받지 않을 수 없었다.

기이한 동물은 금과 보석과 함께 외교관계의 수단으로도 쓰였다. 이들은 동맹을 맺기를 바라는 권력자끼리 교환하는 가장 귀중한 선물 가운데 하나였다. 이와 아주 밀접한 관계가 있는 관습으로 이집트의 귀족여성들은 오늘날의 부유한 여성들(또는 부자로 보이고 싶은 여성들)이 어깨에 죽은 밍크를 걸치듯이 목에 살아 있는 뱀을 감고 다녔다. 중세 유럽에서는 왕가의 여자들이 모든 종류의 동물을 모아 키우는 한편 남자들은 난장이와 기형 인간들을 모았다. 17세기 멋쟁이 숙녀들은 작은 개를 품에 안고 다녔으며 작은 개와 함께 앉아 저녁식사를 하고 작은 개에게 사탕을 먹였다. 그러나 보통사람들은 집을 지키거나 사냥을 하거나 무리를 짓거나 쥐를 잡을 수 없는 애완동물을 키울 여유가 없었다. 따라서 상인계급이나 자본가계급이 성장하면서 애지중지하는 애완동물을 키우는 것은 그 사람이 이제는 평민이 아님을 증명하는 주요한 수단이 되었다.

그러나 이런 목적으로 애완동물을 키우는 것이 쓸모 없는 행동은 아니었다. 이러한 위신을 위한 소비를 통해서만 부유하고 권세 있는 집단에 소속될 수 있었기 때문이다. 소득이 더욱 민주화됨에 따라서 값비싼 애완동물을 키우는 것이 예전처럼 사교에서 중요한 의미를 갖지는 않게 되었지만 지금도 지역의 '말과 개 애호협회'에 소속된 사람에게는 유리한 점이 많다.

아주 옛날부터 현재에 이르기까지 애완동물은 오락물로도 유용했다. 오늘날 가정에서 키우는 애완동물은 코끼리(또는 사람)를 공격하는 로마 서커스의 사자에 견줄 만큼 오락적 가치가 있지는 않지만 가상의 쥐를 쫓는 고양이나 던진 공을 물어오는 개는 최소 심야영화만큼 재미있는 상대다. 남아메리카에 서식하는 육식물고기나 살아 있는 귀뚜라미만을 먹는 도마뱀을 애완동물로 키우는 사람들은 분명히 더욱 괴상한 오락을 즐길 수 있는 기회가 있을 것이다.

애완동물을 키우는 사람들의 즐거움은 교육적 효과와 분리되지 않는다. 인류학자들의 보고에 따르면 동물을 사냥해서 먹고 사는 사람들은 반드시 캠프나 마을에 많은 어린 야생동물을 애완용으로 기른다고 한다. 그들은 이 동물에서 장식용 털이나 가죽을 얻을 뿐 아니라 동물의 생리학과 행태에 관한 아주 많은 지식—어미동물들을 쫓거나 죽이는 데 유용한 지식—을 얻을 수 있다. 이러한 교육적 기능은 현대사회에서도 여전히 애완동물을 기르는 동기 가운데 하나로 남아 있다. 짝짓기·임신·출산·양육 그리고 죽음 같은 '삶의 사건들'을 관찰할 기회가 적은 도시에 사는 아이들에게 이를 가까이에서 볼 수 있게 하기 위해 애완동물이 필요하다고 말하는 부모들이 종종 있다.

끝으로, 애완동물을 오락을 위해 이용하는 것과 스포츠를 위해 이용하는 것 사이에는 연관이 있다. 사냥이 주요한 생존수단이 아니게 된 후에도 사냥은 상류층의 스포츠로서 여전히 유용하며, 개와 말은 사냥에서 중요한 역할을 계속하고 있다. 민주화가 진행되면서 오늘날에는 상류층이 즐기는 스포츠로서 사냥의 성격은 점점 감소하지만, 생존활동이라는 이전의 중요성은 약간 되살아나고 있다. 더욱이 사냥과 승마는 앉아서 생활하는 도시의 생활방식에 대안을 제공하는 현대 스포츠로 새로운 건강관리의 기능을 한다.

그러나 그것 말고도 현대 애완동물에게는 가장 중요한 두 가지 기능이 있다. 미네소타 교외의 개와 고양이 소유자들을 무작위로 추출해 애완동물을 기르는 데서 오는 '이점'에 대해 물어본 결과 그 순서는 다음과 같았다. ① 친구 역할(75퍼센트), ② 사랑과 애정(67퍼센트), ③ 즐거움(58퍼센트), ④ 집 지킴이(30퍼센트), ⑤ 아름다움(20퍼센트), 기타 이점으로는 아이들에 대한 개와 고양이의 교육적 가치(11퍼센트), 스포츠에 이용(5퍼센트)이 있었다. 개나 고양이를 키우는 것에 아무런 이점도 없다고 생각한다는 응답은 1퍼센트에 불과했다. 첫째 항목인 '친구 역할'을 해준다는 것과 둘째 항목인 '사랑과 애정'은 본질적으로 같은 기능이다. 셋째 항목인 '즐거움'은 즐거움과 효용이 상반된다는 데 대한 나의 반대를 뒷받침

하는데 이 기능은 독립적인 것이 아니라 다른 모든 항목의 결과다. 이에 비해 다섯째 항목인 '아름다움'은 너무 모호해서 '즐거움'과 잘 구분되지 않는다. 이렇게 보면 결국 개와 고양이의 가장 유용한 기능은 '친구 역할'을 해준다는 것과 '집 지킴이'인 것이다. 먼저 '집 지킴이'부터 살펴보자.

미네소타의 연구는 집을 지키는 개의 효용을 평가 절하하는 쪽으로 기울어져 있다. 왜냐하면 개를 키우는 사람과 고양이를 키우는 사람을 한데 묶어서 처리하고 있을 뿐 아니라 범죄발생률이 낮은 교외지역에서만 실시되었기 때문이다. 오스트레일리아의 멜버른에서 고양이를 키우는 사람은 제외하고 개를 키우는 사람만을 대상으로 실시한 조사는 상당히 다른 결과를 보인다. 즉 응답자의 90퍼센트가 개와 친구가 되기 위해 개를 기른다고 했고, 75퍼센트는 개가 자신의 신변을 보호해줄 필요를 느낀다고 대답했다. 스웨덴의 예테보리에서 실시된 연구도 비슷한 결과를 보여준다. 응답자의 66퍼센트가 개에게 신변을 보호받아야 할 필요를 느낀다고 답했다. 개는 보초 역할을 함으로써 강도나 그 비슷한 사람을 보고 짖어 그들을 놀라게 해 사람과 재산을 노리는 범죄를 막아준다. 개는 비싼 동산을 소유하고 매일 몇 시간씩 집과 아파트를 비워놓는 혼자 사는 현대의 단독주택과 아파트 소유자에게 특별히 유용하다.

『머니』(*Money*)라는 잡지에 따르면 중간 크기 개의 가격과 초기에 개집과 장비를 마련하고 동물병원에서 진료받는 비용을 합하면 약 365달러라고 한다. 이 금액을 10년으로 나누고, 한 해 동안 먹이고 돌보고 가끔 동물병원에 데리고 가는 운송 비용 348달러를 더하면 한 해에 현금으로 385달러가 든다. 개를 돌보고 산책시키고 먹이는 데는 하루에 약 30분이 걸린다. 나는 이를 돈으로 환산하지는 않겠다. 왜냐하면 이것을 하는 데 현금비용이 드는 것도 아니고 '기회소득'―개 주인이 이 시간을 돌보는 데 사용하지 않았다면 벌었을 소득―을 포함하고 있는 것도 아니기 때문이다. 게다가 이런 활동은 개 주인에게도 좋은 것이다. 개 한 마리가 일생 동안 얼마나 많은 범죄를 막아주는지는 알 수 없지만 10년 동안 강도 한두 명만 쫓아도 투자한 3,850달러의 가치는 넘어설 것이다. 10년 동안 같은 비용을 문과 담장, 빗장, 자물쇠와 열쇠, 전자감응기, 전등장치, 투광조명등, 전기요금에 쓰는 일도 드물지는 않으며 이런 장치들이 실제로 얼마나 많은 범죄를 막아주는지 역시 아무도 정확히 말할 수 없다(컴퓨터 보안장치 하나만 해도 수리비와 유지비를 빼고도 거의 1,750달러가 든다).

동물친구

다른 서비스의 효용은 제쳐놓더라도 실제적인 의미에서 개는 아주 유용하다. 그러나 고양이나 다른 애완동물 대부분은 범죄를 예방해주는 효용이 없으므로 '친구 역할'을 해준다는 것만으로 그들의 가치를 설명해야 한다. 그것도 어려운 일이 아니다.

친구가 되어주는 것의 실제적인 효용은 인간의 본성에 뿌리박고 있다. 많은 실험은 인간이 아닌 유인원이 성장하기 위해 서로 교제해야 할 필요가 있는 매우 사회적인 동물이라는 것을 보여준다. 교제할 기회를 빼앗긴 원숭이들은 생명을 위협하는 심각한 신경증을 보인다. 그들은 우리에 앉아서 멍하니 허공을 바라보면서 똑같은 원을 반복해서 그리고 머리를 손과 팔 사이에 끼우고 오랫동안 앞뒤로 몸을 흔든다. 고립되어 자란 인간에 관한 실험적 증거는 없지만 행동과학자들은 인간 역시 친밀하고 서로를 지지하며 사랑하는 관계에 대한 선천적인 욕구를 갖고 태어난다는 데 일반적으로 동의한다.

모든 종류의 애완동물에게 있는 친구로서의 효용은 도시화된 산업사회에서 애완동물이 계속 증가하는 핵심적인 이유다. 이런 사회에서는 동물의 유용성에서 사람에게 친구가 된다는 것이 너무나 핵심적이기 때문에, 일부 전문적인 동물애호가들은 이 애완동물을 '애완'동물이라 부르지 않고 '동물친구'라고 부르기 시작했다. 예를 들면 펜실베이니아 대학의 수의학교에 있는 작은 동물병원의 진료소는 스스로 동물친구진료소라고 이름붙였다. 일부 동물권리운동가들은 애완동물이라는 단어를 쓰지 않고 있다. 예를 들어 동물애호협회의 폭스(Michael Fox)는 이렇게 썼다.

"나는 미래에 '애완동물'이라는 말을 일반적으로 사용하지 않기를 바라며 '주인'이라는 말 대신 '인간 보호자들'이 키우는 '동물친구'라는 말을 쓰기를 바란다."

현대사회는 집과 적절한 음식 그리고 질병 예방과 치료 같은 인간에게 필요한 많은 문제를 해결해왔지만 높은 수준의 상호지지적인 유대를 제공하지 못함으로써 비참한 실패를 초래했다. 부족과 촌락사회의 사람들은 (아직도 소수는 그렇지만) 대개 대가족과 이웃들에게 둘러싸여 살았다. 그들은 서로를 잘 알았을 뿐 아니라 서로 혈연과 결혼의 유대로 연결되어 있었다. 그들에게는 유대가 급박한 문제가 아니었다. 동물이 유대감을 어느 정도는 제공했지만 그러한 서비스의 효용이 오늘날처럼 크지는 않았다.

유대관계를 형성하는 것을 오늘날 애완동물의 중요한 효용으로 만든 특수한 조건들은 개를 범죄를 방지하는 데 그토록 유용하게 만든 조건과 밀접한 관계가 있다. 사람들은 친구나 가족과 헤어져, 1인 또는 2인 가구로 살아간다. 가까운 이웃도 없고 연고도 없는 곳에서 상호작용을 하지 않으면서 살아간다. 젊은 사람들은 점점 더 늦게 결혼하거나 아예 결혼을 하지 않는다. 결혼할 경우에도 자식을 하나나 둘만 낳으며 자식을 낳지 않는 사람도 많다. 이혼율은 계속 증가하고 있으며 편부모 가구가 다른 유형의 가구보다 더 빨리 증가하고 있다. 다른 한편 사람들의 수명은 길어지고 '빈 둥지'(empty nest) 현상이 이제는 더 빨리 발생해 인생의 대부분을 차지한다. 관계의 질도 마찬가지로 중요한 문제다. 점수, 대학 입학, 직업, 승진 그리고 사업상의 거래를 위한 경쟁이 신뢰와 신용을 잠식하고 있다. 컴퓨터 프로그래밍 사기를 당한 한 희생자는 『월스트리트 저널』(*Wall Street Journal*)에서 이렇게 말했다.

"만약 당신이 사업을 한다면 아무도 믿어선 안 된다. 당신이 믿은 사람들이 당신을 때려눕힐 것이다."

운이 좋은 소수를 제외하고는 사람들은 대부분 사장, 지배인, 간부, 감독관 그리고 기타 '상급자들'에게 복종하고 공손하게 행동해야만 하는 직업을 갖고 있다. 따라서 어쩔 수 없이 모욕감을 느끼거나 자존심에 상처를 받거나 자기 회의를 하는 일들이 생기게 된다.

동물친구는 이 모든 불만족스러운 인간관계를 부분적으로 보상해준다. 현대사회에서 애완동물의 최우선적인 효용은 애완동물이 인간을 대신해 특수하게 문화적으로 부족한 부분이나 따뜻하게 서로를 지지하고 사랑하는 관계를 채워줄 수 있기 때문이다. '애완동물'이라는 말이나 '동물친구'라는 말은 이러한 기능의 핵심을 전달해주지 못한다. 만약 우리가 오늘날 애완동물이 진정 무엇인지 확인한다면 그렇게 쉽게 애완동물의 본질이 쓸모없는 것이라고 생각하지는 않을 것이다.

애완동물은 대리인간이다. 그렇기 때문에 거대한 도시생활에서 발생하는 익명성과 부족한 사회적 유대를 극복하는 데 도움이 되는 것이다. 대리인간으로서 이들은 텅 빈 아파트의 "죽은 공기를 깨어나게 하고" 많은 독신자에게 집에 가서 봐야 할 누군가가 되어준다. 애완동물은 부재중이거나 마음에 안 드는 남편이나 아내 또는 아이들을 대신할 수 있고, 텅 빈 보금자리를 채워주며 고도로 산업화한 사회의 노인들이 흔히 느끼는 고독감을 덜어준다. 그것은 그들이 대리인간이기 때문이다. 게다가 그들은 지나치게 경쟁적이고 계층화되고 착취적인 관계에 묶여 있는 진짜 인간의 특성인 불신과 처벌을 가하는 일 없이 이 모든 것을 해준다.

애완동물이 인간을 대신하려면 인간처럼 의사소통을 할 수 있어야 한다고 생각하는 사람들도 있을 것이다. 슬프게도 애완동물과 대화를 나눌 수는 없다. 그러나 프로이트학파인 정신분석학자들과 가톨릭 신부들이 오래전부터 인식해왔듯이 좌절과 불안의 정도는 자기 얘기를 들어주거나 또는 단순히 들어주는 것 같은 누군가가 있다는 사실만으로도 경감될 수 있다. 애완동물은 이러한 들어주는 자의 역할을 아주 잘해낸다. 펜실베이니아의 동물친구진료소에 따르면 애완동물을 기르는 사람의 98퍼센트가 그들의 동물과 이야기를 나누며 80퍼센트는 "동물에게 하듯이"가 아니라 "사람에게 하듯이" 이야기를 한다. 또 28퍼센트는 하루 동안에 일어난 일을 애완동물에게 털어놓는다. 『현대심리학』(Psychology Today)의 무작위 조사에 따르면 애완동물을 기르는 사람의 99퍼센트는 그들의 애완동물에게 어린이에게 하듯이 말을 하거나 속내를 털어놓는다. 사회적 유대 문제로 고민하지 않는 사회에서도 사람에게 하듯이 애완동물에게 이야기를 하는지 보여주는 비교자료를 인용할 수 있으면 좋겠지만 그런 자료는 없다.

아시아 기마유목민들의 연가(戀歌)에는 암말에 관한 구절이 있으며 누어족은 소를 찬양하는 노래를 부른다. 그러나 그들이 하루에 있었던 일을 사람에게 말하듯이 말이나 소에게 말하는 것 같지는 않다. 이야기를 들어줄 진짜 사람들에게 언제나 둘러싸여 있는데 그럴 이유가 어디 있겠는가.

정신과 의사, 수의사, 사회사업가들은 이제 미국이나 이와 비슷한 사회에서 애완동물이 대리인간의 역할을 한다는 사실의 의미를 깨닫기 시작했다. 그들은 동물이 실제 인간과의 경험에서 안정감과 따뜻함과 사랑을 얻지 못한 사람을 위해 상호지지적인 친구관계를 제공할 수 있다는 원리에 기초해 재빨리 전반적인 애완동물 매개 치료(pet-assisted therapy) 산업을 창업하려고 한다. 그들은 정신병동에 애완동물을 가져다주면 사람들과 말하지 않던 환자들이 개나 고양이, 물고기에게는 말을 걸고, 일단 이렇게 해서 돌파구가 열리면 환자들이 의사에게도 점점 더 반응을 보이다가 결국 의사에게도 말을 하게 된다는 것을 알게 되었다. 애완동물 매개 치료는 고독과 우울, 권태 그리고 금단 현상이 심각한 문제가 되고 있는 요양소나 양로원에서 두드러진 성과를 보인다. 요양소에 있는 많은 사람은 애완동물이 생기면 직원들이나 다른 환자들과도 더 많이 교류를 한다. 여러 가지 건강상의 문제가 있는 외래환자들도 웃으면서 외로움을 견디고 신체적으로 더 많은 활동을 하는 데 동물이 도움이 된다고 말한다. 교도소 역시 재소자들의 도덕심을 향상시키고 서로 싸우는 것을 막기 위해 애완동물을 들여오고 있다.

실험에 따르면 사람들이 애완동물을 쓰다듬고 있을 때 인간과 동물 모두 맥박과 혈압이 떨어진다고 한다. 집에 있는 어항 속 물고기를 바라보는 것만으로도 의학적으로 의미가 있을 만큼 혈압이 떨어진다. 다른 연구에 따르면 심장병에 걸린 사람들은 두 가지 경우로 나눌 수 있는데—집에서 애완동물을 기르는 사람과 그렇지 않은 사람—애완동물을 키우지 않는 사람은 1년간 입원한 뒤 72퍼센트만 살아 있는 데 비해 애완동물을 기르는 사람은 96퍼센트가 살아 있다. 물론 다른 여러 가지 요인이 생존율을 높이는 데 이바지했겠지만 애완동물을 갖고 있다는 것이 다른 어떤 요인보다도 중요하다고 한다.

힌두교의 소와 오스트레일리아의 딩고처럼 미국의 애완동물이 쓸모없는 존재라는 추측은 좀더 자세히 살펴보면 터무니없는 생각임이 드러난다. 애완동물은 농업에 사용되지는 않지만 도시의 산업사회를 훨씬 더 살 만하게 만들어준다. 대리인간으로서 애완동물 한두 마리는 인간 서비스 노동자 전체를 대신할 수 있다. 그들은 혼자서 연기하는 코미디언처럼 우리를 즐겁게 해주고, 생물 선생님처럼 우리를 가르쳐주고 체육 선생님처럼 우리를 운동시켜주고, 아내나 남편처럼 우리를 편하게 해주며, 아이들처럼 우리를 사랑해주고, 정신과 의사처럼 우리의 이야기에 귀 기울여주고, 성직자처럼 우리의 고백을 들어주고, 의사처럼 우리를 낫게 해준다. 그것도 1년에 고작 몇백 달러의 비용으로 말이다.

그러나 우리는 이 방정식의 다른 한쪽을 봐야 한다. 개·고양이·말·쥐·생쥐·햄스터·금붕어 그리고 거대한 마다가스카르의 쉿쉿거리는 바퀴벌레에게까지 해당하는 공통된 사실이 하나 있다. 이들은 소나 돼지, 닭에 비해 동물성 식품원으로서는 아주 비효율적이다. 최적 먹이 찾기 이론의 관점에서 보았을 때 이들이 우리의 최적 식단에서 빠진 것은 순위가 높은 반추동물이 풍부하다는 사실 때문이지 그들이 애완동물이라는 사실 때문이 아니다.

이는 우리에게 흥미로운 문제를 제기한다. 만약 대리인간들이 먹기에 적당한지 아닌지 결정하는 요인이 그들의 필요 밖 효용과 더 효율적으로 식물을 동물성 식품으로 전환하는 동물들의 상대적 비중 사이의 균형이라면, 실제 인간은 어떤가. 개, 고양이, 딩고 그리고 애완동물에게 적용되는 원리를 인간고기를 먹는 데도 적용할 수 있을까.

10

식인

인간고기를 먹지 않는 것은 브라만들이

쇠고기를 먹지 않고 미국인들이

개고기를 먹지 않는 이유와 본질적으로 똑같다.

즉 비용 편익의 관계가 바뀐 것이다.

더 효율적인 동물성 식품을 구할 수 있으며

전쟁포로의 여타 효용성이 증가해 그들을 죽이는 것보다

살려두는 편이 더 가치 있게 되었다.

송장을 얻는 두 가지 방법

식인풍습의 수수께끼는 다른 식량을 구할 수 있는데도 인간고기를 먹는 것을 사회적으로 인정한다는 것이다. 나는 인간고기 외에는 달리 먹을 것이 없을 때 사람을 잡아먹는 관행에 대해 설명하려는 것이 아니다. 식인을 용납하는 사회 출신이든 그렇지 않든 다른 식량을 구할 수 있는데도 인간고기를 먹는 것은 때때로 전 세계적으로 발생한다. 그들이 왜 그렇게 하는지는 수수께끼가 아니다. 구명보트를 타고 표류하는 선원들이나 높은 산에서 눈에 갇힌 여행자들 그리고 포위된 도시에 갇힌 사람들은 가끔 서로의 시체를 먹거나 굶어 죽어야만 했다. 우리가 풀어야 하는 수수께끼는 이러한 긴급한 상황에서가 아니라 다른 영양공급원을 찾을 수 있는데도 서로를 먹는 사람들에 관한 것이다.

비상시가 아닌 때에 인간고기를 먹는 이유와 먹지 않는 이유를 설명하기 위해서는 양자의 차이를 더 설명해야 한다. 우리는 수수께끼 같은 모든 식생활에서처럼 생산이 소비에 앞선다는 사실을 인식해야 한다. 왜 어떤 사회는 인간고기를 선호하고 어떤 사회는 싫어하는지 이해하기 위해서는 식인을 하는 자들이 어떻게 인간고기를 얻는가 하는 문제부터 풀어야 한다. 기본적으로 먹을 수 있는 송장을 얻는 데는 두 가지 방법밖에 없다. 먹는 자들이 먹히는 자들을 강제로 사냥하거나 자연사한 친척의 시체를 평화적으로 얻는 것이다. 시체나 시체의 일부를 평화적으로 얻어서 먹는 것은 슬퍼하는 제례의 일부이고 폭력적인 방법으로 시체를 획득하는 것은 전쟁의 일부다.

이 두 가지 식인 생산 방식은 비용 편익에서 전혀 다르며 따라서 단일한 이론으로 설명할 수 없다(나는 낯선 사람의 시체를 평화롭게 구입하는 것은 배제한다. 시체를 매매하는 일은 거의 없다. 해부학 학생이었을 때 멕시코시티의 영안실에서 사온 시체들을 먹고 살았다는 리베라Diego Rivera의 주장은 허풍임이 틀림없다—이 위대한 화가는 그의 전기 작가가 말했듯이 '꾸며대는' 버릇이 있었다).

비록 여러 부족사회와 촌락사회의 매장관습에서 죽은 친척의 시체 일부를 먹는 관습이 있었지만 대개 시체를 태운 재나 숯불에 탄 살 또는 뼈를 간 것을 먹는 정도였다. 이는 아주 소량으로 단백질이나 칼로리의 중요한 공급원은 아니었다(열대지방에서는 재와 뼈가 부족한 미네랄을 재활용하는 중요한 수단일 수는 있었겠지만).

사랑하는 사람이 죽어 그의 재와 뼈를 먹는 것은 논리적으로 화장의 연장이었다. 죽은 사람의 시체가 불에 타고 나면 재를 모아서 그릇에 담아 대개 음료에 타서 마심으로써 마지막 처리를 했다(이는 재를 갠지스강에 뿌리거나 최근에 제안된 것처럼 외계에 쏘아 올리는 것보다 훨씬 깨끗한 처리법으로 보인다). 죽은 자를 처리하는 또 다른 일반적인 방식은 시체를 묻어 살이 정화되기를 기다리는 것이다(이는 열대의 땅 속에서는 며칠밖에 걸리지 않았다). 그 후 뼈의 일부나 전부를 애정이 담긴 손길로 파내어 가족이 사는 집 안에 다시 매장하거나 바구니에 담아 서까래에 매달아두었다. 끝으로 이 뼈를 가루로 만들어 음료와 섞어 슬퍼하면서 마셨다.

다음은 한 인류학자가 남아메리카의 오리노코강 상류의 촌락에 사는 구이아카족(Guiaca)이 행하는 매장 식인풍습을 직접 목격하고 쓴 것이다.

우리는 마을 광장에서 죽은 사람을 화장하는 것을 몇 번 직접 보았다. 재에서 받은 숯불에 탄 뼈를 조심스럽게 모아 나무로 만든 절구에 넣고 간다. 이를 작은 조롱박에 넣어 죽은 사람과 가장 가까운 친척에게 주면 그들은 이를 자기 집 지붕 근처에 둔다. 장례식이 거행될 때…… 이들 친척들은 이 가루의 일부를 큰 조롱박에 담는다. 거기에는 질경이국이 반쯤 들어 있다. 그들은 슬프게 한탄하며 이것을 마신다. 가족들은 이를 조금이라도 흘리지 않도록 매우 조심한다.

여행객들과 선교사, 과학자들은 아마존 유역의 집단이 행하는 이 기본적인 선율의 숱한 흥미로운 변주곡에 대해 보고한다. 예를 들면 크라키에토족(Craquieto)은 죽은 추장의 시체가 완전히 마를 때까지 이를 약한 불에 천천히 굽는다. 그리고 이 미라를 새 해먹에 싸서 추장의 버려진 집 안에 매달아둔다. 몇 년 뒤 그 친척이 커다란 축제를 열어 이 미라를 태우고 그 재를 옥수수로 만든 발효음료인 **치차**(발효한 옥수수로 만드는 중남미 맥주—옮긴이)에 섞어 마신다. 몇몇 문화에서는 그들의 시체를 매장한 뒤 1년 후에 다시 파내어 뼈를 태워 그 가루를 **치차**나 다른 발효음료와 섞어 마신다. 어떤 집단들은 15년이 지난 뒤에야 뼈를 다시 파내어 이를 간다. 일부 집단들은 그 재를 먹는다. 쿠니보족 (Cunibo)은 죽은 아이의 머리카락만 태워 음식이나 생선 스프와 함께 삼킨다. 죽은 사람의 살을 구워서 먹는 사람들도 있다는 보고가 있지만 그런 보고는 재나 뼈를 간 것을 먹는 사람들에 관한 보고보다 훨씬 드물고 그런 보고에는 살이 숯불에 탄 정도에 관한 세부적인 확실성이 결여되어 있다.

나는 평화적으로 얻은 시체(전쟁을 통해 폭력적으로 얻은 시체와는 반대로)가 갖는 음식으로서의 잠재적 가치에 대한 무관심이 부분적으로 이러한 식량원이 비효율적이고 건강을 위협하기 때문이라고 믿는다. 그것이 비효율적인 이유는 대부분 자연사하기 전에는 몸무게가 많이 빠져 그 시체를 요리하는 비용을 상쇄할 만큼의 살이 거의 남아 있지 않기 때문이다. 또 그것이 건강을 위협하는 이유는 이들이 전염병에 걸려서 죽었을 확률이 높기 때문이다(이와 대조적으로 전쟁에서 죽었거나 포로가 된 사람들은 영양 상태가 좋고 건강한 사람이 많다. 이런 점에서는 리베라의 설명에 약간의 신빙성이 있다. 그는 그와 그의 동료들이 폭력 때문에 죽은 사람의 시체—"병들거나 늙지 않은 방금 살해된 시체"만을 먹었다고 주장했다). 내 생각에는 시체의 매장과 화장은 죽은 자를 먹거나 집 근처에서 썩게 하는 동안 시체가 옮길 수 있는 질병의 위험성을 인식하게 된 문화적 산물을 반영하는 것으로 보인다. 그러나 이것만으로는 완전히 설명되지 않는다. 왜냐하면 내가 곤충과 돼지, 죽은 소와 말고기에 관한 장에서 말했듯이, 재료를 잘 익히면 건강에 해로운 것을 크게 줄일 수 있기 때문이다.

건강상의 위험 말고 사회적 위험도 있었을 것이다. 금방 죽은 친척의 시체를 전부 먹는 것은 의심과 상호불신을 부채질하기 쉬웠다. 실제든 상상이든 아픈 사람이나 죽어가는 사람을 먹는 것에 너무나도 열심인 지역집단의 구성원들이 있었을 것이다(부족과 촌락의 사람들―실제로 거의 모두 전근대의 집단들―은 자연사라는 개념이 없었으며 죽음을 악한 힘과 마법과 관련된 것으로 생각했다). 방금 죽은 시체를 화장하거나 매장하는 것은 사랑하는 사람이 죽은 직후 최고조에 달하는 의심을 줄여주는 동시에 질병에 노출되는 것을 줄여준다. 친척의 시체에서 중요한 영양분을 얻을 수 있는 상황에서는, 아마도 시체를 먹는 사람들은 단백질과 칼로리 부족으로 압박을 많이 받고 있었을 것이다. 따라서 시체를 태우거나 매장해서 뼈가 깨끗해질 때까지 놓아두었다가 먹지 않았다. 왜냐하면 바로 먹어서 얻는 이득이 병에 걸릴 위협이나 마법에 걸릴 위험보다 더 컸기 때문이다.

이는 최소한 뉴기니고원에 사는 포레족(Foré)이 친척의 시체를 먹는 관습에 대한 설명이 되는 것 같다. 가이듀섹(Daniel Gajdusek)은 포레족이 그들의 친척을 먹는 관습과 '지연성 바이러스'―그때까지 알려지지 않았던 일종의 병원균으로써 암을 포함한 많은 질병과 관련된다―의 관계를 밝힘으로써 1976년에 노벨의학상을 받았다. 뉴기니고원지대에 사는 다른 부족들과 마찬가지로 포레족의 매장의식에 따르면, 죽은 사람의 여자 친척이 무덤을 얕게 파고 시체를 묻도록 되어 있다. 일정한 기간이 지나면 그 여자는 뼈를 파내어 깨끗이 씻지만 그 고기는 전혀 먹지 않았다. 1920년대에는 여자들이 이 관습을 바꾸었다. 아마도 인간 동료에게서 얻을 수 있는 고기공급이 줄어드는 것을 보상하기 위해서였을 것이다. 그들은 시체를 이틀이나 사흘 뒤에 꺼내어 뼈를 발라내고 고사리와 다른 푸른 채소들을 섞어 대나무통에 넣고 요리해(포레족은 높은 고원지대에 살았기 때문에 끓이는 것이 오염된 음식을 예방하는 효과적인 방법이 아니었다) 시체를 먹기 시작했다. 30년 후 포레족은 그때까지 알려지지 않았던 '쿠루'(kuru)라는 치명적인 '웃는 병'의 희생자로 알려지기 시작했다. 이 병이 깊어지면 환자들―대개 여자들―은 안면근육을 제어할 수 없게 되어 죽을 때까지 웃는 표정을 짓게 되었다. 가이듀섹은 노벨상을 받은 연구에서 쿠루가 생기는 원인은 포레족의 보기 드문 장례의식―부분적으로 부패한 시체를 만지고 그 살을 먹는―의 결과로 옮는 '지연성 바이러스' 때문에 생긴다는 것을 밝혔다.

포레족과 함께 살았던 가이듀섹이나 다른 인류학자들 모두 그들이 사람 살을 먹는 것을 실제로 목격하지는 못했기 때문에 이 바이러스가 감염된 시체를 먹어서라기보다는 단지 시체를 만지는 것만으로 옮는다는 주장이 나왔다. 그러나 포레족 여자들은 몇몇 연구자들에게 자신들이 이전에 장례식의 식인풍습에 참여했었음을 스스럼없이 이야기했다. 그들이 시체의 살을 먹으려고 결정한 것은 틀림없이 영양상의 동기에서였을 것이다. 장례식의 식인풍습이 행해지던 시기에 포레족이 했던 식사에 관해서는 아무런 연구도 행해지지 않았지만 그 후의 연구들은 통상적으로 동물성 식품이 남자와 여자에게 불평등하게 분배되었다는 것을 보여준다. 가이듀섹이 연구를 한 시기는 식인풍습을 억압한 뒤였다. 그 당시 여성이 하루에 섭취하는 단백질은 권장량의 56퍼센트에 불과했으며 게다가 이는 모두 식물성 단백질이었다. 많은 남아메리카 집단에서처럼 남자들은 큰 동물의 고기를 자신들끼리만 먹고 개구리나 작은 사냥감, 곤충들을 여자와 아이들을 위해 남겨주었다. 그리고 예상했던 바대로 포레족은 여자들에게 마법을 걸었다고 고발하는 일이 아주 많았다. 아마도 이와 비슷한 건강과 사회적 응집에 미치는 역효과가 장례식과 관련해 친척과 이웃의 시체를 먹는 다른 문화에 수반되어 이러한 관습을 대중화하는 것을 제한했을 것이다. 이제 더 흔하고 영양상 의미가 있는 형태의 식인, 즉 폭력으로 획득한 시체를 먹는 풍습에 대한 설명으로 넘어가도록 하자.

모든 사회에 혈연집단의 성인들이 서로를 죽이거나 먹는 것을 금지하는 강력한 제재가 있다. 자신의 친척을 죽이고 먹는 것을 금지하는 것은 사람들이 일상생활에서 함께 협력해서 살기 위한 가장 근본적인 전제조건이다. 이러한 금기는 자동적으로 만약 힘으로 획득한 사람 시체를 먹는다면 이 시체는 반드시 사회적으로 거리가 먼 개인들—이방인이거나 완전한 적— 것이어야만 했다. 다시 말해 그 시체는 오직 어떤 종류의 무력 충돌의 결과로서만 얻어질 수 있다. 인간의 시체를 강제로 획득하게 하는 무력 충돌은 대개 전쟁이라고 할 수 있으므로 나는 이런 종류의 식인풍습을 '전쟁 식인풍습'이라고 부르겠다.

투피남바족의 전쟁 식인풍습

전쟁 식인풍습을 가장 완벽하게 목격한 사람은 독일 해군포병으로 배가 난파되어 브라질의 투피남바족(Tupinambas) 인디언들에게 사로잡혔던 슈타덴(Hans Staden)이다. 슈타덴은 1554년 투피남바족의 마을에서 9개월을 지낸 뒤 도망쳐 유럽으로 돌아갔다. 슈타덴은 전쟁포로들에 대한 고문 의식과 그들의 몸을 잘라 요리해 나눈 뒤 그 고기를 먹는 것을 목격했다. 슈타덴은 그가 정확히 몇 번이나 식인 광경을 목격했는지 밝히지 않았다. 그러나 사람을 요리해서 먹는 것을 목격했던 세 가지 경우를 묘사했을 때, 이미 희생자가 최소한 16명에 달했다. 다음은 투피남바족의 전쟁 포로의 운명에 관해 그가 개괄적으로 서술한 것이다.

투피남바족이 포로 한 명을 집으로 데려오자 여자들과 아이들이 그 위에 앉아서 그를 때렸다. 그런 뒤 여자와 아이들은 그를 회색깃털로 장식하고 그의 눈썹을 면도하고는 그의 주위를 돌면서 춤을 추었다. 그가 도망가지 못하도록 먼저 안전하게 묶어놓고서. 투피남바족은 포로를 돌보고 그와 성교할 여자를 주었다.

투피남바족은 그 포로를 잘 먹이고 그들이 마실 술을 담을 항아리를 준비하는 동안 잠시 놓아두었다. ……모든 것이 준비되면 투피남바족은 포로가 죽을 날짜를 정하고 이웃마을에서 손님들을 초대했다. 술이 든 항아리를 며칠 전에 가득 채우고 여자들은 술을 만들기 전에 포로를 그가 죽을 자리에 한두 번

데리고 와 그의 주위를 돌면서 춤을 추었다.

손님들이 모이면 추장은 손님들을 환영하고 그들에게 그들의 적을 먹어달라고 말한다. ……투피남바족은 희생자의 얼굴에 칠을 하는데 한 여자가 칠하는 동안 다른 여자들은 노래를 부른다. 그리고 손님들이 술을 마시기 시작하면 포로를 함께 데리고 와 그와 이야기하면서 같이 술을 마신다. 한차례 술판이 끝나면 투피남바족은 내일을 기약하고 포로를 처형할 장소에 오두막을 짓는다. 여기서 포로는 엄중한 감시 속에서 하룻밤을 지낸다. 그런 뒤 이튿날 동트기 전 한참 동안 그들은 (사형집행인이 사용할) 곤봉 앞에서 춤과 노래를 시작해 해가 뜰 때까지 계속한다. 그 후 포로를 오두막에서 끌어낸다. ……투피남바족은 포로 옆에 돌멩이들을 가져다놓는데 이는 포로를 놀리고 자기들이 포로를 먹을 거라고 자랑하면서 포로의 주변을 도는 여자들이 그에게 던지기 위한 것이었다. 이 여자들은 몸에 칠을 했으며 그의 몸이 잘린 뒤 그의 몸을 네 부분으로 나눠 들고 그의 오두막 주위를 돌 준비가 되어 있다.

그 뒤 투피남바족은 포로 두 걸음 앞에서 불을 피운다. 그 후 한 여자가 곤봉을 가져와…… 기뻐서 소리를 지르며 포로가 볼 수 있도록 포로 앞을 이리저리 달린다. 그 뒤 한 남자가 그 곤봉을 잡고 포로 앞에 서서 이를 그 포로에게 보여준다. 그 사이에 그를 죽일 살해자는 열넷이나 열다섯쯤 되는 다른 사람들과 함께 뒤로 물러나 모두 몸에 회색 재를 바른다. 그런 뒤 살해자는 그의 동료들과 함께 돌아오고 곤봉을 가진 사람이 포로 앞에서 이를 살해자에게 넘겨준다. 이 단계에서 추장이 다가와 곤봉을 잡은 뒤 살해자의 다리 사이에 한 번 찌른다. 이것은 커다란 명예의 표시다. 그런 뒤 살해자가 곤봉을 잡고 희생자에게 이렇게 말한다.

"너희 부족이 내 친구를 많이 죽여서 먹었으므로 나는 너를 죽일 것이다."

이에 포로는 이렇게 대답한다.

"내가 죽어도 내게는 여전히 나의 죽음에 복수할 사람이 많다."

그러면 살해자가 뒤에서 그의 머리를 내리쳐서 머리를 떨어뜨린다. 여자들은 즉시 이 시체를 잡고서 불로 가져가 가죽을 벗기고 살을 아주 하얗게 만든다. 손실이 전혀 없도록 항문에 나뭇조각을 박는다. 그런 뒤 한 남자가 시체의 다리와 팔을 몸통에서 잘라낸다. 그러면 네 여자가 사지를 붙잡고 오두막 주위를 돌면서 즐거운 비명을 지른다. 그리고 나눠 먹을 수 있는 몸통을 모조리 먹어치운다.

이것이 끝나면 그들은 모두 헤어져 각자 한 조각씩 들고 간다. 살해자는 새로운 이름을 갖는다. ……그는 온종일 그의 그물 침대에 누워 있어야 하는데 투피남바족은 그에게 작은 활과 화살을 주어 이를 밀랍을 향해 쏘면서 놀 수 있도록 해준다. 죽일 때 내리친 일격의 충격 때문에 그의 팔이 약해졌다는 것이다. 나는 그 자리에 있었으며 이 모든 것을 내 눈으로 지켜보았다.

투피남바족의 식인과 전쟁의 식인풍습 일반의 비용·이익에 관해 설명하기 전에 먼저 슈타덴의 서술이 사실인지 아닌지부터 밝혀야겠다. 인류학자 아렌스(William Arens)는 그의 대중적인 책 『식인 신화』(*The Man-Eating Myth*)에서 슈타덴의 서술은 식인풍습에 대한 다른 모든 서술(비상시의 식인은 제외하고)과 마찬가지로 터무니없는 이야기라고 주장했다.

아렌스는 슈타덴의 서술을 반박하기 위해 세 가지 논점을 제기했다. 첫째, 슈타덴은 투피과라니어를 할 수 없었으므로 그가 사로잡힌 첫째 날부터 바로 투피남바족의 말을 그대로 전할 수 없었다. 둘째, 슈타덴은 식인사건이 일어났다는 때로부터 9년이 지났는데도 불가능할 정도로 아주 상세하게 재구성했다. 셋째, 독일인 의사 드리안더(John Dryander)가 슈타덴의 초고를 그럴듯하게 꾸미는 것을 도와주었다.

또 다른 인류학자 포사이스(Donald Forsyth)는 이러한 주장을 반박했다. 슈타덴은 실제로 스페인의 선장 사나브리아(Diego de Sanabria)가 이끄는 원정대의 일원이었으며 이 원정대는 1549년 봄 세비야를 떠나 항해를 시작했다는 것이다. 이 원정대의 배 세 척 중에 두 척은 오늘날의 플로리아노폴리스 근처에 있는 브라질 항구에 도착했다. 이 두 척 중 큰 배가 항구에서 침몰했다. 슈타덴과 그의 난파선 동료들은 투피과라니어를 사용하는 마을사람들에게 배에 남아 있던 물자들을 음식으로 바꿔 먹으면서 살아남았다. 물자가 바닥나자 생존자들은 두 집단으로 나뉘었다. 슈타덴이 있었던 집단은 작은 배를 타고 해안을 따라 북쪽으로 갔다. 이 배가 다시 난파되어 슈타덴과 그의 동료는 1553년 1월 포르투갈의 거류지 샤오 비센테―오늘날의 산토스항―까지 갔다. 다음 해 슈타덴은 포르투갈의 포병으로 복무하면서 그가 '노예'라고 부른 사람들과 사냥원정을 나갔다. 그중 최소한 한 명 이상이 투피과 라니어를 할 줄 알았고 슈타덴은 그 사람과 긴밀하게 접촉했다. 또한 슈타덴은 포르투갈 거주지에 사는 다른 투피과라니어를 쓰는 사람들과 잘 아는 사이였다.

1554년 1월 투피남바족 한 무리가 쳐들어와 슈타덴을 사로잡아 그들의 마을로 데리고 갔다. 슈타덴은 그 후 9개월 동안 자기가 살해되어 잡아먹힐지 모른다는 끊임없는 공포 속에서 보냈다. 1554년 9월 그는 그곳에서 교묘히 빠져나와 해안으로 도망쳐 프랑스 선박에 의해 구조되었다. 그 배는 1555년 2월 20일쯤 노르망디 옹플뢰르항에 정박했다. 그의 고향인 독일 마르부르크에 도착하자 슈타덴은 곧 뛰어난 학자이자 슈타덴가의 친구였던 의사 드리안더에게 도움을 요청했다. 슈타덴이 드리안더에게 간 동기는 드리안더가 슈타덴의 책의 서문에서 명백히 밝히고 있다. 슈타덴은 누군가 신망 높은 사람이 믿을 만한 증인이 되어주고 그의 말을 보증해주기를 바랐던 것이다.

나는 슈타덴의 아버지를 50년 전부터 알고 있었다. 그와 나는 같은 도시, 즉 베터에서 태어나 같이 학교에 다녔다. 그(아버지)는 가정이나 그가 지금 사는 헤세의 홈버트에서 강직하고 신앙심이 깊으며 존경할 만한 사람으로 여겨진다. 그리고 예술에도 조예가 깊다. ······나는 슈타덴이 다른 사람의 말을 듣고 전하는 것이 아니라 그 자신이 겪은 일과 모험을 성실하게 이야기했으며 거짓말을 할 의도는 전혀 없다고 믿는다. 그가 바라는 것은 보상이나 세속적인 명성이 아니다. 겸손한 찬양과 성실함으로 그가 도망칠 수 있었던 것에 대해 신에게 영광을 돌리고자 하는 것뿐임을 믿는다.

슈타덴의 책은 1556년 말에 완성되었는데 그가 유럽으로 돌아온 지 2년이 채 안 된 때이고 그가 사로잡혔던 날로부터는 3년이 채 안 된 때였다.

포사이스는 슈타덴이 특정한 장소, 날짜, 인물들에 대해 앞뒤로 대조하면서 모든 주요한 사실과 날짜·이름들을 점검했다. 이를 통해서 슈타덴이 스페인어와 포르투갈어를 독일어만큼 잘했으며 그가 사로잡히기 전 5년 동안(1549~54) 투피과라니어를 배울 기회가 많았다는 것 그리고 그가 자신의 체험을 쓰는 일을 9년 동안 미룬 것이 아니라 길어야 2년이었다는 것을 알 수 있다. 또한 그가 드리안더에게 도움을 요청하고 도움을 받은 것은 허황된 이야기를 꾸며내고 윤색하기 위해서가 아니라 독자에게 그가 신앙심이 깊고 정직한 사람이라는 것을 보증하기 위해서였다는 것이 명백하다.

또 다른 16세기의 보고서들도 투피남바족이 행한 전쟁 식인풍습의 근본적인 유형을 확인해준다. 브라질에 간 예수회 선교사들은 이런 풍습에 관한 편지와 보고서를 수백 페이지나 썼다. 예수회 선교사들은 투피남바족의 마을을 여행하고 방문하면서 수년을 보냈으며 그들 대부분이 투피과라니어를 말하는 법을 배웠다. 예를 들어 안치에타(Jose de Anchieta) 신부는 투피과라니어의 기본문법을 작성할 정도로 그 말을 완전히 익혔는데, 1554년에 그는 식인풍습에 대해 이렇게 썼다.

그들은 적을 네 명이나 다섯 명 사로잡으면 (즉시 마을로) 돌아와 그들을 잡아먹기 위해 큰 잔치를 벌인다. ……(포로의) 손톱조차도 남지 않을 정도. ……그들은 단 한 번의 승리만으로도 이를 일생 동안 자랑스럽게 생각한다. 포로들조차도 자신들이 고귀하고 훌륭한 방식으로 처리되고 있다고 생각해 자신들이 생각하는 영광스러운 죽음을 요구한다. 포로들은 오직 겁쟁이와 약골만이 죽어서 땅에 묻혀 그들이 너무나도 무겁다고 믿는 흙의 무게를 지탱해야 한다고 말한다.

안치에타는 안락의자에 앉아 있는 민족지학자가 아니었다. 그가 얻은 지식은 투피남바족들과 대화하고 그들의 마을을 여행하고 그곳에서 살면서 얻은 것이었다. 그는 1553년 6월 26일에 일어난 '노예' 살해사건에 관해 이렇게 썼다.

그러나 오후가 되어 그들이 모두 술에 취하자 그들은 우리가 묵고 있는 집으로 와서 그 노예를 죽이기 위해 데리고 가려고 했다. 이들 인디언들은 그(노예)를 향해 엄청난 분노와 함께 늑대와도 같이 그를 물어뜯었다. 마침내 그들은 그를 바깥으로 끌고 가 그의 머리를 박살내고 그와 함께 그들의 적을 또 한 명 죽였다. 그들은 아주 즐거워하면서 그를 여러 조각으로 찢었다. 특히 여자들은 노래하고 춤을 추면서 주변을 돌았으며 (여자 중의) 일부는 (시체의) 잘린 사지를 뾰족한 막대기에 꿰었고 나머지는 손에 (희생자의) 기름을 바르고 (이 기름을) 다른 사람의 얼굴과 입에 바르고 다녔으며 (희생자의) 피를 손에 담아 이를 핥는 혐오스러운 광경이 벌어졌다. 그들은 노예를 죽이고 (죽인 노예들을) 포식했다.

또 한 명의 예수회 신부였던 나바로(Juan de Aspilcueta Navarro)는 1549년 오늘날의 살바도르시 근처에 있는 한 마을에서 직접 마주친 식인풍습의 현장에 대해 다음과 같이 썼다.

……내가 도착하자 그들은 그들이 이제 막 한 소녀를 죽이는 일을 마쳤다고 말하면서 나에게 그 집을 보여주었다. 그 안으로 들어간 나는 그들이 그 소녀를 먹기 위해 요리하고 있다는 것을 알았다. 게다가 소녀의 머리는 나무에 걸려 있었다. 나는 이러한 혐오스러운 일과 이렇게 문명에 위배되는 일에 대해 그들을 꾸짖고 비난하기 시작했다. ……그런 뒤 나는 다른 집으로 갔는데 거기서 사람의 발과 손과 머리들이 연기 속에서 타고 있는 것을 보았다.

1550년 3월 28일자로 되어 있는 편지에서 나바로는 다음과 같은 목격담을 덧붙인다.

어느 날 내가 가르치고 있는 마을의 (남자 중에) 많은 사람이 전쟁에 나갔는데 그중에 많은 사람이 적에게 살해되었다. 그들은 복수를 하기 위해 다시 준비를 잘해 (전쟁에) 나가 그들의 적을 믿을 수 없을 만큼 많이 죽여 인간고기를 갖고 왔다. 내가 가르치는 마을 가운데 한 곳을 방문해…… 두 번째 집에 들어가자 나는 커다란 항아리처럼 생긴 흙으로 만든 솥을 보았다. 인간고기를 요리하고 있었다. 내가 도착했을 때 그들은 사람의 팔과 발 그리고 머리를 잡고 있었다. 이것은 내게는 끔찍한 광경이었다. 나는 늙은 여자 일고여덟 명이 간신히 서서 솥 주위를 돌고 불을 휘저으면서 춤을 추는 것을 보았다. 그들은 지옥의 악마처럼 보였다.

투피남바족의 식인제례를 목격한 또 다른 예수회 신부는 블라스케즈(Antonio Blasquez)다. 그는 1557년부터 4년 동안 브라질에 체류한 후 이렇게 썼다. 인디언들은 "적을 죽이는 것에서 즐거움을 느끼며 그런 뒤에는 복수를 위해 그의 살을 먹는다. ……이는 그들이 가장 좋아하는 고기다." 블라스케즈도 안락의자의 민족지학자는 아니었다.

벌거벗은 여자 여섯 명이 광장으로 나와 자기들 식의 노래를 부르면서 마치 악마처럼 보이는 동작을 하며 몸을 떨었다. 그들은 머리끝부터 발끝까지 무언가를 발라 마치 노란 깃털로 (된) 딱정벌레처럼 (보였다). 그들은 등에 깃털을 달아 말갈기처럼 보였고 축제기분을 돋우기 위해 적의 정강이뼈로 만든 피리를 불었다. 그들은 이런 차림으로 개처럼 짖었고 연설하는 흉내를 내면서 무엇에 비해야 할지 알 수 없는 표정으로 돌아다녔다. 이런 행사를 포로를 죽이기 전 이레나 여드레 동안 계속했다. 당시에 (죽일 포로가) 일곱 명이 있었기 때문에 그들은 여자들이 포로들의 목을 끈으로 묶어 잡고 있는 동안 (포로로 하여금) 달리면서 돌과 오렌지를 던지게 했다. (포로가) 원하지 않아도 그들은 포로를 도발해 오렌지를 던지게 했다. ……(포로들은) 이러한 예식에 (참여하는 것이) 용감하고 강한 것이라고 설득당했으며 만약 죽음이 두려워 (참여를) 거부하면 그들은 포로들을 나약한 겁쟁이라고 불렀다. 그러므로 포로들은 도망치는 것을 커다란 수치라고 생각했다. 포로들은 죽음에 임박해 당신이 그것을 보지 않으면 믿지 않을 일을 했다.

당연히 이 예수회 신부는 포로를 살해하는 것을 그만두게 하려고 노력했다. 그들은 몇 번이나 요리되거나 훈제된 인간고기 또는 이제 막 요리하려는 시체 전부를 어떻게 해서든지 개인적으로 압수했으며, 곧 살해되어 인간고기가 될 처지에 있는 죄수들을 구출해 세례를 베풀었던 이야기를 했다. 만약 투피남바족이 실제로 식인풍습을 행하지 않았다면 예수회 사람들은 단순히 역겨운 소문을 퍼뜨리는 멍청이일 뿐 아니라 최고의 거짓말쟁이였을 것이다. 나는 예수회 사람들이 50년 이상이나 계속해서 서로에게 그리고 로마의 상급자들에게 거짓말을 했다는 아렌스의 주장을 믿지 않는다.

이외에도 다른 아메리카 원주민들, 특히 뉴욕주 북부와 캐나다 남부의 원주민이 전쟁 포로에 대한 고문과 제의적인 사형 집행 그리고 이들을 잡아먹는 일을 했다는 것을 증언하는 목격담이 많다. 예를 들어 1652년 탐험가 래디슨(Peter Raddison)은 그의 동료가 잡아먹히는 것을 목격했다.

"그들은 그 가련한 친구의 살을 일부 잘라내어 그것을 끓여 먹었다."

탐험가 그린핼프(Wentworth Greenhalgh)도 1677년 6월 17일 카나고라의 이로쿼이족(Iroquois) 부락 근처에서 포로 50명이 사로잡혔던 일에 관해 기록했다. 이튿날 그는 네 남자와 네 여자 그리고 한 소년이 죽음의 고문을 받고 있는 것을 보았다.

"그 잔인한 고문은 7시간가량이나 계속되었다. 그들이 거의 죽을 지경이 되자 그들을 풀어주고 소년은 살려준 뒤 죽은 사람의 심장을 꺼내 축제를 벌였다."

이로쿼이족과 휴런족의 식인풍습 목격담

투피남바족의 경우에서처럼 예수회 선교사들은 이로쿼이족과 휴런족의 식인풍습에 관해서도 가장 자세한 목격담을 전해준다. 이로쿼이족이 선교사 두 명을 고문해 죽이고 그들의 심장을 먹은 사건이 있었다. 이 사건에는 기독교로 개종한 휴런족이 관련되어 있었고, 그는 이 사실을 예수회의 상급자였던 레그나우트(Regnaut) 신부에게 이야기했다. 그는 자신이 이와 비슷한 고문 행위와 식인풍습을 목격한 적이 있다고 말했다.

"나는 '휴런족'이 관여된 이 일이 모두 사실임을 의심치 않으며 이를 나의 피로 보증할 수 있다. 왜냐하면 나는 휴런족이 전쟁에서 잡아온 이로쿼이족 포로들을 똑같이 다루는 것을 보았기 때문이다."

고문과 식인풍습에 관한 가장 길고 가장 자세한 목격담은 1637년의 이로쿼이족 포로에 관한 것이다. 선교사 세 명이 그 자리에 있었다―죄네(Paul le Jeune) 신부, 가르니에(Garnier) 신부 그리고 이 이야기를 쓴 메르시에(François le Mercier) 신부. 이 이야기는 포로가 노래를 부르면서 한 무리의 군중에게 호위되어 마을로 들어서는 것에서 시작된다. 그는 "멋진 비버 망토를 두르고 목에는 자기로 된 구슬 목걸이를 하고 있었다." 이틀 동안 그들은 포로를 잘 보살펴주었다. 포로의 상처를 씻어주고 포로에게 과일과 호박과 개고기를 주었다. 밤이 되자 그들은 부락회의를 하는 긴 집으로 포로를 끌고 갔다.

즉시 사람들이 모였다. 늙은 남자들이 양쪽 옆에 오두막과 길이가 같은 일종의 연단인 윗자리를 차지하고 앉았다. 젊은 남자들은 아래쪽에 앉았는데 너무 빽빽이 들어차서 서로의 위에 포개 앉다시피 했기 때문에 불이 있는 곳까지 갈 통로도 없을 정도였다. 기쁨의 함성이 여기저기에서 울려 퍼졌다. 포로를 불에 굽기 위해 어떤 사람은 횃불을, 어떤 사람은 나무껍질을 들고 있었다. 희생자를 데리고 들어오기 전에 '추장'은 모든 사람에게 자신의 의무를 다하도록 격려하면서 이러한 행동의 중요성을 설명했다. 추장은 태양과 전쟁의 신이 보고 있다면서 포로가 새벽까지 살아 있도록 하기 위해 먼저 포로의 다리만을 태워야 한다고 말했다. 그날 밤 그들은 숲으로 가서 (섹스를) 즐기지도 않았다.

포로는 긴 집의 한쪽 끝에서 다른 쪽 끝까지 타오르는 불꽃 위를 뛰어다녀야 했다.

⋯⋯모든 사람이 그가 지나갈 때 그를 불태우려고 애썼다. 그러는 동안 그는 미친 사람처럼 소리를 질러댔다. 모든 군중이 그의 비명을 흉내 내거나 숨이 막히도록 공포스러운 소리를 질러댔다. ⋯⋯마치 오두막 전체가 불타고 있는 것 같았다. 오두막에서 나는 불길과 자욱한 연기를 가로질러 이들 야만인들—빽빽이 들어차 있어 서로 엎치락뒤치락 거리며 가장 큰소리로 비명을 지르고, 손에는 횃불을 든 채 분노와 열광으로 이글거리는 눈동자를 한—은 모두 이 불쌍하고 가련한 포로에게 숨 돌릴 틈조차 주려고 하지 않는 악마들처럼 보였다. 그들은 종종 포로를 오두막의 다른 쪽 끝에서 멈추게 했다. 그러면 그중 일부가 포로의 손을 잡아 수직으로 내리쳐 그 뼈를 부러

뜨렸다. 다른 일부는 포로의 귀를 막대기로 꿰었다. 또 다른 사람들은 손목을 끈으로 마구 묶어 그 끈의 양쪽을 있는 힘껏 잡아당겼다. 그가 뛰다가 잠깐이라도 숨을 돌리려고 멈추기만 하면 뜨거운 재와 타오르는 석탄 위에 눕게 될 것이었다. 나는 공포 속에서 이 모든 것을 신부님께 설명하고 있으나 진실로 우리는 그것을 보면서 이루 말로 다할 수 없는 괴로움을 느꼈다.

그 포로는 이 오두막을 일곱 번째 돌다가 의식을 잃었다. 그러자 추장이 그를 깨우려고 그의 입에 물을 붓고 옥수수를 먹였다. 그가 다시 노래를 부를 수 있게 되자 고문은 다시 시작되었다.

그들은 포로의 다리를 제외하고는 어떤 곳도 태우지 않았지만 언젠가는 그 살이 조각조각 나는 가련한 상태를 만들 것이었다. 몇몇은 달궈진 인두를 갖다 대고 그가 크게 비명을 지를 때까지 떼지 않았다. 그가 비명을 지르지 않으면 포로를 불에 지지는 일을 일고여덟 번 반복했다. 그들은 살 가까이에 대고 있던 불을 종종 입으로 불어 되살렸다. 다른 사람들은 그를 끈으로 묶고 거기에 불을 붙여 그를 천천히 태우면서 가장 심한 고통을 안겨주었다. 어떤 사람들은 그의 발밑에 시뻘겋게 달군 전투용 도끼를 갖다 놓고 그를 찍어 눌렀다. 살이 타면서 칙칙거리는 소리가 들렸다. 거기서 피어난 연기는 오두막의 천장까지 솟았다. 그들은 그의 머리를 곤봉으로 치고 작은 막대기로 귀를 뚫었으며 그의 나머지 손가락을 부러뜨렸고 발 주위에 불을 지폈다.

마침내 포로가 다시 무의식 상태에 빠지자 이번에는 그를 죽여 사지를 잘라 잡아먹었다.

그들은 포로를 모든 방법을 동원해 괴롭혀 결국은 숨도 쉴 수 없게 만들었다. 그들은 그의 심장을 다시 뛰게 하려고 그의 입에 물을 쏟아부었다. 그리고 (추장이) 그에게 숨을 쉬게 하려고 그를 큰 소리로 불렀다. 그러나 그는 여전히 입을 벌린 채 미동도 없이 가만히 있었다. 그러자 그가 칼에 찔려 죽지 않고 그냥 죽을까봐 겁이 난 그들은 한 명은 포로의 한쪽 발을 자르고 다른 사람은 한쪽 손을 자르고 그리고 거의 동시에 다른 사람은 포로의 어깨에서 머리를 떼어내어 그것을 군중에게 던졌다. 축제를 시작하기 위해 몇몇 사람은 포로의 머리를 받아 미리 약속한 대로 그것을 (추장에게) 갖고 갔다. 몸통은 아론타엔에 남아 같은 날 그것으로 축제를 벌였다. 우리는 그의 영혼이 하나님께 가도록 빌고 미사를 위해 집으로 돌아왔다. 도중에 우리는 한 야만인이 반쯤 구워진 손 한쪽을 꼬챙이에 끼워서 가지고 가는 것을 보았다.

식인풍습에 관한 예수회 회원들의 목격담을 길게 인용한 것은 아렌스의 주장에 문제가 있는 부분을 반박하기 위해서다. 그는 "이로쿼이족의 잔인성과 식인풍습의 자료로 종종 언급되는 예수회 선교사들이 모은 기록에 식인행위를 목격하고 서술한 자료는 없다"라고 말했다. 이로쿼이족과 휴런족의 고문과 식인풍습에 관한 예수회 회원들의 목격담이 요리하고 먹는 과정보다는 고문에 관한 정보를 더 많이 제공하는 것은 사실이다. 그러나 내 생각에 그 이유는 명백하다. 식인을 금지하는 문화를 가진 예수회 회원들은 인간고기를 먹는 것에 대해서도 혐오감을 느꼈을 것이다. 그러나 사람들이 고문당하는 것을 보는 데 익숙하지 않은 사람으로서 (비록 그들의 유럽 동향인들이 이 인디언보다도 더 큰 규모로 고문을 이용하긴 했지만) 포로를 요리하는 방식보다 포로를 살해하는 방식에 훨씬 많은 거부감과 전율을 느꼈을 것이다.

전쟁 식인풍습의 비용 편익

여기서 먼저 전쟁 식인풍습의 비용 편익을 살펴보자. 만약 전쟁을 고기를 얻기 위해 조직된 사냥의 한 형태로 본다면 그 비용은 이익을 훨씬 초과한다. 인간은 큰 동물이지만 그중 몇 명만 잡는 데도 막대한 노력이 든다. 사냥감들은 사냥하는 자들만큼이나 경계심이 많고 잘 달아나며 사냥에 대해서도 잘 안다. 또한 먹잇감으로써 인간에게는 또 하나의 독특한 특징이 있다. 테이퍼(맥─옮긴이)나 물고기 또는 메뚜기와는 달리 사냥감으로써의 인간은 그 수가 사냥꾼의 수보다 크면 클수록 좋지 않은 사냥감이 된다. 이는 그들이 세상에서 가장 위험한 먹이이기 때문이다. 그들을 죽이는 만큼 자신들도 죽을 확률이 높기 때문이다. 최적 먹이 찾기 이론에 기초해서 볼 때 사냥꾼들이 인간과 마주쳤을 때 인간을 잡으리라고는 거의 기대할 수 없다. 팜 구더기나 거미를 찾기 위해 인간을 지나치는 편이 나을 것이다.

전쟁 식인풍습은 인간고기 사냥이 아니다. 그들은 집단 간 전략의 표현으로 그들과 같은 인간을 추적하고 살해하고 고문하는 과정에 참여하는 전사들이다. 그러므로 식인풍습의 희생자를 포획해 죽이는 데 들어가는 주요 비용은 사냥에 부과할 수는 없다. 그보다는 전쟁에 부과해야 한다. 투피남바족이나 휴런족, 이로쿼이족은 인간고기를 얻으려고 전쟁을 하는 것이 아니다. 그들은 인간고기를 전쟁의 부산물로 얻는다. 따라서 그들이 전쟁포로의 고기를 먹는 것은 비용·이익의 관점에서 보면 아주 합리적이다. 완전한 동물성 식품의 공급원을 낭비하는 것은 영양상 조심스럽게 선택해야 할 사안이다. 또한 이런 경우에는 포레족의 경우와 같은 재앙을 초래할 위험도 없다. 동물성 식품의 필요 밖 공급원으로 전쟁포로의 고기는 평소 고기를 적게 분배받았던 사람들, 특히 남자보다 더 '고기에 굶주려 있던' 여자들에게 틀림없이 환영받았을 것이다. 투피남바족 여자와 이로쿼이족 여자들이 식인축제에 따르는 제의에서 두드러진 역할을 하는 것은 이 때문이다.

이로쿼이족과 휴런족에게 전쟁은 적의 남녀를 사로잡는다는 점뿐 아니라 그들을 고문하기 위해 마을로 데리고 온다는 점에서 경제적 이익이 있다. 그리고 고문 자체는 인간고기를 먹는 비용과는 완전히 별도로 엄청난 비용·이익의 효과가 있다. 이로쿼이족과 휴런족처럼 호전적인 집단은 그들의 젊은이들을 적에게

무자비하게 공격하도록 훈련하는 데 고문을 이용했다. 살아 있는 포로의 육체는 의심할 여지없이 오늘날 모래를 넣은 허수아비나 플라스틱 표적보다 훨씬 효과적인 훈련 상대다. 고문은 부락 젊은이들의 마음에서 적에게 갖는 마지막 한 점의 동정심을 없애주며 전투의 장면과 소리에 익숙하게 한다. 또한 그것은 그들이 용기를 잃어 적에게 붙잡힐 경우 그들이 맞이할 끔찍한 운명에 대해 경고한다.

나는 이로쿼이족과 휴런족이 고문하고 먹기 위해 자기들 부락으로 끌고 온 포로들의 숫자에 대해서는 많은 것을 말할 수 없다. 예수회 회원들의 보고서는 그런 포로들이 그리 많지 않았다는 인상을 준다. 게다가 이로쿼이족과 휴런족은 사슴이나 큰사슴, 곰과 같은 큰 사냥감이 많은 온화한 숲지대에 살았기 때문에 투피남바족처럼 동물성 식품에 대한 압박을 받지 않았었다. 따라서 포로를 마을로 끌고 와 먹는 관습에 영양학적인 중요성을 부과하기는 어렵다. 비용이 아주 조금밖에 안 들었다 해도 (전쟁과 관련된 부분을 참작하면) 그 이익은 사소한 것이었다. 그러나 이로쿼이족과 휴런족은 자신들의 식인풍습을 마을에 끌고 온 포로에 한정하지 않았다. 적과의 치열한 전투 후 마을에서 멀리 있을 때에 훨씬 더 많은 인간고기를 먹었던 것 같다. 부상자들은 어떤 종류의 음식이든 먹어야 하고 살해된 적의 시체가 그들의 결정적인 특전식량의 역할을 할 수 있는 때가 있었다. 예를 들어 1693년 1월 19일 올버니의 시장 슈일러(Peter Schuyler)는 스케넥터디 부근에서 있었던 프랑스와의 전투 후 자신의 동맹이었던 모호크족(Mohawk)

이 "잔인하게 적의 시체를 토막내더니 이를 구워서 먹었다"고 보고했다. 이 보고는 이 사건에 대해 슈일러와 면담했던 역사가이자 뉴욕 주지사였던 콜든(Cadwallader Colden)이 확인해 상세히 서술했다.

인디언들은 그들이 발견한 프랑스인들의 시체를 먹었다. ……슈일러는 (그가 내게 말한 대로) 그때 인디언들 사이에 있었는데 그들에게서 지금 막 끓인 고깃국을 같이 먹자는 초대를 받았다. 그는 그들이 국을 더 푸기 위해 국자를 솥에 넣어 프랑스인의 손을 꺼내 그들의 식욕이 사라지기 전까지 그 고깃국을 먹었다.

모호크족은 영국의 동맹자로서 프랑스와 맞서 싸웠기 때문에 콜든도 슈일러도 이로쿼이족의 '야만성'을 강조해서 이득을 볼 것이 없었다.

프랑스 측에서도 그들의 동맹자인 휴런족이 인간고기를 전쟁 식량으로 사용한다는 것을 숨기지 않았다. 뉴프랑스의 총독 드농빌(Jacques-René de Denonville)은 1687년 세네카와 전투를 치른 후 휴런족이 죽은 적을 먹었다고 보고했다.

"우리는 잔인한 야만인들이 마치 도살장에서처럼 죽은 자를 솥에 넣기 위해 네 토막으로 자르는 끔찍한 광경을 목격했다. 그들은 시체의 피를 마시기 위해 여전히 온기가 남아 있는 많은 시체를 갈랐다."

전쟁보급을 보충하기 위해 죽은 적의 군사를 먹는 것은 세계 여러 곳의 부락사회에 공통된 관습으로 보인다. 뉴질랜드 마오리 족의 경우에 관한 기록은 몇 가지 중요한 세부 사항들을 알려준다. 마오리의 전사들은 이동성을 높이고 기습공격을 하기 위해 일부러 식량을 거의 가져가지 않았고 어디서든 먹을 수 있는 것을 구했다. 행진하면서 그들은 "먹을 사람을 찾으면서 적의 고기는 얼마나 맛있을까에 관해 이야기한다." 마오리족은 전장의 시체들과 그들의 포로 대부분을 전쟁 직후에 요리한다. 적의 고기가 그들이 먹을 수 있는 양보다 더 많으면 고기에서 뼈를 발라내 이를 바구니에 싸서 돌아가는 길에 먹는다. 때로 포로를 살려둔 채 이 바구니를 들고 가게 하고 그 후에는 식인축제에서 죽여 먹기 전까지 '노예'로 부린다.

나는 마오리족의 생계에 인간고기가 전체적으로 얼마나 이바지하는지 상세히 알 수는 없지만 전쟁원정에서 식인풍습이 갖는 영양학적 중요성은 부정할 수 없다. 인류학자 베이다(Andrew Vayda)에 따르면 "마오리족이 인간고기를 소화시키는 과정에서 적에 대한 복수와 자양분 또는 즐거움을 얻는다고 믿든 믿지 않든 실제로 인간고기는 영양소로서 역할을 한다. 이 사실이 식인풍습을 전쟁에 유용한 관습으로 만드는 것이다."

전쟁터의 식량보급에 적의 시체를 포함시키는 것은 영양상으로는 의미가 있지만 군사적으로는 항상 그럴듯하지는 않다. 승리한 군대가 캠프를 설치하고 적의 시체를 모으고 불을 피우고 인간고기를 요리해서 먹는 것은 적이 완전히 궤멸하여 반격을 가할 수 없는 상황에서나 가능하다. 승리자들이 인간고기를 먹기 위해서는 적이 재집결하거나 다른 동맹에게 도움을 요청해 전장으로 되돌아올 가능성이 없다고 느껴야만 한다. 그런데 이런 종류의 승리는 투피남바족 같은 집단의 군사작전으로는 확보할 수 없다. 그들의 군사행동은 모든 사람이 잠든 마을을 기습공격하는 것이다. 피해자들의 전형적인 반응은 숲으로 도망쳐 도살과 교전—전투라기보다는 급습이라고 해야 할—이 끝날 때까지 기다리는 것이다. 승리자들은 즉시 돌아서서 집으로 온다. 왜냐하면 흩어진 적이 재집결해 동맹자를 불러 틈을 타 돌아올 것을 두려워하기 때문이다.

이와 같은 군사적 이유, 즉 이동성을 떨어뜨리지 않기 위해 승리자들은 오직 몇 명의 포로만을 집으로 데리고 올 수 있다. 많은 부족과 부락사회가 적의 시체를 전부 가져오지 못하고 살아 있는 포로보다는 잘라낸 일부—머리나 머리 가죽, 손가락—를 간신히 가지고 오는 이유도 바로 이 때문이다. 다시 말해 전쟁의 관행은 전장이나 집 또는 두 군데 모두에서 인간고기를 먹는 경향을 낳는다. 식인풍습이 그들의 군사적 전략·전술과 양립할 수 있는 곳이라면 그들은 어디에서든지 고기를 먹을 것이다.

내가 지금 말한 것이 사실이라면 전장에서 포로를 잡아먹거나 그들을 집으로 끌고 올 군사적 전략·전술이 증가하면 전쟁 식인풍습의 격렬성과 그 범위도 증가할 것이라고 생각할 수 있다. 잠시 후에 살펴보겠지만 이런 예측은 부족사회의 발달에서는 확실히 타당하다. 그러나 국가의 형태를 띤 정치조직이 출현하면서 전쟁 식인풍습은 돌연 사라졌다. 고대에서부터 현대에 이르기까지 국가로 조직된 모든 사회는 실질적으로 다른 어떤 종류의 동물성 식품을 소비하는 것보다 인간고기를 먹는 것에 강력한 제재를 가해왔다. 그러나 국가는 적군을 생포하고 잡아먹는 데 있어서 투피남바족이나 이로쿼이족보다 열 배나 더 큰 군사적 능력이 있었다. 지난 5,000년 동안 가장 많은 전사를 동원해 가장 심하게 파괴하고 가장 많은 피를 흘린 전투를 벌였던 사람들―어떤 식인종도 상상할 수 없을 정도로 어마어마한 규모로 격렬히 싸웠던 사람들―이 설령 단 한 사람이라 할지라도 사람의 시체를 먹는다는 상상만으로 혐오감을 느끼는 건 역사의 커다란 아이러니다(아즈텍만은 예외인데 곧 살펴보겠다).

식인풍습이 폐지된 이유

나는 식인풍습이 폐지된 이유가 수메르나 이집트, 중국의 한(漢)나라, 로마 또는 페르시아가 투피남바족이나 마오리족, 이로쿼이족 그리고 중앙정부나 상비군이 없는 다른 사람들보다 '더 고차원적인' 종교를 믿고 수준 높은 도덕적 가치를 지녔기 때문이라고 말할 수 있으면 좋겠다. 나는 기독교도나 이슬람교도, 유대교도와 힌두교도가 서로를 잡아먹기에는 너무 '문명화'되었다고 말할 수 있으면 좋겠다.

그러나 불행히도 이런 식의 설명은 우리가 너무 '문명화되어서' 곤충이나 말고기를 먹지 않는다고 말하는 것만큼이나 이치에 맞지 않는다. 프랑스의 위대한 수필가 몽테뉴(Michel de

Montaigne)는 오래전에 식인풍습을 도덕적 부패의 궁극적 척도로 만들려는 서유럽인의 자민족 중심적인 과장을 한풀 꺾이게 했다. 브라질에서 12년을 보낸 지인에게서 투피남바족의 식인풍습에 관해 듣게 된 몽테뉴는 인디언이 식인풍습이 있기 때문에 그의 동포들보다 더 야만적이라는 생각에 강력히 반대했다.

　　나는 우리가 그러한 행동을 야만적이라고 비판하는 데 그다지 관심이 없다. 마찬가지로 그들의 잘못은 올바르게 판단하면서 우리의 잘못에는 그토록 눈감아줘야 한다고 주장하는 데도 관심이 없다. 나는 죽은 사람을 먹는 것(이는 한 프랑스인이 자신의 적의 시체를 한 조각 잘라내어 대중이 보는 앞에서 먹었던 사실을 가리킨다)보다는 산 사람을 먹는 것이, 아직 감각이 완전한 사람의 몸을 고문대 위에서 괴롭히며 고문하는 것이, 그를 조금씩 구워 개와 돼지에게 뜯어먹도록 하는 것이(이는 우리가 읽었을 뿐 아니라 눈으로 보았기 때문에 생생히 기억하고 있듯이, 오랜 적들 사이에서가 아니라 가까운 이웃과 동포들 간에, 게다가 더 나쁜 것은 경건함과 신앙의 외피 아래서 행해졌다), 그가 죽은 후 그를 구워서 먹는 것보다 더 야만적이라고 생각한다. ……그러므로 우리는 이들(투피남바족)을 이성의 법칙에서는 야만인이라고 부를 수 있겠지만 모든 종류의 야만성에서 그들을 능가하는 우리 자신과 비교했을 때는 야만인이라고 부를 수 없다.

슬프게도 나는 여기에다가 몽테뉴가 이 글을 쓴 이래 400년 동안 변한 것이 아무것도 없다는 사실을 덧붙여야 한다. 이른바 우리의 문명은 우리가 집단 간의 갈등을 해결하는 수단으로써 같은 인간을 유례없이 많이 불에 태우고 폭탄에 날려버리고 사지를 찢는 일을 그만두게 하지 못했다. 전쟁을 두고 말한다면 우리는 우리의 어떤 선조들보다도 바닥으로 추락해버렸다. 핵전쟁 시대 이전에는 어떤 두 적도 자신들의 이해를 관철하기 위해 전 세계, 친구, 원수 그리고 방관자들을 똑같이 전멸시킬 수 있는 전쟁을 벌이려고 하지 않았다. 인간의 잔인성에 대해 말하자면 국제사면위원회는 지금도 전 세계 국가의 3분의 1이 국내외 적을 고문한다고 발표했다.

유감스럽지만 나는 인간고기를 먹지 않는 것은 브라만들이 쇠고기를 먹지 않고 미국인들이 개고기를 먹지 않는 이유와 본질적으로 똑같다는 것을 말해야만 한다. 즉 비용 편익의 관계가 바뀐 것이다. 더 효율적인 동물성 식품을 구할 수 있으며 전쟁포로의 여타 효용성이 증가해 그들을 죽이는 것보다 살려두는 편이 더 가치 있게 되었다. 이제 이러한 변화가 어떻게 일어났는지를 설명하겠다.

국가는 세 가지 경우에서 부족이나 부락 수준의 사회와 근본적인 차이가 있다. 첫째, 국가는 경제적으로 더 생산적이기 때문에 농민와 근로자들에게 많은 잉여식량과 물자를 생산하게 할 수 있다. 둘째, 국가는 정복지와 정복민을 단일한 정부 아래 둘 수 있는 정치체제를 갖고 있다. 셋째, 국가는 평민과 노예에게서 거두어들이는 공물, 세금 수입에 의존하는 정치력과 군사력을 가진 지배계급이 있다. 국가는 모든 농민나 근로자가 잉여자원을 생산하고 노동할 수 있다. 따라서 국가의 인구가 많아질수록 잉여자원이 증가하고 세금과 공물을 거둘 수 있는 기반이 커지며 지배계급의 힘은 더욱 강해진다.

이에 비해 부족과 부락사회는 많은 잉여자원을 생산할 수가 없다. 게다가 부족과 부락사회들은 세금을 거두어 이익을 얻기 위해 패배한 적들을 중앙정부나 지배계급 아래 결합시킬 수 있는 정치적·군사적 조직이 없다. 따라서 부족이나 부락사회에서 승리자에게 가장 유리한 군사적 전략은 이웃 집단 사람들을 죽이거나 쫓아내 자원을 둘러싼 투쟁을 덜 하는 것이다. 부족이나 부락사회는 낮은 생산성 때문에 적을 사로잡아서는 장기적으로 이득을 얻을 수가 없다. 포로가 잉여자원을 생산하지 못하므로 한 사람을 노예로 부리기 위해 집으로 데려오는 것은 단지 먹여야 할 입이 하나 늘어나는 것을 의미할 뿐이다. 포로를 죽여서 먹는 것은 예측할 수 있는 결과다. 만약 포로의 노동이 잉여자원을 생산하지 못한다면 포로는 음식의 생산자로서보다 음식으로서 더 가치가 있다.

이와 대조적으로 대부분의 국가에서는 포로를 죽여서 먹는 것이 세금과 공물원을 확대하려는 지배계급의 이해에 위배된다. 포로가 잉여자원을 생산할 수 있기 때문에 그들의 고기를 먹는 것보다 그들이 생산한 노동의 산물을 먹는 편이 훨씬 더 낫다. 특히 그 잉여자원의 일부가 (대개 부족사회나 부락사회에서는 얻을 수 없는) 가축의 고기와 젖일 경우에는 더욱더 그렇다.

전쟁에서의 식인풍습 폐지는 더 큰 제국 체제를 구축하려는 지배자들에게 또 다른 이득도 가져다준다. 그들은 적에게 항복한 자는 죽이거나 잡아먹지 않을 것이라고 보증함으로써 아주 큰 심리적 이득을 얻을 수 있다. 더 고도로 발달된 '문명'을 전파한다는 구실 아래 행진하는 군대는 "우리는 너희를 죽여 잡아먹으려고 왔다"는 기치 아래 행진하는 군대보다 저항을 덜 받을 것이다. 간단히 말해 전쟁에서의 식인풍습 폐지는 제국의 독특한 도덕적·윤리적인 진화의 일부였다. 이 진화로 궁극적으로 인류의 단결과 사랑과 친절을 중시하는 자비로운 신에 대한 숭배를 강조하는 보편적 종교가 출현했다.

이에 대해 회의적인 반응을 보이는 사람들이 있을 수 있다. 전투 후에는 많은 시체가 전장에 널려 있다. 왜 승리자들이 그것을 먹지 못하게 했을까. 식인풍습에 대한 금기가 살아 있는 적에게만 적용되었다면 승리한 병사들은 살아 있는 포로들의 노동력 가치를 손상하지 않고 여분의 전쟁 보급물자를 얻을 수 있지 않았겠는가. 말고기에 대한 금기의 기원에 대해서도 이와 비슷한 반대가 있을 수 있다. 앞에서 보았듯이 말고기에 대한 금기의 발달과 함께 전장에 어지럽게 널린 죽은 말조차도 먹기에 적당하지 않은 것이 되었다.

비슷한 해답이 두 가지 경우에 모두 적용될 수 있을 것 같다. 가장 강력한 금기는 예외를 허용하지 않는다. 금기를 깨려는 유혹이 크면 클수록 금기는 더욱 강해야 한다. 살아 있는 전쟁포로나 살아 있는 전쟁터의 말을 살해하여 잡아먹지 않도록 하려면 인간고기와 말고기는 살아 있는 것이나 죽은 것이나 똑같이 금기시해야 한다. 또한 관리들이나 귀족은 금지된 고기를 먹으려는 유혹이 평민보다 크지 않았을 것이다. 지도층이 인간고기를 포기하는 것은 말고기를 포기하는 것과 마찬가지로 더 쉬운 일이었다. 전쟁이 끝난 뒤 포로들은 평민들의 이득이 아니라 지도층의 이득을 위해 일했다. 게다가 언제나 그렇듯 관리와 귀족들은 다른 동물성 식품을 풍부하게 먹을 수 있는 특권을 누렸다.

고기에 굶주린 평민들은 더 불만족스러운 상황에 직면했다. 그들은 다른 동물성 식품을 풍부하게 먹을 수도 없었고 정복민의 노동력에서 이득을 볼 수도 없었다. 그들로서는 이전의 적들을 살려두어 얻을 수 있는 것이 아무것도 없었으므로 그들에게 모든 형태의 식인풍습에 관해 강력한 반감을 주입하지 않으면 안 되었다. 그들은 인간고기를 혐오하도록 너무나 강력하게 교육을 받아 전장에서 시체(사람이나 말)를 먹는다는 것을 생각만 해도 역겹게 느낄 정도가 되었다. 물론 고기에 굶주린 평민들은 여전히 전장에 살금살금 기어가 생각할 수도 없는 것을 먹었다. 그러나 살아 있는 말과 살아 있는 사람들의 주인은 '문명화된' 인간은 죽었든 살았든 사람이나 말은 먹지 않는다는 것을 알고 훨씬 쉽게 잠자리에 들 수 있었다.

여기서 우리는 죽은 친척의 시체를 먹는 관습이 국가 수준의 사회에서는 아주 부분적인 형태로도 일어나지 않는다는 것을 알 수 있다. 인간고기를 먹는 데 대한 금기에서 조금이라도 이탈하는 것은 전쟁 식인풍습을 제거하려는 국가의 노력을 약화시킬 수 있었다. 국가가 죽은 적의 고기를 먹는 것은 금지하면서 죽은 친척을 먹는 것을 허용할 수는 없었다. 구대륙(유럽, 아시아 및 아프리카―옮긴이)에서처럼 살았든 죽었든, 친구든 적이든, 말고기가 그랬듯이 인간고기도 그것이 얼마나 죽이기 좋은지와 상관없이 먹기 적당하지 않은 것이 되었다.

이제까지 대략 설명한 이론에서 보면 전쟁 식인풍습은 부족사회의 발전과 함께 그 규모와 격렬성이 증가했다가 부족사회가 국가로 바뀌면서 급속히 약화되었음을 추측할 수 있다. 오세아니아는 특히 흥미로운 실험을 제공한다. 북부 오스트레일리아의 뉴기니인들과 솔로몬제도, 뉴헤브리디스제도와 누벨칼레도니아 같은 멜라네시아에 사는 사람들 대부분은 유럽인과 처음 접촉했을 당시 어느 정도 전쟁 식인풍습을 행하고 있었다. 그 집단들의 대부분은 부족이나 부락으로 조직되어 있었고 소규모 부족사회의 수준을 넘어선 곳은 없었다.

그중 주요한 예외로는 피지가 있다. 피지에서는 강력한 최고추장의 군대가 밀집한 인구에 대한 주도권을 놓고 서로 격렬한 전투를 벌였으나 중앙집권화된 정부의 외형을 이루지는 못했다. 또한 피지에서는 전쟁 식인풍습이 오세아니아의 다른 지역과는 비교가 안 될 정도로 극렬하게 행해졌다. 19세기 초 보고서에 따르면 피지 부족사회 바깥에서 붙잡힌 포로나 내부의 반란자들이 사원에서 행해지는 봉헌이나 추장의 집 건축, 카누의 진수, 동맹추장의 방문 같은 중요한 행사에서 제사장들의 제의적인 감독 아래 희생되어 잡아먹히는 것이 목격되었다고 한다.

"전투에서 죽인 모든 적은 당연히 승리자들이 먹었다. 시체는 먼저 영혼들에게 바쳐졌다."

피지인들은 인간고기가 신의 음식이라고 믿었다. 그들은 인간을 희생시키고 먹는 것을 신과 인간이 함께 식사하는(베다인과 이스라엘인과 튜턴족Teuton이 소를 희생해 신과 쇠고기를 나눠 먹었듯이) 일종의 성찬식이라고 생각했다. 19세기 초 일어난 전쟁 당시 피지인들의 "식인행위는 흔하게 행해졌으며 때로 축제처럼 떠들썩했다." 한 선교사는 "1840년대에 5년 동안 그의 거주지에서 약 24킬로미터 이내의 지역에서 500명 이상이 잡아먹혔다"고 추정했다. 큰 마을을 약탈한 뒤에 잡아먹을 수 있는 사람 수는 아마도 300명 정도에 한할 것이다. 한 추장은 자신의 식인식사를 기념하기 위해 희생자 한 명당 돌 한 개를 놓았다. 그가 죽을 때 놓은 돌은 872개에 달했다.

피지의 부족사회는 멜라네시아에 있는 대부분의 정치적 집단보다 크고 잘 조직되어 있었지만 가뭄과 영양상의 압박을 받을 때가 잦았다. 11월부터 2월까지는 얌과 타로가 떨어져 배고픈 기간을 보낸다. 피지인들은 집돼지를 기르고 있었지만 이를 생계에 충분할 정도로 많이 기를 수는 없었기 때문에 그들의 식단에는 동물성 식품이 아주 빈약했다. 아리안족(Aryan)이나 이스라엘 민족이 소를 희생시킬 때 제의행사를 하는 것이 쇠고기의 영양상 중요성을 감소시키지 않는 것과 마찬가지로 피지인들이 사제가 주관하는 정교한 제의에 참여한 뒤에만 포로를 먹는다는 사실이 인간고기의 영양상 중요성을 감소시키지는 않는다. 추장이나 제사장이 주요한 전쟁의 신에게 포로를 바치는 것은 "잡아온 나머지 시체들을 부족사람들이 더 자유롭게 먹도록 하기 위해서였다." 그러나 피지인들이 인간고기를 먹기 위해 전쟁에 나갔다고 말하는 것은 잘못되었다. 그보다는 전쟁 식인풍습의 경우와 마찬가지로 일단 전쟁에 나간 피지인들이 적을 죽이고 적의 시체를 먹음으로써 자신들의 물질적 소득을 증가시켰다고 봐야 한다.

아즈텍의 식인풍습

멜라네시아인들과는 대조적으로 태평양의 거대한 섬 문화인 폴리네시아에 사는 사람들은 대부분 전쟁 식인풍습에 가담하지 않았다. 이는 폴리네시아에서 과세와 노동력 징발의 초기형태에 기반을 둔 토착 정치조직이 발달했다는 사실과 잘 부합한다. 예를 들어 하와이에서는 부락이 구역으로 묶여 있고 구역은 섬 전체를 지배하는 왕국으로 묶여 있었다. 구역의 장은 부락에서 타파섬유와 낚시도구 그리고 식량 등 '공물'을 거두어 왕에게 바쳤다. 만약 적당한 양의 '공물'을 바치지 않으면 왕의 전사들이 비협조적인 부락을 약탈했다.

왕은 그들의 세입을 관개수로를 확장하고 물고기를 기를 연못을 파는 노동자들과 장인들뿐 아니라 자신의 개인적인 부하와 전사들을 유지하는 데 썼다. 폭풍이 불어 이러한 시설들이 손상되면 왕과 그의 부하 추장들이 자신의 창고에 저장해둔 비상식량과 물자를 나눠주었다. 하와이인은 통가인들과 타히티인처럼 고도로 생산적인 관개농업과 물고기 연못, 심해에서 고기를 잡는 카누 덕분에 상대적으로 동물성 식품의 공급원을 풍부하게 확보하고 있었다(물론 토란을 먹여 키운 '애완'견들을 포함해서).

다시 한번 말하지만 폴리네시아제도의 모든 사람이 전쟁 식인 풍습을 꺼렸던 것은 아니다. 그 주요한 예외는 마오리족과 마르키즈족(Marquesan) 그리고 아마도 사모아족(Samoan)일 것이다. 그러나 이런 섬들에는 통가나 타히티, 하와이에서 볼 수 있는 중앙집권화된 정치조직이 없었다. 마오리족의 정치조직은 멜라네시아의 분절된 추장과 유사한 반면 마르케사스제도와 솔로몬제도의 정치조직은 피지족의 정치조직보다 중앙집권화가 덜 되어 있었다. 폴리네시아의 이 세 집단 모두 정치적으로 중앙집권화된 폴리네시아의 특징인 고도로 생산적인 농업과 어업이 없었다. 요약해보자. 최소한 오세아니아에서는 전쟁 식인풍습과 정치적 조직 수준의 관계에 대한 예측이 타당한 것 같다. 중앙집권화된 정부가 출현함으로써 전쟁포로들은 고기로서보다는 납세자와 농민으로서 더 가치 있게 되었다.

앞서 말했듯이 멕시코의 아즈텍은 모든 국가가 전쟁 식인풍습을 억압한다는 법칙에 대한 하나의 큰 예외다. 아마도 다른 예외가 더 있겠지만 역사가들은 이를 기록한 적이 없고 고고학자들도 탐색하지 않았다. 아즈텍인은 사람을 죽였을 뿐 아니라 계속 먹었는지를 설명하지 못한다면 국가가 사람을 죽여놓고 왜 먹지 않았는지에 대한 내 설명은 신뢰할 수 없을 것이다.

1519년 코르테스(Hernando Cortés)가 원정에서 접한 아즈텍인은 죽은 적을 먹는 것을 제어하지 못했을 뿐 아니라 전무후무한 규모로 국가가 지원하는 인간 희생제와 식인을 행하고 있었다. 매년 살해되어 먹히는 희생자 수가 적으면 1만 5,000명에서 많으면 25만 명에 달했다. 대부분은 적군 병사로서 최근에 전장에서 포로가 되었거나 임시적으로 노예로 부리고 있는 사람이었다. 또한 아즈텍인은 여자 포로와 여자 노예도 먹었다. 희생자 가운데 소수는 평민 가족에게서 납치하거나 그들이 바친 어린이와 유아였다. 국가 이전 단계의 전쟁 식인풍습에서처럼 아즈텍인은 희생자들을 죽이고 그 고기를 분배하는 데 상징성을 부여하고 고도로 제례화된 절차를 따랐다. 피지인들처럼 그들도 인간고기가 신의 음식이라고 믿었다.

아즈텍인은 기념광장과 사원을 배경으로 자신들의 희생제를 매일 구경하러 나오는 서구의 관광객 앞에서 이를 행했다. 도살자와 사제팀들이 아즈텍의 수도 테노치티틀란(Tenochtitlán)의 중앙에 솟아 있는 계단식 피라미드 꼭대기에서 희생자들을 죽였다. 주요한 신들의 석상 앞에서 이들 사제 가운데 네 명이 각각 희생자의 사지를 잡았다. 그리고 낮고 둥근 돌 위에다가 사지를 편 채 눕혔다. 그러면 다섯 번째 사제가 가슴을 갈라 뛰고 있는 심장을 비틀어 꺼내어 석상에 대고 눌렀다. 그동안 다른 사람들은 희생자의 몸을 피라미드의 계단으로 내려보낸다. 시체가 밑에까지 내려오면 다른 시중들이 머리를 자르고 나머지를 '주인'—희생자들을 사로잡은 전사들의 주인—의 집에 넘겨준다.

이튿날 시체를 잘라 요리해 주인과 손님들이 참석한 잔치에서 먹는다. 이들이 좋아하는 요리법은 후추와 토마토, 호박꽃으로 향취를 낸 스튜다. 몸통과 내장을 어떻게 하는지는 약간의 의문이 있다. 한 연대기에 따르면 아즈텍인이 희생자의 몸통을 왕실 동물원에 있는 동물들에게 던져주었다고 한다. 그러나 다른 연대기 편자(編者)는 머리와 심장을 뺀 시체 전체를 주인에게 넘겨주었다고 말한다. 그러나 보통 머리를 나무막대기에 꿰어서 이전에 희생된 사람들의 머리와 나란히 격자로 된 진열대나 '해골선반' 위에 전시해두었다는 것에는 모든 연대기 작가가 동의한다. 가장 큰 해골선반이 테노치티틀란의 메인광장에 놓여 있었다. 한 목격자가 여기에 들어 있는 막대기를 세어본 결과 해골 13만 6,000개가 들어 있었다고 말했다. 그러나 이를 믿을 수 없었던 현대의 한 사람이 아즈텍에서 구할 수 있는 가장 높은 나무의 길이와 해골의 평균 넓이에 기초해 이 총계를 다시 계산해본 결과 문제의 해골선반에 6만 개 이상은 올려놓을 수 없었다고 결론내렸다.

그러나 이것이 아즈텍의 유일한 해골선반은 아니었다. 같은 광장에만 해도 비록 크기가 작더라도 비슷한 해골선반이 다섯 개가 더 있었으며 헤아릴 수 없이 많은 두개골과 턱뼈를 석회로 붙여 높게 쌓은 탑이 두 개 있었다. 이 해골들을 일정한 기간에 쌓지는 않았다. 한 번에 100명이나 되는 포로를 희생시키는 정규적인 축제일이 1년 내내 있었다. 그러나 사제들은 군사적 승리나 새 왕의 즉위식 또는 피라미드나 사원의 확장 같은 주요한 역사적 사건을 기념하기 위해 훨씬 더 많은 사람을 죽였다. 예를 들어 아즈텍인은 테노치티틀란의 주요한 피라미드를 최소한 6번은 확장하고 재봉헌했다. 원주민들에 따르면 사제들이 1487년에 했던 재봉헌에서 나흘 밤낮으로 포로 8만 400명을 희생시켰다고 한다. 이것이 스페인이 아즈텍을 정복하기 전에 행했던 마지막 재봉헌이었다.

역사학자이자 인구학자인 쿡(Sherburne Cook)이 희생자 한 명당 2분을 할당해 계산해본 결과 1만 4,000명 이상은 죽이지 못했을 것이라고 말했다. 그러나 심장혈관 전문 외과의사로 신대륙발견 이전의 멕시코 역사를 잘 아는 로빅섹(Francis Robicsek)은 숙련된 의사라면 희생자 한 명당 20초면 충분했을 것이라고 주장했다. 그렇다면 고도로 숙련한 외과의사팀이 피라미드 꼭대기에서 나흘 동안 죽일 수 있는 희생자는 7만 8,000명이 된다.

한 가지 중요한 요점은 포로들이 협조적이었는지에 관한 것이다. 많은 아즈텍 학자는 멕시코 여행사의 주장처럼 포로들이 신에게 먹히는 것을 영광으로 여겼기 때문에 칼 아래 기꺼이 몸을 맡겼다고 주장한다. 이는 아즈텍 종교의 가공할 만한 잔인함을 무마하려고 하는 것이다. 문화적 상대주의의 이름으로 잔인함을 감상적으로 다루려는 이러한 경향은 보고된 사실들과는 전적으로 배치된다. 아즈텍에 관한 가장 중요한 역사적인 기록을 쓴 사아군(Sahagun)의 『플로렌틴 약전』(*Florentine Codex*)에는 포로 노예의 주인들이 "그들의 머리채를 잡고 그들이 죽을 장소로 끌고 갔다"라고 되어 있다. 또한 16세기 모톨리니아(Motolinia)의 『뉴스페인의 인디언의 역사』(*History of the Indians of New Spain*)를 보면 다음과 같은 경고가 나온다.

살해되어 심장이 꺼내지거나 다른 방식으로 살해된 이들 가운데 한 사람이라도 자발적으로 죽음을 맞았다고 생각해선 안 된다. 그들은 자신의 죽음에 엄청난 슬픔을 느끼고, 끔찍한 고통을 참으면서 죽음을 맞았다.

식인 희생자의 수를 축소하려는 시도에 반대하는 증거로 나는 아즈텍의 사제파견단이 아즈텍 군대를 수행해 전투에 승리한 직후 희생제를 지냈다는 것을 지적하려 한다. 또한 감금당한 아즈텍인이 전장에 남겨진 시체를 먹었을지 모른다는 증거도 몇 가지 있다. 비의 신에게 바친 희생자처럼 언제나 잡아먹히지는 않았던 희생자가 있었을 가능성을 고려하고, 스페인인과 아즈텍인 모두 식인축제에서 먹을 수 있는 희생자 수를 과장하는 경향이 있다는 것을 인정하더라도 여전히 아즈텍인이 유례없는 규모로 전쟁 식인풍습을 행했다는 사실은 남는다. 아즈텍 국가와 아즈텍 종교가 이를 금지하기보다는 오히려 장려했다는 것은 부인할 수 없다.

그렇다면 아즈텍 국가만이 유일하게 전쟁 식인풍습을 억압하지 못한 이유를 어떻게 설명할 수 있을까. 나는 비용 편익 이론을 이 예외에도 똑같이 적용할 수 있다고 생각한다. 다른 국가와 마찬가지로 아즈텍의 지도층 역시 인간고기가 제공하는 영양상의 이익과 부를 생산할 수 있는 잠재적 노동력을 파괴하는 정치경제적 비용 간에 수지를 맞춰야 했다. 아즈텍은 인간을 먹는 편을 택했다. 그들이 이런 유별난 결정을 한 이유는 유독 그들의 식량생산 체계에 효율적인 동물성 식품이 전혀 없었기 때문이다.

아즈텍은 큰 초식동물이나 잡식동물을 단 하나도 가축화하지 못했다. 그들에게는 반추동물이나 돼지도 없었다. 그들의 주요한 가축은 칠면조와 개였다. 칠면조는 곡물을 고기로 전환하는 능력이 뛰어나지만 이것을 고기생산에 대규모로 이용하면 아즈텍인이 곡물 대신 고기를 먹음으로써 생기는 90퍼센트의 에너지 손실을 제공할 수 있어야만 한다. 마찬가지로 개 역시 동물성 식품이지만 대량생산하려고 하지 않는다. 개는 고기를 먹을 때 가장 잘 자란다. 인간이 고기를 먹기 위해 왜 개에게 고기를 먹여야 하는가. 아즈텍인은 요리한 옥수수와 콩을 먹을 때 살이 찌는 개 종자를 개발하려고 노력하기는 했지만 차라리 최소한 요리하지 않은 식물성 음식을 먹을 수 있는 칠면조에 노력을 기울이는 게 더 나을 뻔했다. 아즈텍의 지도층만이 개와 칠면조를 먹는다고 해도 1인당 극히 적은 양의 고기밖에 제공하지 못했다.

여기서 아즈텍의 생계체계와 성공적으로 식인풍습을 억제한 국가의 생계체계의 결정적인 차이는 전반적인 빈곤과 기아의 정도가 아니라는 것을 강조할 필요가 있다. 인도와 중국의 농민들도 아마 아즈텍의 농민들보다 더 잘 살지는 못했을 것이다. 식인 풍습은 대중의 수준에서 일어난 것이 아니라 군사적·종교적 지도층과 그들의 추종자의 수준에서 일어났다. 구세계의 지도층은 전쟁 식인풍습을 억누름으로써 자신들의 부와 권력을 상당히 증진시킬 수 있었다. 포로의 생명을 보존함으로써 그들은 자신의 개인적 소비와 그들의 추종자에게 재분배하기 위한 사치재와 동물성 식품의 생산을 증가시킬 수 있었다. 평민들도 어느 정도 이득은 보았지만 그렇게 결정적이지는 않았다. 아즈텍에서는 전쟁 식인풍습이 농민의 상태를 개선하는 데 거의 이바지하지 못한 것 같다. 그것은 지도층의 이익을 위해 지속되었다. 이를 억제하면 그들의 부와 권력이 증가하기보다는 감소했기 때문이다.

1977년 인류학자 하너(Michael Harner)는 아즈텍인만이 식인 풍습을 억제하는 데 실패했다는 사실과 그들에게 초식동물 가축이 없었다는 것 사이의 관계를 체계화했다. 그의 연구를 지나치게 비판하는 것은 내게는 인간고기에 대한 아즈텍인의 입맛보다 더 주목할 만한 것 같다. 아즈텍인이 중앙 멕시코 전역에 걸쳐서 끊임없이 전쟁을 벌였다는 것을 부인할 사람은 아무도 없다. 또한 아즈텍인을 세계에서 제일가는 인간 살해자라고 말하는 데 대해 아즈텍인을 변호하려는 사람도 없다. 대부분의 학자는 아즈텍인이 위대한 식인자였다는 사실을 인정하기까지 한다. 그러나 평상시에는 온화한 학자들을 격분시킨 것은 아즈텍인이 전쟁을 하고 피라미드를 건설하고 포로 수천 명을 죽인 이유가 한 비평가가 말했듯이 "아즈텍인이 고기를 얻기 위한 수단"이었다는 주장이었다.

이런 뻔뻔한 주장은 오직 편견과 무지의 산물이며 방금 내가 제시한 영양학적 설명과는 아무런 관계도 없다. 이것은 내가 따르는 비용 편익 이론과는 정반대되는 견해다. 왜냐하면 이것은 전쟁과 피라미드의 건설, 포로를 제물로 바치는 모든 비용을 인간고기의 생산에 부과하고 있기 때문이다. 이에 반해 내가 전쟁 식인풍습이 생기는 이유에 대해 말한 것은 전쟁 식인풍습이 전쟁의 부산물이며 이는 전사들이 서로를 먹든 안 먹든 일어났을 전쟁의 비용으로 계산되어야 한다는 것이다.

아즈텍의 식인풍습이 특수한 영양학적 상태를 반영한다는 이론을 비판하는 사람들이 있다. 이들은 완전히 그릇된 가정 위에서 아즈텍인이 양질의 단백질과 칼로리가 풍부한 식품의 부족을 겪지 않았다는 것을 증명하려 했다. 예를 들어 인류학자 몬텔라노(Ortiz de Montellano)는 아즈텍인이 고기를 먹지 못해서 식인을 하게 된 것이 아님을 증명하기 위해 아즈텍인이 먹은 다양한 식품에 관한 정보를 부지런히 수집해왔다. 사실 아즈텍인은 그들의 주식—옥수수·콩·치아·아마란스—외에 아주 다양한 열대과일과 야채를 먹었다. 또한 동물성 식품원이 되는 가축이라고는 칠면조와 개밖에 없었지만 그들이 광범위한 종류의 야생동물을 사냥해서 먹었던 것은 사실이다. 몬텔라노가 일일이 열거했듯이 그 동물들에는 사슴, 아르마딜로, 30가지 종류의 물새, 땅다람쥐, 족제비, 방울뱀, 쥐, 물고기, 개구리, 불도마뱀, 물고기의 알, 물파리, 코릭시드 비틀즈(딱정벌레의 일종—옮긴이), 딱정벌레 알, 잠자리 애벌레, 메뚜기, 개미 그리고 벌레가 있다. 또 다른 아즈텍 식습관 전문가는 여기에 메추라기, 자고새, 꿩, 올챙이, 연체동물, 토끼, 산토끼, 주머니쥐, 멧돼지, 맥, 갑각류 그리고 테쿠티틀(물파리의 알에 의해 형성되는 녹색 호수 위의 거품으로 "사람들은 이것으로 치즈 냄새가 나는 빵을 만든다")을 덧붙였다.

이 식단의 범위는 참으로 놀랍다. 하지만 이는 몬텔라노가 증명하려고 했던 것과는 완전히 반대되는 결론을 내리게 한다. 몬텔라노가 "아즈텍인은 우리보다 훨씬 더 다양한 식품을 먹는다"고 말한 것은 옳다. 그러나 바로 그 때문에 아마존의 전쟁 식인풍습이 있었던 것이다. 아즈텍인이 사슴부터 물에 사는 곤충과 녹색호수 거품에 이르기까지 모든 것을 먹는다면 그들이 사람도 먹는다고 해서 놀랄 이유가 어디 있는가. 다시 한번 최적 먹이 찾기 이론의 기본적인 원리를 상기해보자.

"작은 것들—곤충과 벌레와 파리 유충—은 매우 비효율적인 식량원이다."

이것이 아즈텍인의 식단에서 두드러진 위치를 차지한다는 것은 아즈텍인이 동물성 식품을 풍부하게 먹었다는 증거가 될 수 없다. 이와 반대로 그들의 광범위한 식단은 사슴과 맥과 같은 순위가 높은 종류의 동물이 지극히 부족했음을 보여준다. 순위가 낮은 동물들을 채집하고 처리하는 데 엄청난 시간이 드는 데다가 가축을 기른 뒤 잡아먹는 데까지 드는 에너지의 비효율성으로 동물성 식품은 아즈텍인의 식사에서 아주 적은 부분만을 차지했다. 동물성 식품이 풍부하다는 인상이 풍겼지만 아즈텍의 수도에서 약 32킬로미터 반경 안에 사는 백만 명 정도의 사람들은 한 해 평균 1인당 고기와 생선, 닭고기 소비량이 하루에 몇 그램을 넘지 못한다. 효율적인 다른 동물성 식품의 공급원이 없다는 점을 고려할 때 군사지휘자들이 자신의 부하에게 보상하는 수단으로서 인간고기를 이용하는 것을 막으려는 시도는 모든 사람이 몇 마리의 반추동물 가축을 소유했던 구세계의 국가들과 제국의 경우보다 훨씬 더 큰 저항을 받았을 것이다.

동시에 효율적인 다른 동물성 식품원이 부족했기 때문에 '발위의 고기'로서 적의 가치는 높아진 반면 농노나 노예, 납세자로서의 적의 가치는 낮아졌다. 그것은 두 가지 방식으로 행해졌다. 첫째, 반추동물 가축과 돼지가 없다는 것은 설사 포로를 잡아먹지 않고 살려준다고 하더라도 그들의 노동력을 동물성 식품의 공급을 늘리는 일에 이용할 수 없었다. 이미 과도한 사냥과 채집 때문에 야생동물의 숫자가 고갈되고 있는 마당에 수렵·채집에 더 많은 노동력을 투입해도 아무런 소득을 얻을 수 없었다. 둘째, 짐을 실을 수 있는 큰 채식동물 가축이 없다는 것은 식물성 식품 생산자로서 적의 가치를 떨어뜨렸다. 말이나 소가 없는 아즈텍인은 지방에서 바치는 공물을 수도까지 사람이 수송해야 했다. 인간 짐꾼이 짐을 나르기 위해서는 그들이 짐을 나르는 도중 나르는 곡물의 많은 부분을 먹어야 한다는 뚜렷한 단점이 있었다. 사람이 먹을 수 없는 식물을 먹는 소나 말과 비교할 때 짐을 수송하는 인간은 한 지역에서 다른 지역으로 곡물을 나르는 데 비용이 아주 많이 든다.

그러므로 왜 아즈텍의 포로들이 살아 있는 농노나 노예로서보다는 죽은 고기로서 더 가치가 있었는지 알 수 있다. 아즈텍인에게는 고기와 다른 동물성 식품이 특히 부족했다. 게다가 아즈텍이 정복한 부족의 인구는 노동력으로서는 거의 쓸모가 없었다. 그들은 고기에 대한 아즈텍인의 열망을 덜어줄 수 없었을 뿐 아니라 잉여곡물을 아즈텍인의 주인에게 나르는 동안 많은 부분을 먹어버렸다. 아즈텍의 해결책은 무시무시하지만 비용 면에서는 효과적인 것이었다. 그들은 포로를 미국 중서부의 옥수수지대에서 농민들이 돼지를 다룬 것과 같은 방식으로 다뤘다. 그들은 수확한 곡물을 인간의 뱃속에 넣어서 테노치티틀란으로 옮겼다.

아즈텍인은 그들이 정복한 부족 사람들 대부분에게 세금을 부과했을 뿐 아니라 그들을 먹었기 때문에 아즈텍인의 제국은 안정된 통치를 이룩하는 데 결코 성공하지 못했다. 한 지방이 그 인구의 힘을 회복하면 곧 아즈텍인에게 대항해 반란을 일으키려 했다. 그러면 아즈텍인이 돌아와 새로 붙잡은 포로를 테노치티틀란으로 데려감으로써 다음 반란의 기초를 만들었다.

내가 아즈텍인의 식인풍습이 "단백질 결핍" 때문에 생겼다거나, "마지못해 발생한 것"이라거나, "불충분한 영양에 대한 반응"이라거나, 아즈텍인의 "단백질 결핍이 식인풍습을 강제한 요인"(이 모든 혼란스러운 개념이 몬텔라노의 한 논문 안에 나온다)이라고 생각하지 않는다는 것이 명백해졌기를 바란다. 오히려 내 요점은 전쟁 식인풍습는 국가 이전의 전쟁에서 나타나는 정상적인 부산물이었으며 대답해야 할 문제는 왜 국가가 그것을 실행했는지가 아니라 왜 그것을 실행하지 않았는지에 관한 것이다. 아즈텍인은 동물성 식품이 부족해 인간고기를 먹은 것이 아니다. 그것은 단지 전쟁포로의 필요 밖 효용이 투피남바족과 이로쿼이족 같은 사회와 같았기 때문이다. 식인풍습을 억제하는 것은 정치적으로 이득이 덜 되었다.

나는 많은 학자가 이 관계를 관념적인 것으로 생각하는 것은 인간을 먹는 것에 혐오감을 느끼는 국가에 살고 있기 때문이라고 생각한다. 그들은 자민족 중심적인 가정을 한다. 인간고기를 먹는 는 것처럼 끔찍한 일을 하는 데는 틀림없이 엄청난 강제적 이유가 있을 거라고 생각하는 것이다. 그들은 전쟁에서 인간의 시체를 대량생산하는 기술을 완성하려고 끊임없이 노력하는 사회에서 살고 있는 우리들이 왜 인간을 죽이기에는 적당하지만 먹기에는 적당하지 않은 것으로 생각하는지가 진짜 수수께끼임을 모른다.

몬텔라노는 아즈텍인이 "고기를 얻기 위해" 전쟁에 간 것이 아니었음을 증명하는 것이 자신의 과제라고 가정하고 시기별로 발생하는 식량부족과 가장 많은 포로가 희생된 달의 관계를 연구했다. 그는 한 해 가운데 가장 배고픈 시절이 가장 적은 포로를 먹은 때임을 발견했다. "인간고기를 가장 많이 먹는 것은…… 옥수수를 한창 수확하는 시기"였으므로 그는 희생제 전체가 고기 부족과는 아무런 관계도 없으며 단지 "감사와 친교의 표현"이며 "신에 대한 고마움과 보답"의 행위라는 결론을 내렸다. 그러나 아즈텍인이 포로를 잡아먹기 위해 전쟁을 하는 것이 아니라 포로가 전쟁의 부산물이라면 희생제의 계절과 수확의 계절이 겹친다는 것은 예측할 수 있다. 멕시코 분지의 배고픈 계절은 겨울 우기이고 수확기는 건기다. 현대 군대조차도 우기에는 전쟁을 피한다. 땅이 말랐을 때가 걷기 쉬울 뿐 아니라 적의 밭에서 무르익고 있는 곡물을 먹고 견딜 수 있기 때문이다. 또한 곡물은 포로의 머리와 등에 실어 집으로 가져가고 싶은 탐나는 전리품이기도 하다.

몬텔라노가 희생제를 "감사와 보은의 행위"라고 본 것은 여전히 타당하지만 이는 제의의 영양상 중요성과도 전혀 모순되지 않는다. 옥수수와 고기선물에 대해 누군들 신에게 감사하지 않겠는가. 모든 국가적 차원의 종교는 수확철에 그러한 감사를 드린다. 유일하게 아즈텍인에게서만 나타나는 다른 점은 그 고기가 인간고기라는 점뿐이다. 그러나 인간고기를 먹는 것이 그들 종교의 일부라고 말하는 것은 만족할 만한 답이 되지 않는다. 그것은 힌두교도가 쇠고기를 싫어하는 이유가 그들의 종교가 암소 살해를 금지하기 때문이라고 말하거나 미국인들이 염소고기가 맛이 없어서 염소를 먹지 않는다고 말하는 것과 같다. 나는 그런 설명에는 결코 만족할 수 없다.

11

더 나은 음식

우리가 더 나은 것을 먹기 위해 우리의 식생활이
변화하는 실제적인 원인과 결과를 알아야 한다.
우리는 영양분으로서의 음식에 대해 더 많이
알아야 하며, 팔기 좋은 음식에 대해서도
더 많이 알아야 한다. 그런 후에야 우리는
사고(思考)로서의 음식에 대해 알 수 있다.

임신 중의 음식금기

자주 오해가 발생하는 최적 먹이 찾기 이론에 대해 지금부터 이야기하겠다. 어떤 식생활 방식이 비용 편익의 최적 조건을 나타낸다고 말하는 것은 그것이 곧 가장 적절한 식생활 방식이라고 말하는 것은 아니다. 최적화는 최선(엄밀히 말해 최적 먹이 찾기 이론은 부적절한 명칭이다. 그것은 먹이 찾기의 최적화 이론이라고 해야 한다)과 다르다.

오래전, 소도살에 대한 힌두교의 금기가 인도에 유용한 기능을 한다는 점에 대해 토론을 하던 중 세인트 루이스에 있는 워싱턴 대학의 베넷(John Bennet)은 내가 "현재 시스템의 효과를 확신하게 함으로써 이를 인도가 제공해야 하는 최선의 것으로 받아들이도록 장려한다"고 나를 비판했다. 돌이켜보면 약간 신경질적으로 보였겠으나 나는 "그런 야만적인 주장을 한 적이 없다"고 대답했다. 그리고 나는 "지진이나 홍수 같은 재앙조차도 모든 가능한 세계에서 가장 좋은 일"이라고 믿었던 볼테르(Voltaire)의 『캉디드』(*Candide*)에 나오는 판글로스 박사 같은 사람들과 나를 구분하기 위해 "극단적으로 낙천적인 기능주의자"라는 말을 만들어냈다(내 생각에 그 말은 내가 만들어낸 것 같다). 나는 판글로스 박사가 아니다. 나는 이것이 가능한 모든 세계 가운데 최선이라는 생각을 거부할 뿐 아니라 우리 모두에게는 이 세상을 더욱 나은 것으로 만들어야 할 의무가 있다고 믿는다.

그러나 우리가 현존하는 시스템의 근거들을 이해하지 못한다면 이를 대신할 더 나은 시스템을 만들어낼 수 없을 것이다. 또는 내가 베넷에게 말했듯이 인도 소에 대한 콤플렉스를 어리석은 미신과 무지한 실수로 빚어진 백해무익한 산물이라고 생각하는 것이 편할 수도 있다. 그러면 어떤 시스템을 도입하든 현재 시스템보다는 나아질 것이다. 그러나 신성한 암소가 실제적인 비용계산을 구체화한 것이라면 새로운 시스템을 도입하는 사람들은 좀더 나은 시스템을 도입해야 하는 책임이 있다.

식생활 방식이 실제적인 비용 편익에 의해 지배되는 것이 아니라 비합리적인 사상에 의해 지배된다는 가정에서는 많은 전문가가 다른 종류의 개선책이 나올 수 있다는 것을 깨닫지 못한다. 만약 식생활이 대개 무지하거나 종교적이거나 상징적인 사상의 산물이라면 변화해야 하는 것은 사람들의 생각일 것이다. 다른 한편 해로운 종교적·상징적 생각처럼 보이는 것이 사실은 식량자원의 생산과 분배를 둘러싼 실제적 환경에 의해 구체화되고 제한된다면 변화해야 하는 것은 이들의 실제적 조건일 것이다.

따라서 음식에 대한 선호와 기피의 실제적 기초를 잘못 이해하면 먹기 좋은 것을 더 먹기 좋은 것으로 만들려는 시도를 심각하게 방해할 수 있다. 그것은 단순히 비효율적인 처방일 뿐 아니라 해로운 처방일 수 있다. 나는 국제원조 계획에서 우유 사용에 대해 논의할 때 이 문제를 언급했으며「고기를 밝히는 사람들」과「신성한 암소」에 관한 논의에도 이를 전제로 깔고 있다. 그러나 나는 아직 이 문제를 핵심적인 이슈로 다루지는 않았다.

이제 마지막으로 제3세계의 영양실조 문제와 직접적으로 연관이 있는 간단한 수수께끼 두 개를 통해 이 문제를 다뤄보겠다. 첫 번째는 임신부나 수유부의 식사에 대한 특별한 제한 유형에 관한 것이고 두 번째는 눈을 멀게 하는 무서운 영양상의 질병에 관한 것이다.

임신부나 수유부는 더 많은 영양분을 섭취해야 하기 때문에 제3세계의 가족들이 임신 중이거나 수유 중인 어머니에게 양질의 음식을 더 많이 주기 위해 애쓸 것이라고 생각한다. 그러나 나는 오래전에 제3세계의 많은 나라에서 임신부나 수유부의 영양 상태를 향상시키기보다는 낮추기 위해 만들어진 것 같은 관습과 믿음이 있다는 사실에 당황했다. 한 대중적인 책에 쓰인 것을 인용해보자.

"임신 중에는 단백질 필요량이 증가하지만 우리는 생리 중이거나 임신 중, 수유 중인 여성의 식사에서 단백질원을 제거하거나 감소시킬 수 있는 금기와 미신을 보게 된다."

인도는 이러한 금기와 미신으로 악명이 높다. 타밀나두 주에서 행해진 한 연구에 따르면 임신 중이거나 수유 중인 여자가 먹으면 좋지 않다는 음식이 100가지가 넘었다. 금지 대상인 음식에는 고기와 달걀, 많은 종류의 과일 그리고 몇 가지 영양가 많은 씨앗들, 콩류(깍지콩) 그리고 곡류가 있다. 게다가 타밀나두의 어머니들은 일반적으로 영양 상태가 나쁜데도 아이가 태어난 후 처음 며칠 동안은 모든 고체 음식을 금지하며 최소 일주일 동안은 모든 고기와 생선을 피한다. 이 연구자는 이러한 금기가 순전히 자의적인 문화적 가치와 종교적 신념에서 비롯되었으며 이러한 금기 때문에 그들의 영양이 악화되고 있다고 주장했다. 그러나 나는 이 문제를 그렇게 보는 것은 무책임하다고 생각한다.

이 경우, 다른 자료들을 살펴볼 필요가 있다. 이 연구는 여자들이 평소에 어떤 음식을 먹는지에 관해 말하지 않았다. 앞 장에서 살펴본 것을 돌이켜보건대 모든 것을 먹는 사람은 아무도 없다. 식사는 그들이 무엇을 먹지 않는지에 따라 판단할 수 없다. 중요한 것은 그들이 무엇을 먹는가이다. 따라서 우리가 알아야 할 것은 통상적인 여자의 식사가 산전과 산후의 식사와 정확히 어떻게 다른가 하는 것이다. 설사 임신 중이거나 수유 중인 여자가 실제로 먹어도 좋다는 음식만을 먹는다고 가정하더라도 그것이 곧 평상시보다 더 안 좋은 식사를 해야 한다는 것을 의미하지는 않는다. 모든 것은 그들이 **얼마만큼** 먹는지에 달려 있지 않은가.

타밀나두에서는 인도의 다른 지역과 마찬가지로 우유와 유제품이 가장 중요한 동물성 단백질원이다. 타밀나두 여성의 57퍼센트 이상이 임신 기간에 우유를 먹고 있다. 또한 평상시에 고기와 생선, 달걀을 먹는 타밀나두 여자 가운데 87퍼센트가 계속해서 생선을 먹어도 좋다고 말했다. 그들은 임신 기간에 우유와 생선을 실제로 더 많이 먹는가, 아니면 더 적게 먹는가, 또는 같은 양을 먹는가. 만약 그들이 때때로 소량의 고기를 먹는 것은 포기하지만 더 많은 생선과 우유를 먹는다면 그들의 식사는 더 나빠진 것이 아니라 더 좋아진 것이다. 이와 똑같은 단서가 타밀나두의 다른 금기에도 적용된다.

과일은 피해야 하는 음식 가운데 아주 중요한 위치를 차지한다. 그러나 흔히 피하고 있다고 말하는 과일은 파인애플과 파파

야뿐이었다. 파인애플과 파파야를 싫어하는 사람이 임신하고 있지 않을 때 그것을 먹겠는가. 다른 과일은 어떤가. 먹는 양이 줄거나 늘었을까. 참깨를 피해야 한다는 데는 많은 사람이 동의했지만 다른 씨앗들은 금지되지 않았다. 피해야 할 곡물으로 가장 널리 알려진 것은 세타리 이탈리카(조의 일종—옮긴이)다. 그러나 타밀나두 사람들은 그것을 '가난한 사람'이 먹는 수수라고 생각하며 대부분은 그것을 먹고 싶어 하지 않는다. 또 가장 피해야 할 음식인 두류(깍지콩)는 돌리코스 비플로루스(인도가 원산지인 열대 지방에서 자라는 큰 덩굴식물—옮긴이)로 이 역시 중요하지 않은 "가난한 사람의 음식"이다. 끝으로 이 연구자는 "다른 곡물이나 콩은 거의 제한하지 않는다"라고 쓰고 있다. 이는 금기된 다른 음식도 모두 별것 아닐 수 있다는 말이다. 왜냐하면 여자들이 평소에 먹은 것은 '다른 곡물과 콩들'이었기 때문이다.

출산 직후로 돌아가보자. 타밀나두의 여자들은 임신 기간보다 이 기간에 훨씬 더 포괄적인 금기를 지킨다고 말한다. 그러나 음식에 대한 금기를 잘 지킨다고 하더라도 반드시 영양 상태가 나빠지는 것은 아니다. 왜냐하면 처음 '하루나 이틀' 동안은 유동식만 먹어야 하지만 이 유동식이 우유, 미음, 국 그리고 설탕을 넣은 커피를 포함하기 때문에 영양가가 높을 수 있다. 대부분의 여자는 최소 일주일 동안 동물성 음식을 피했다고 말한 데 비해 한 달이나 그 이상 동안 오직 야채만 먹었다는 여자는 겨우 6퍼센트에 불과했다. 어쨌든 이 '며칠' 동안에는 유동식 이외에도 빵과 콩, 야채와 쌀을 먹을 수 있었다. 따라서 먹을 수 있는 음식에 대한 제한이 있었는데도 수유 중인 여자들은 그들이 통상적으로 먹던 쌀과 콩, 우유와 유제품, 고기와 생선을 곁들여 먹었다.

우리는 허용된 음식과 실제로 먹는 음식의 양에 변화가 있는지에 대해서는 역시 알지 못한다. 가장 곤란한 문제는 사람들에게 무엇을 먹는지 물어보는 것만으로 그들이 먹는 것에 대한 믿을 만한 답을 얻을 수 있겠는가 하는 것이다. 인도 여자들은 그들이 먹지 않는다고 말한 것을 실제로는 먹을지도 모른다. 그렇지 않다면 그들은 금기된 음식만큼 좋거나 또는 그보다 더 좋은 무언가를 먹을지도 모른다.

임신 중이거나 수유 중에 지켜야 하는 금기의 모순을 잘 드러낸 연구를 또 하나 살펴보자. 루 마다라는 말레이의 어촌에서 인류학자 윌슨(Christine Wilson)은 여자들 50명에게 출산 후 어떤 음식은 먹고 어떤 음식은 먹지 않는지 물었다. 여자들은 바나나와 두리안을 제외한 모든 과일, 튀긴 음식, 몇몇 종류의 생선 그리고 모든 카레와 고기국물, 소스를 피해야 한다고 말했다. 이런 제한은 40일 동안 계속된다. 같은 기간에 그들이 '먹어야' 하는 것에 관해서는 쌀, 작고 기름기 없는 생선, 유럽식 롤빵, 달걀, 바나나, 설탕을 넣은 커피, 비스킷, 이스트 그리고 양념은 심황과 후추가 있었다. 윌슨은 당시 루 마다에 있는 두 수유부가 산후 40일간 음식을 금기하는 동안 하루에 그들이 실제로 먹은 것을 기록할 기회가 있었다. 이 하루 동안 여자들은 명백히 먹어서는 안 된다고 되어 있는 세 가지 음식, 즉 튀긴 생선, 콩으로 만든 소스, 카레를 먹었다. 또한 그들은 바람직한 음식에 올라 있지 않은 6가지 음식, 즉 차, 코코넛, 칠리, 마가린, 영양분이 강화된 마일로 초콜릿 음료 그리고 농축우유를 먹었다. 나는 이 가운데 세 가지 음식, 즉 마가린, 마일로 초콜릿음료, 농축우유는 비싸고 고급스러우며 동남아시아 농민들이 평소 먹지 못하는 음식이라는 점이 특히 중요하다고 생각한다. 이는 수유 중인 어머니의 영양 상태를 해치기보다는 보충하려는 의도를 보여준다.

그럼에도 인류학자 윌슨에 따르면 이 두 수유부의 식사는 의학적인 기준에서 세밀히 판단해볼 때 부족하다고 한다. 그러나 나는 이러한 결론이 아주 마음에 들지 않는다. 루 마다의 여자들은 누워 있는 동안 자신들의 활동을 극히 제한한다. 음식금기가 행해지는 40일 동안 그들은 무거운 바구니를 나른다든지 장작을 패는 것 같은 힘든 일은 전혀 하지 않는다. 그 대신 그들은 침대 밑에 따뜻한 불을 지펴놓고 매일 2시간에서 5시간을 침대에 누워서 보낸다. 이렇게 신체적인 활동을 적게 하는 것이 젖을 먹이는데 추가적으로 필요한 칼로리를 어느 정도 보완해줄 것이다. 나는 그들의 식사가 영양상 적절하다고 말하려는 것이 아니라 영양 상태가 여자들이 평상시 먹는 것보다 향상되었다고 할 만한 점이 있다는 말을 하려는 것이다. "산후음식에 대한 심한 규제는 여성의 건강에 유해하다"라는 윌슨의 **결론**은 근거가 부족하다. 그녀는 누워 있는 여자들의 식사가 산후의 음식금기 때문에 임신이나 수유를 하고 있지 않은 여자들의 식단보다 열악하다는 증거를 제시하지 못한다.

타밀나두나 루 마다 같이 가난하고 저개발이고 인구가 과밀한 지역에서 임신부나 수유부의 식사가 표준에 미치지 못하는 것에 대한 좀더 그럴듯한 설명은 가족들이 임신부나 수유부에게 하루 권장량의 음식을 먹일 수 없다는 것이다. 임신과 수유는 종종 가족의 수입에 대한 그녀의 기여도를 현저히 떨어뜨린다. 그리고 이는 그녀의 남편, 좀더 큰 아이들 그리고 다른 친척들이 영양학적 기준을 유지해야 한다는 압박을 강화한다. 이러한 가족, 특히 여자들은 몹시 괴로운 선택에 직면한다. 그들은 임신이나 수유에 필요한 영양 상태와 새로 태어난 아기에게 필요한 영양 상태를 남편과 더 큰 아이들, 일하는 어른들이 지금까지 통상적으로 유지해온 영양 상태와 견주어보지 않으면 안 된다. 다시 말해 식량이 부족한 지역에서는 임산부와 태아 또는 새로 태어난 아기에게 더 많은 음식을 주는 것이 다른 누군가에게 정반대의 영향을 미치지 않고는 불가능한 '사치'가 될 수 있다.

서유럽인들이 제3세계의 식생활이 무지와 비합리적인 종교적 신념에 의해 지배된다고 쉽게 비약하는 이유는 다른 사람들이 극단적인 가난 때문에 내릴 수밖에 없는 어려운 결정을 그들은 내릴 필요가 없기 때문이다. 서유럽인들은 제3세계의 저소득가정이 가족의 소득을 음식에 배당하는 데 선택 할 수 있는 가능성이 매우 좁다는 것을 이해하기 힘들다. 가족의 소득 중 많은 부분을 고된 육체노동에 의존하고 있을수록 주요한 임금소득자가 일할 수 있을 만큼 잘 먹는 것이, 설사 이로 인해 다른 가족원들은 제대로 먹을 수 없더라도 중요해진다.

또 다른 인류학자 그로스(Daniel Gross)는 브라질 북동부에 있는 가난한 농민가족이 했던 영양상의 선택에 관해 연구했다. 그는 이러한 현상을 가리켜 "먹을 것을 버는 사람의 영향력"이라는 말을 만들었다. 나는 인도에서 이 "먹을 것을 버는 사람의 영향력"의 흥미로운 현상을 관찰할 기회가 있었다. 케랄라의 주도 트리반드룸 거리에는 육체노동자들을 주된 단골로 하는 작은 식당이나 찻집이 줄지어 들어서 있었다. 여기서 정기적으로 식사를 하는 단골손님 중에는 부근에서 가장 가난하고 가장 비참한 가정의 어머니들이 있었다. 왜 이들은 그렇게 자주 아이들을 떼어놓고 집 밖에서 혼자 식사를 하는 것일까.

케랄라의 하층 카스트 여자들은 아무리 힘든 일이라도 일자리를 찾아야만 하는 상황에 처해 있다. 그들은 철로에 까는 돌을 깨고, 모내기철에는 몇 시간이고 허리를 구부려 일을 하며, 약 3.63킬로그램이나 되는 바윗돌이나 벽돌 스무 장을 머리에 이고 좁은 둑을 따라가거나 위험한 사다리를 오르는 일을 한다. 이런 어머니들의 삶을 연구한 굴라티(Leela Gulati)가 보고한 바에 따르면 이들은 같은 음식을 집에서 해먹으면 비용이 훨씬 적게 드는데도 하루 일당 7루피(약 120원) 가운데 2루피(약 30원)를 식당에서 음식을 사먹는 데 쓴다고 한다. 이 명백한 사치는 이 여성들이 때로는 집안의 주요한 임금소득자로서, 자신들의 몸이 힘든 일을 감당해낼 수 있을 만큼 음식을 충분히 잘 먹는 것이 절대적으로 필요하기 때문이라고 생각된다. 집에서 식사하면 돈은 덜 들겠지만 다른 식구들 앞에서 그들에게 나눠주지도 않고 더 좋은 음식을 더 많이 먹는다는 일은 생각할 수도 없다. 이들로서는 직업을 가지면서 집에서 식사한다는 것은 불가능하다.

이 모든 사실은 영양학적으로 해로운 임신 중이거나 수유 중의 금기가 자의적인 신념이나 미신의 산물이 아님을 의미한다. 오히려 이는 아마도 여자들이 자신의 태아나 아기에게 자신의 살과 피로 영양을 공급해야 하는 혹독한 상황을 합리화하려는 시도의 표현일 것이다. 또 이러한 금기는 동물성 식품의 분배에 관한 논의에서도 암시했듯이 남자들이 여자들을 희생시켜 자신들이 식사에서 유리한 위치를 차지하는 또 하나의 예가 될 수도 있다. 더 정확히 말하면 이는 아마도 남자가 여자를 착취하는 것뿐 아니라 여자가 자기 자신을 착취하는 것이 혼재된 상황일 것이다.

이러한 가능성의 연장선에서 타밀나두에서 행해진 또 하나의 연구보고서에 따르면 여성 응답자의 74퍼센트가 임신한 여자는 평상시보다 더 많이 먹어선 안 된다거나 심지어는 더 적게 먹어야 한다고 답했다. 그들은 정말로 그렇게 믿는 것일까 아니면 단지 먹을 것을 버는 사람의 영향력 때문에 임신한 여자들이 음식에 대한 추가적인 요구를 해봤자 남자들이 결코 들어줄 리 없다는 것을 알아서 그런 것일까.

이러한 의문에 관한 더 흥미로운 사실이 있다. 서유럽의 의학 통계에 따르면 출생 때 몸무게가 가벼운 아이가 무거운 아이보다 생존율이 낮다는 것이 증명되고 있는데도 많은 동남아시아 여성이 아이가 큰 것보다는 작은 편이 더 낫다고 믿는다는 점이다. 영양이 부족한 인구 가운데서는 몸무게가 적게 나가는 어린아이와 어른이 몸무게가 많이 나가는 어린아이나 어른보다 훨씬 적은 음식을 먹고도 살 수 있기 때문에 실제로 생존율이 더 높다는 것이 그 이유가 될 수도 있다. 아니면 단순히 작고 영양이 불충분한 어머니가 큰 아이보다는 작은 아이를 낳는 편이 덜 고통스럽고 덜 위험하기 때문일까. 아니면 단순히 아이를 낳는 어머니들이 자신과 태어나지 않은 아기가 가난이 초래하는 불확실성을 공유해야 한다는 것을 깨닫고 필연에 순응하고 있는 것일까.

나는 이런 질문에 답할 수는 없지만 여자들이 비합리적으로 사고하는 경향이 있기 때문에 임신과 수유 중의 금기가 존재한다는 견해를 받아들이는 것보다는 그들에게 물어보는 것이 훨씬 더 흥미롭게 느껴진다. 게다가 다시 요점을 말하자면 이 두 가지 접근은 타밀나두와 루 마다 그리고 다른 제3세계 문화권의 여성과 유아들의 영양 상태를 개선하기 위해서 무엇을 해야 할 것인가라는 문제에 대해 완전히 서로 다른 견해를 갖게 한다. 만약 식사에 나쁜 영향을 끼치는 것이 주로 비합리적인 사고라면 일차적인 치유책은 사람들의 사고방식을 바꾸는 것이 되어야 한다. 그렇다면 제3세계 여성들에게 가장 필요한 것은 영양에 관한 과학적 지식에 대한 교육일 것이다. 그러나 만약 가난과 같은 실제적인 이유가 우선적이라면 그들에게 가장 필요한 것은 가족의 가처분 소득을 늘리는 것이다.

인류학자 디월트(Kathleen Dewalt)와 펠토(Gretl Pelto)는 멕시코의 한 마을에 대한 연구에서 이 점을 명백히 했다. 그들은 영양 상태를 극적으로 개선하는 가장 빠른 방법은 가난한 가족이 일할 수 있는 자원을 늘리는 것이라는 결론을 내렸다. 나는 여기에

다가 사람들이 더 잘 먹도록 하는 가장 느린 방법은 꼭 먹어야 할 것을 구할 수 없을 때 그것을 먹으라고 말해주는 것임을 덧붙이고자 한다.

음식기피와 눈 질환의 관계

해로운 식생활 방식을 자의적인 문화적 가치와 신념 탓으로 돌리는 편리한 이론의 위험성을 보여주는 두 번째 예를 살펴보자. 이는 널리 퍼진 음식기피와 눈 질환과의 관계에 대한 것이다. 이 눈병에 걸리면 눈이 멀게 되는데, 저개발국가의 두세 살 정도 되는 걸음마를 하는 어린이들을 포함해 어린이 수백만 명이 이 병에 걸려 있다. 이 병은 안구건조증이라고 부르는데 글자 그대로 "눈을 마르게 하는 병"이다. 인도네시아, 인도, 방글라데시, 필리핀에 사는 미취학 아동들은 매년 40만 명에서 50만 명이 이 병에 걸린다. 정확한 수치는 알 수 없으나 세계적으로 한 해에 거의 미취학 아동 백만 명이 이 병과 관련된 증세를 나타내며 그 가운데 30퍼센트에서 50퍼센트는 두 눈이 다 멀게 된다.

안구건조증의 주요한 원인은 오래전에 알려졌다. 이는 비타민 A의 결핍 때문에 발생한다. 비타민 A가 부족하면 눈의 각막에 있는 눈물샘이 윤활유 역할을 하는 물을 분비하지 않고 대신 딱딱하고 마른 케라틴이라는 단백질을 분비한다. 눈을 보호하고 부드럽게 해주는 습기가 없어진 눈은 케라틴으로 덮이게 되고 이것이 눈동자에 궤양을 일으켜 마침내 눈동자가 없어진다. 궤양이 심해지기 전에 치료를 받으면 이 과정이 역전되어 시력을 부분적으로 나마 온전히 회복할 수 있다. 심한 경우에는 비타민 A를 대량으로 주사해야 하지만 식사할 때 비타민 A가 든 음식을 더 많이 먹으면 초기에 치료할 수 있을 뿐 아니라 예방도 할 수 있다.

비타민 A는 쉽게 섭취할 수 있는 영양소다. 동물의 간, 동물성 지방이나 전지 우유가 들어 있는 거의 모든 음식은 안구건조증을 예방할 수 있는 충분한 양의 비타민 A를 공급한다. 그러나 설령 너무 가난해서 동물성 식품을 먹을 수 없더라도 비타민 A가 풍부한 값싼 야채가 많이 있으며 이것도 똑같은 기능을 한다. 녹황색 과일과 야채에는 비타민 A의 전구(前驅)체인 카로틴이 많이 들어 있다. 그러므로 그런 과일과 야채를 손쉽게 재배할 수 있는 열대지방에서 안구건조증이 그렇게 널리 발생한다는 사실은 역설적으로 보인다.

인도네시아나 인도의 정상적인 어린이들이 비타민 A의 하루 권장량을 채우기 위해서는 아마란스나 시금치, 케일 같은 잎채소를 하루에 30그램가량만 먹으면 된다. 그런데 불행히도 열대지방에서는 푸른잎 채소를 기피한다. 그것은 미국 아이들이 시금치를 기피했던 것과 비슷하다. 이 때문에 많은 영양학자가 안구건조증을 해롭고 비합리적인 음식기피의 으뜸가는 예로 꼽았다. 자주 인용되는 영양학자 매클래런(Donald Mclaren)의 말을 들어보자.

"안구건조증은 식량 부족 때문에 영양결핍이 되었다는 일반 사람들의 믿음이 잘못된 것임을 증명하는 병이다. 프로비타민 A 카로티노이드는 열대 몬순지역의 전형적인 마을에 널려 있는 푸른잎에 풍부하게 들어 있다. 이들 지역의 녹말 음식인 쌀에는 카로틴이 들어 있지 않다. 문제는 사람들이 푸른잎의 중요성을 깨닫지 못한다는 데 있다."

정상적인 어린이가 푸른잎 채소를 먹으면 안구건조증을 예방하고 치료할 수 있다는 것은 논쟁의 여지가 없는 사실이다. 그러나 안구건조증이 주로 자의적인 음식선호 때문이지 식량 부족 때문이 아니라는 것에 대해서는 의문이 있다. 안구건조증의 임상 증세를 보이는 아이들은 건강한 눈을 가진 아이들보다 카로틴이 풍부한 야채를 적게 먹고 있지만 그들은 다른 것들도 적게 먹고 있다. 인도네시아에서 안구건조증 때문에 한쪽 눈이나 양쪽 눈이 모두 멀게 된 아동의 92퍼센트가 심각한 영양결핍 증세를 보였고 키에 비해 몸무게가 표준 몸무게의 70퍼센트에도 미치지 못했다. 인도의 마두라이에 있는 안구건조증 진료소에서 모든 어린이가 단백질·칼로리 결핍 증세를 보였으며 80퍼센트가 정상적인 키와 몸무게 기준의 60퍼센트에 못 미쳤다.

따라서 '문제'는 녹말음식으로 쌀을 먹었다는 데 있는 것이 아니라 안구건조증에 걸린 아이들이 쌀 외에 고기, 생선, 낙농제품과 같이 더 비싸지만 더 영양가 있는 음식을 먹지 못했다는 데 있다. 그러므로 매클래런의 주장과는 반대로 안구건조증의 발병률이 높은 것은 식량 부족 때문이다. 왜냐하면 동물성 식품을 먹었다면 영양실조와 안구건조증 모두 걸리지 않았을 것이기 때문이다. 만약 이 논리를 뒤집어 눈이 멀게 된 것은 더 많은 푸른잎 채소를 먹지 않았기 때문이라고 주장하려고 한다면 이는 어리석은 일이 될 것이다.

안구건조증으로 인한 사망률은 극히 높다. 그러나 안구건조증에 걸린 아동들은 안구건조증으로 죽는 것이 아니라 단백질·칼로리 결핍(또는 단백질·칼로리가 부족할 때 걸리기 쉬운 호흡기나 위장 질병)으로 죽는다. 몇 가지 반대되는 증거가 있기는 하지만 영양실조에 걸린 아동에게 비타민 A를 복용하게 하거나 많은 양의 푸른잎 채소를 먹이면 죽는 순간까지 시력을 잃지 않을 수 있다. 그러나 사망률은 변하지 않는다. 이에 반대되는 증거는 키에 대한 몸무게의 비율로 판단하는 전반적인 영양 상태와는 관계없이 안구건조증의 경미한 증세를 보이는 아이들은 정상적인 눈을 가진 아이들보다 사망률이 높다는 것이다. 이는 경미한 비타민 A의 결핍이 치명적인 호흡기나 위장 질병을 일으키는 경향이 있음을 의미한다. 그렇지 않으면 이는 단순히 비타민 A 결핍에서 오는 눈의 증상을 나타내기 쉬운 아이들이 호흡기나 위장 질병에도 걸리기 쉽다는 것을 의미할 수도 있다. 그러나 비타민 A 결핍이 일반적인 영양 상태와는 상관없이 사망률을 높일 수 있다고 주장하는 전문가들조차도 "설사와 호흡기 질병이 안구건조증의 위험을 증가시킬 가능성도 있다. 따라서 악순환이 일어난다"는 것을 인정한다.

실제로 단백질·칼로리 결핍이 심할수록 단지 카로틴이나 비타민 A의 섭취량을 늘리는 것만으로는 안구건조증을 예방하거나 치료하기가 더 어려워진다. 임상 증거에 따르면 치료용 비타민 A를 복용하는 아동들에 대해서 단백질·칼로리 결핍을 동시에 치료하지 않으면 안구건조증으로 인한 손상에서 늦게 회복되거나 회복이 일시적인 것에 그친다고 한다. 영국의 안구건조증 전문가 피리(A. Pirie)는 『영양학회보』(*Proceedings of the Nutrition Society*)에 실린 글에서 이렇게 말했다.

"단백질·칼로리 결핍을 치료하는 것이 화학요법을 지속적으로 확실히 하기 위해 반드시 필요하다. 또한 비타민 A를 반복해서 대량으로 투여하는 것이 바람직하다."

이런 잔혹한 일과 함께 제3세계 어린이들이 푸른잎 채소를 기피하는 아주 다른 현상이 있다. 나는 이러한 기피 현상이 실제적 비용 편익의 최적화를 나타낸다고 주장하지 않겠다. 왜냐하면 안구건조증에 걸려 어릴 때 죽는 비용과 안구건조증에 걸리지 않고 어릴 때 죽는 비용을 견주어볼 수가 없기 때문이다.

그러나 푸른잎 채소에 대한 혐오는 영양이 결핍된 아이들의 가장 긴급한 단백질·칼로리 수요를 우선적으로 채워주려는 시도를 반영하는 것이다. 만약 가난 때문에 쌀을 먹을 것인지 아니면 푸른잎 채소를 먹을 것인지 선택해야만 한다면 쌀을 선택하는 것이 훨씬 나을 것이다. 쌀밖에 먹을 수 없는 삶도 있는 것이다. 이 불운한 어린이들이 할 수 있는 최상의 선택은 쌀을 많이 먹는 것, 그 작은 위장에 넣을 수 있는 만큼 많이 먹는 것이다. 게다가 가정의 경제 사정상 이것조차 먹지 못할 수도 있다. 따라서 어떤 의미에서는 아이들이 쌀을 너무 많이 먹는 것이 아니라 다른 음식이 없다는 것을 생각할 때 너무 적게 먹고 있는 건지도 모른다.

그러나 푸른잎 채소를 어느 정도 먹는 것이 더 낫지 않을까. 반드시 그렇다고 할 수 없다. 단백질·칼로리 결핍과 안구건조증 치료와의 관계에 대한 임상자료에 따르면 영양결핍이 심한 아동에게는 영양 상태가 정상인 건강한 아이의 하루 권장량인 30그램보다 훨씬 더 많은 푸른잎 채소가 필요하다. 만약 조금이라도 효과를 보기 위해 더 많은 푸른잎 채소가 필요하다면 생산과 토지사용의 비용이라는 문제가 발생한다. 정말로 더 많은 푸른잎 채소를 충분히 생산할 수 있는 여분의 농지와 노동력이 있는가.

끝으로 만약 부모의 압력 때문에 두세 살 먹은 아이들이 푸른잎 채소에 대한 혐오를 포기한다면 어떻게 될 것인지 하는 의문이 있다. 농민 가족이 음식의 분배를 놓고 괴로운 선택을 해야 한다고 생각할 때 경제적으로 생산적이지 못한 식구들에게 푸른잎 채소를 많이 주고 쌀을 적게 줄 가능성이 있지 않을까. 만약 그렇다면 푸른잎 채소를 거들떠보지도 않는 것은 비합리적일 것이다. 누가 이제 막 젖을 뗀 배고픈 아이들이 채소를 먹지 않으려 한다고 그리고 인간이 먹을 수 있는 가장 비효율적인 단백질과 칼로리의 공급원인 물과 풀을 먹고 살려고 하지 않는다고 비난할 수 있겠는가.

푸른잎 채소에 대한 어리석은 혐오 때문에 걸음마하는 아이들이 푸른잎 채소를 거부한다고 비난하는 것은 아시아와 동남아시아의 식사가 아주 많은 푸른잎 채소를 포함한다는 사실(앞에서 지적했듯이)에 정면으로 반대된다. 실제로 인도네시아에서 행해진 연구들은 "안구건조증이 있는 가족이나 없는 가족 모두 베타카로틴이 풍부한 잎채소를 이미 늘 먹고 있다"는 것을 보여준다. 가족이 가난하면 가난할수록 푸른잎 채소는 더 많이 먹고 쌀은 더 적게 먹는다. 따라서 극빈층 가족에게 그들의 두세 살 난 아이들에게 푸른잎 채소를 더 많이 먹이라고 충고하는 것은 실질적으로 어린이의 전반적인 질병률과 사망률을 전혀 개선할 수 없을 것이다.

앞에서 말했듯이 명백히 비합리적인 식생활의 원인을 잘못 이해하면 비효율적이거나 위험한 치유책을 야기할 수 있다. 안구건조증이 그릇된 생각 탓이라고 확신한 세계보건기구는 1976년에 다음과 같이 선언하기까지 했다.

"어린이들이 푸른잎 채소와 적절한 신선한 과일을 더 많이 섭취하도록 할 수 있다면 이 문제는 반드시 해결될 것이다."

다행히 영양학자 대부분은 안구건조증을 예방하고 치료하기 위해서는 비타민 A의 섭취량뿐 아니라 단백질·칼로리의 섭취량을 늘리기 위한 더욱 광범위한 계획이 필요하다는 것을 알고 있었다.

더 나은 것을 먹기 위해

풍요로움 덕택에 선진국 대부분에서는 굶주리는 어른과 아이를 대상으로 한 비용 편익을 비교해볼 필요가 없지만, 그렇다고 해서 우리가 무엇을 먹을지 결정하는 데 있어 비용 편익을 계산해야 할 필요성이 줄어든 것은 아니다. 세계시장을 상대로 음식을 생산하고 판매하는 다국적 기업의 탄생과 함께 우리의 식생활은 과거 어느 때보다도 정확하지만 일방적인 형태의 비용 편익 계산에 구속되고 있다. 점점 더 팔기 좋은 것이 먹기 좋은 것이 되어간다. 게다가 풍요로움에도 역시 달갑지 않은 한계가 있음이 드러난다. 먹을 것이 너무 없기 때문이 아니라 너무 많아 해로운 식생활이 형성되고 있다. 우리는 이제 인간의 식욕을 살리는 것이 식욕을 죽이는 것보다 훨씬 더 쉽다는 것을 알고 있다. 이러한 유전적인 결함 때문에 우리는 고객을 영양과다로 만들려는 식품산업에 끌려가고 있다.

그러나 비만일 경우 심장혈관 질환의 대가를 치러야 한다는 것 때문에 고지방과 고콜레스테롤 동물성 식품을 널리 기피하게 되었다. 그것이 초래한 영양과다나 그에 대한 반작용 모두, 서로 다른 그리고 종종 서로 상반되는 소비자·농민·정치가·기업들의 이익의 복합적인 상호작용과 실제적인 구속과 분리해서 이해할 수 없다. 이 책의 초반부에서 지적했듯이 최적화라고 해서 모든 사람에게 최적인 것은 아니다. 그렇기 때문에 지금은 역사적으로 식생활이 임의적인 상징에 지배된다는 생각을 발전시킬 때가 아니다.

우리는 더 나은 것을 먹기 위해 우리의 식생활이 변화하는 실제적인 원인과 결과를 알아야 한다. 우리는 영양분으로서의 음식에 대해 더 많이 알아야 하며, 팔기 좋은 음식에 대해서도 더 많이 알아야 한다. 그런 후에야 우리는 사고(思考)로서의 음식에 대해 알 수 있다.

음식문화의 비밀을 탐구하는 문화해독자가 되기 위해
개정판을 내면서

　마빈 해리스의 『음식문화의 수수께끼』가 번역되어 출간된 지 30여 년이 지났다. 그동안 문화인류학의 이론적 지형에도 무수한 변화가 있었을 것이다. 그런데도 각 세계의 음식문화와 식습관에서 나타나는 현상, 특히 일반적인 상식으로는 이해하기 어려운 현상을 탐구하는 해리스의 『음식문화의 수수께끼』를 향한 독자들의 사랑은 변함이 없다. 이에 답하는 마음으로 개정판을 출간하게 되었다.

　해리스는 2001년 사망하기 전까지 문화인류학이라는 넓은 지평을 문화유물론의 관점으로 횡단했다. 문화인류학에 접근하는 이러한 해리스의 문화유물론적 관점은 그의 저서 『인류학 이론의 발생』(*The Rise of Anthropological Theory*), 『문화유물론: 문화과학을 위한 투쟁』(*Cultural Materialism: The Struggle for a Science of Culture*), 『문화의 수수께끼』『식인문화의 수수께끼』 등에서 잘 드러난다. 따라서 독자들은 해리스가 자신의 저서를 관통하는 핵심인 문화유물론을 어떻게 자신의 문화인류학 이론에 도입하고 있는지 살펴볼 수 있을 것이다.

『음식문화의 수수께끼』도 마찬가지다. 해리스는 세계에 존재하는 다양한 음식문화와 식습관에는 정치경제적 요소가 작동하고 있음을 역설한다. 아무리 비과학적이고 비합리적으로 보이는 인류의 문화라고 하더라도 그 바탕에는 과학적이고 객관적이고 철저히 계산된 비용 편익분석을 따르는 이성적 판단이 존재한다는 것이 그의 이론의 핵심이다.

실제로 해리스는 『음식문화의 수수께끼』를 통해 식습관의 차이를 구체적으로 제시한다. 예를 들어 암소를 신으로 모시는 힌두교도는 쇠고기를 먹지 않는 이유를 설명한다. 또 유대교도나 이슬람교도는 돼지고기를 혐오하고 미국인은 개고기만 생각해도 왜 구역질을 하는지도 설명한다. 우유를 즐겨 마시는 집단과 그렇지 않은 집단이 존재하는 이유, 식인풍습이 있는 집단과 그렇지 않은 집단의 차이 등에 숨겨진 수수께끼를 파헤친다.

해리스는 이렇게 말한다.

"지금은 역사적으로 식생활이 임의적인 상징에 따라 지배받는다는 생각을 더 발전시킬 때가 아니다. 좀더 나은 것을 먹기 위해 우리는 우리의 식생활이 변화하는 실제적인 원인과 결과를 알아야 한다."

우리는 이 세상에 어떤 문화가 존재한다면 이는 우연히 형성된 것이 아니라 특정한 물질적 조건에 의해 구성된 것임을 파악해야 한다. 이러한 조건을 추적하는 해리스의 궤적을 쫓으며 독자는 음식문화의 이면에서 드러나지 않는 형태로 음식문화를 작동하고 존재하게 하는 흥미로운 상황들을 접할 수 있을 것이다.

독자들이 이 책을 통해 전 세계 각 민족의 신비로운 식습관과 생태학적 환경의 관계를 새로운 관점에서 해석해볼 수 있기를 기대해본다.

2018년 10월
한길사 편집부

참고문헌

Abrams, H. Leon. 1980. "Vegetarianism: An Anthropological/Nutritional Evaluation." *Journal of Applied Nutrition* 12:53~87.

_____. 1983. "Cross Cultural Survey of Preferences for Animal Protein and Animal Fat." Paper presented at Wenner-Gren Founation Symposium no. 94, 23~30 October, Cedar Key, Florida.

Abler, Thomas. 1980. "iroquois Cannibalism: Fact Not Fiction." *Ethnohistory* 27:309~316.

Ahmed, H. F. 1975. "Irritable-Bowel Syndrome with Lactose Intolerance." *Lancet* 2:319~20.

Arens, William. 1979. *The Man-Eating Myth*. New York: Oxford University Press.

Ariel, Irving. 1981. "Theories Regarding The Etiology of Malignant Melanoma." In *Malignant Melanoma*. ed. Irving Ariel, 9~32. New York: Appleton-Century-Crofts.

Armour, J. O. 1906. *The Packers and the People*. Philadelphia: Henry Aetemus.

Bachrach, Bernard. 1970. "Charles Martel, Mounted Shock Combat, the Stirrup and Feudalism." *Studies in Medieval and Renaissance History* 7:49~75.

Barr, Terry. 1981. "The World Food situation and Global Grain Prospects." *Science* 214:1087~95.

Bates, Marston. 1960. "Insects in the Diet." *American Scholar* 29:43~52.

Batra, S. M. 1981. *Cows and Cow-Slaughter in India*. Institute of Social Studies. Occasional Papers. The Hague.

Bayless, T. M., and N. S. Rosensweig. 1966. "A Racial Difference Incidence of Lactase Deficiency: A Survey of Milk Intolerance and Lactase Deficiency in Healthy Adult Males." *Journal of the American Medical Association* 197:968~72.

Bellamy, Edward. 1917. *Looking Backward, 2000-1887.* Boston: Houghton Mifflin.

Benenson, Abram, ed. 1980. *Control of Communicable Diseases in Man.* 13th ed. Washington, D.C.: The American Public Health Association.

Bennet, John. 1967. "On the Cultural Ecology of Indian Cattle." *Current Anthropology* 8:251~52.

Berdan, Frances. 1982. *Aztecs of Central Mexico.* New York: Holt, Rinehart and Winston.

Bernal Diaz del Castillo. 1956. *The Discovery and Conquest of Mexico 1517-1521.* New York: Farrar, Straus and Giroux.

Bernheim, S., and P. Rousseau. 1908. *Le Cheval aliment.* Paris: Librairie J. Rousset.

Block, Abraham. 1980. *The Biblical and Historical Background of Jewish Customs and Ceremonies.* New York: KTAV Publishing House.

Blyskal, Jeff. 1982. "The Burger Boom Slows Down." *Forbes* (11 October):45~46.

Binswanger, Hans. 1977. "The Economics of Tractors in the Indian Subcontinent." International Crops Research Institute for the Semi-Arid Tropics. Occasional Papers. Hyderabad.

Bodenheimer, F. S. 1951. *Insects as Human Food.* The Hague: W. Junk Publishers.

Bondi, A. 1982. "Nutrition and Animal Productivity." In *CRC Handbook of Agricultural Productivity,* ed. Milosav Recheigl, 195~212. Boca Raton, FL: CRC Press.

Bose, A. N. 1961. *Social and Rural Economy of Northern India, 600 B.C.-200 A.D.* Calcutta: K. L. Mukhopadhyay.

Bourne, G. H. 1953. "The Food of the Australian Aboriginal." *Proceedings of the Nutrition Society.* 12:58~65.

Braudel, Fernand. 1972. *The Mediterranean and the Mediterranean World in the Age of Phillip II.* 2 vols. New York: Harper & Row.

_____. 1973. *Capitalism and Material Life: 1400-1800.* New York: Harper & Row.

Breeders Gazette. 1919. "Horse Meat is a Fact." 76:598.

Brereton, J. M. 1976. *The Horse in War.* New York: Arco Publishing.

Bristowe, W. S. 1932. "Insects and Other Invertebrates for Human Consumption in Siam." *Transactions of the Entomological Society of London* 80:387~404.

Buck, Ernest. 1981. "Consumer Acceptance of a Flaked and Formed Horsemeat Steak Product." Report produced for the M & R Packing Company, Hartford, CT.

Bulliet, Richard. 1975. *The Camel and the Wheel.* Cambridge: Harvard University Press.

Bunch, Karen. 1985. "U.S. Food Consumption on the Rise." *National Food Review* (Winter-Spring):1~4.

Carroll, Michael. 1984. "Why We Don't Eat Dogs—Usually." Unpublished manuscript.

Chakravarti, A. K. 1985. "Cattle Development Problems and Programs in India: A Regional Analysis." *Geo Journal* 10(no. 1):21~45.

Chang, K. C., ed. 1977. *Food in Chinese Culture: Anthropological and Historical Perspective.* New Haven: Yale University Press.

Charnov, Eric. 1976. "Optimal Foraging: The Marginal Value Theorum." *Theoretical Population Biology* 9:129~36.

Chase, Charlotte. 1982. "Food Symbolism and Proletarian Unrest in Poland." Paper read at the Annual Meeting of the American Association for the Advancement of Science, 3~8 January, Washington, D.C.

Cheryan, M. 1980. "Phytic Acid Interaction in Food Systems." CRC Critical Reviews in Food Science. *Nutrition* 13:297.

Clutton-Brock, Juliet. 1981. *Domesticated Animals from Early Times*. London: British Museum of Natural History.

Cochet, Bernard, et al. 1983. "Effects for Lactose on Intestinal Calcium Absorption in Normal and Lactase-Deficient Subjects." *Gastroenterology* 84:935~40.

Cohn, Rabbi Jacob. 1936. *The Royal Table: An Outline of the Dietary Laws of Israel*. New York: Block.

Cole, Arthur. 1938. *Wholesale Commodity Prices in the United States 1700-1861*. Cambridge: Harvard University Press.

Conley, Robert. 1969. "Teeth of the Wind." *National Geographic* 136(no. 2):202~27.

Cook, Sherburne. 1946. "Human Sacrifice and Warfare As Factors in the Demography of Pre-Colonial Mexico." *Human Biology* 18:81~102.

Coon, Carleton. 1951. *Caravan*. New York: Henry Holt.

Cooper, Gale. 1983. *Animal People*. Boston: Houghton Mifflin.

Corbett, L., and A. Newsome. 1975. "Dingo Society and Its Maintenance: A Preliminary Analysis." In *The Wild Canids*, ed. Michael Fox, 369-79. New York: Van Nostrand Reinhold.

Corn, Ronald. n.d. *Hippophagy*. Report prepared for Ronald J. Corn, president of M and R Packing Company and Marco International. Hartford.

Creasy, Edward. 1969. *The Fifteen Decisive Battles of the World*. New York: Heritage Press.

Crittenden, Ann. 1981. "Consumption of Meat Rising in the Developing Countries."*New York Times,* 25 August:1.

Cross, B. A. 1977. "Comparative Physiology of Milk Removal." In *Comparative Aspects of Lactation*, ed. M. Peaker, 193~210. New York: Academic Press.

Cuatrecasas, A., et al. 1965. "Lactase Deficiency in the Adult: A Common Occurrence." *Lancet* 1:14~18.

Dahl, G., and A. Hjort. 1976. *Having Herds: Pastoral Herd Growth and*

Household Economy. Stockholm: Stockholm Studies in Anthropology.

Darby, William, P. Ghalioungui, and L. Givetti. 1977. *Food: The Gift of Osiris*. vol. 1. New York: Academic Press.

Debongnie, J. D., et al. 1979. "Absorption of Nutrients in Lactase Deficiency." *Digestive Disease Sciences* 24:255.

Decroix, Emile-François. 1864. *L'Alimentation par la viande de cheval*. Paris: Asselin.

DeFoliart, G. R. 1975. "Insects as a Source of Protein." *Bulletin of the Entomological Society of America* 21:161~63.

Dennel, Robin. 1982. *European Economic Prehistory*. New York: Academic.

Dentan, Robert. 1968. *The Semai: A Non-Violent People of Malaya*. New York: Holt, Rinehart and Winston.

DeWalt, Billie. 1983. "The Cattle Are Eating the Forest." *Bulletin of the Atomic Scientists* 39:18~23.

_____. 1985. "Mexico's Second Green Revolution."*Mexican Studies* 1:29~60.

Dewalt, Kathleen, and Gretl Pelto. 1977. "Food Use and Household Ecology in a Modernizing Mexican Community." In *Nutrition and Anthropology in Action*, ed. T. Fitzgerald, 74-93. Amsterdam: Van Gorcum.

Dolberg, Frands. 1982. 1982. *B12*. 2 vols. New York: John Wiley.

Douglas, Mary. 1966. *Purity and Danger: An Analysis of Concepts of Pollution and Taboo*. New York: Praeger.

Drake, Katherine. 1981. "Companionship's Comparative Costs." *Money* (December):56ff.

Drennan, Robert. 1984. "Long Distance Movement of Goods in the Mesoamerican Formative and Classic." *American Antiquity* 49:27~43.

Driver, Harold. 1961. *Indians of North America*. Chicago: University for Chicago Press.

Driver, Harold, and J. Coffin. 1975. "Classification and Development of

North American Indian Cultures: A Statistical Analysis of the Driver–Massey Sample." *Transactions of the American Philosophical Society* 47:165~456.

Duby, Georges. 1974. *The Early Growth of the European Economy*. Ithaca: Cornell University Press.

Ducos, P. 1968. *L'Origine des animaux domestiques en Palestine*. Bordeaux: Imprimeries Delmas.

_____. 1969. "Methodology and Results of the Study of the Earliest Domesticated Animals in the Near East (Palestine)." In *The Domestication and Exploitation of Plants and Animals*, ed. P. Ucko and G. Dimbleby. Chicago: Aldine.

Dufour, Darna. 1979. "Insects in the Diet of Indians in the Northwestern Amazon." Paper read at the 48th Annual Meeting of the American Association of Physical Anthropology, April, San Francisco.

Durham, William. 1986. *Coevolution: Genes, Cultures, and Human Diversity*. Stanford: Stanford University Press.

Earle, Timothy. 1977. "A Reappraisal of Redistribution in Complex Hawaiian Chiefdoms." In *Exchange Systems in Prehistory*, ed. Timothy Earle and Jonathan Ericson, 213~32. New York: Academic Press.

Eaton, S. B., and M. Konner. 1985. "Paleolithic Nutrition: A Consideration of Its Nature and Current Implications." *New England Journal of Medicine* 312:283~89.

The Economist. 1980. 19 July:43.

The Economist. 1981. 1–7 August:42~43.

Ensminger, M. Eugene. 1977. *Horses and Tack*. Boston: Houghton Mifflin.

Epstein, H. 1971. *The Origin of Domestic Animals in Africa*. 2 vols. New York: Africana Publish Co.

Erskine, John. 1853. *Journal of a Cruise among the Islands of the Western Pacific*. London: Dawsons of Pall Mall.

Essig, E. O. 1934. "The Value of Insects to the California Indians."

Scientific Monthly 38:181~86.

Evans-Pritchard, E. E. 1940. *The Nuer: A Description of the Modes of Livelihood and Political Institutions of a Nilotic People*. Oxford: Clarendon Press.

Federal Trade Commission. 1979. California Milk Producers Advisory Board, et al., Final Order, Etc. in Regard to Alleged Violation of Secs. 5 and 12 of the Federal Trade Commission Act. Docket 8988. Washington, D.C.: Federal Trade Commission Decisions.

Ferro-Luzzi, G. E. 1980a. "Food Avoidance at Puberty and Menstruation in Tamiland"; "Food Avoidances in Pregnant Women in Tamiland"; "Food Avoidances during the Peuperium and Lactation in Tamiland." In *Food, Ecology and Culture: Readings in the Anthropology of Dietary Practices*, ed. John Robson, 92~100; 101~8; 109~17. New York: Gordon and Breach.

_____. 1980b. "Commentary: Lactose Malabsorption Reconsidered." *Ecology of Food and Nutrition* 9:237~256.

Fischler, Claude. 1981. "Food Preferences, Nutritional Wisdom and Sociocultural Preferences." In *Food, Nutrition and Evolution: Food As an Environmental Factor in the Genesis of Human Variability*, ed. Dwain Walcher and Norman Kretchmer, 59~67. New York: Masson Publishing.

Fisher, Maxine. 1983. "Of Pigs and Dogs: Pets as Produce in Three Societies." In *New Perspectives on Our Lives with Companion Animals*, ed. Aaron Katcher and Alan Beck, 132~37. Philadelphia: University of Pennsylvania Press.

Flatz, Gebhard, and Hans Rotthauwe. 1977. "The Human Lactase Polymorphism: Physiology and Genetics of Lactase Absorption and Malabsorption." In *Progress in Medical Genetics*, ed. A. G. Steinberg, et al., 205~49. Philadelphia.

Forsyth, Donald. 1983. "The Beginnings of Brazilian Anthropology: Jesuits and Tupinamba Cannibalism." *Journal of Anthropological research* 39:147~78.

Forsyth, Donald. 1985. "Three Cheers for Hans Staden: The Case for Brazilian Cannibalism." *Ethnohistory* 32:17~36.

Fox, Michael. 1981. "Relationship Between Human and Non-Human Animals." In *Interrelations Between People and Pets*, ed. Bruce Fogle, 23~40. Springfield, IL: Charles C. Thomas.

Friedman, Thomas. 1985. "In Israel New Fight over Pork Sales Turns Pigs into Endangered Species." *New York Times*, July 20, p.2.

Gade, Daniel. 1976. "Horsemeat as Human Food in France." *Ecology of Food and Nutrition* 5:1~11.

Gajdusek, D. Carleton. 1977. "Unconventional Viruses and the Origin and Disappearance of Kuru." *Science* 197:943~60.

Gallo, Anthony. 1983. "Food Consumption Patterns: Concentration and Frequency." *National Food Review* (Spring):5~7.

Gallo, Anthony, and William Boehm. 1979. "What Influences Demand for Red Meat?" *National Food Review* (Summer):24~27.

Gallo, Anthony, and James Blalock. 1981. "Foods Not Eaten by Americans." *National Food Review* (Summer):22~24.

Gandhi, Mohandas. 1954. *How To Serve the Cow*. Ahmadabad: Navajvan Publishing House.

Gates, Paul. 1960. *The Farmer's Age: Agriculture: Economic History of the United States*. vol. 3. New York: Holt, Rinehart and Winston.

Gauthier-Pilters, Hilde, and Anne Dagg. 1981. *The Camel: Its Evolution to man*. Chicago: University of Chicago Press.

Geoffroy Saint-Hilaire, Isidore. 1856. *Lettres sur les substances alimentaires et particulièrement sur la viande de cheval*. Paris: Librairie de Victor Masson.

Glubb, Sir John. 1964. *Great Arab Conquests*. Englewood Cliffs, N.J.: Prentice Hall.

Good, Kenneth. 1982. "Limiting Factors in Amazonian Ecology." Paper read at the Annual Meeting of the American Anthropological

Association, Washington, D.C.

Goody, Jack. 1982. *Cooking, Cuisine, and Class: A Study in Comparative Sociology*. New York: Cambridge University Press.

Gorham, J. Richard. 1979. "The Significance for Human Health of Insects in Food." *Annual Review of Entomology* 24:209~24.

Gross, Daniel. 1975. "Protein Capture and Cultural Development in the Amazon Basin." *American Anthropologist* 77:526~49.

Grzimek, Bernhard. 1984. *Animal Life Encyclopedia*. New York: Van Nostrand Reinhold.

Gulati, Leela. 1981. *Profiles in Female Poverty: A Study of Five Poor Working Women in Kerala*. Delhi: Hindustan Publishing.

Hamilton, Annette. 1972. "Aboriginal Man's Best Friend?" *Mankind* 8:287~95.

Hamilton, William. 1983. "Omnivorous Primate Diets and Their Relevance to Contemporary Human Dietary Overconsumption of Meat and Other Goodies." Paper read at Wenner-Gren Foundation Symposium no. 94, 23~30 October, Cedar Key, FL.

Harding, Robert. 1975. "Meat Eating and Hunting in Baboons." In *Socioecology and Psychology of Primates*, ed. R. H. Tuttle, 245~257. The Hague: Mouton.

Harland, B. F., and L. Prosky. 1979. "Development of Dietary Fiber Values for Foods." *Cereal Foods World* 24:387.

Harlow, Harry, and M. Harlow. 1962. "Social Deprivation in Monkeys." *Scientific American* 207(5):137~46.

Harner, Michael. 1977. "The Ecological Basis for Aztec Sacrifice." *American Ethnologist* 4:117-35.

Harris, Marvin. 1967. "Reply to John Bennet." *Current Anthropology* 8:252~53.

_____. 1977. *Cannibals and Kings*. New York: Random House.

_____. 1984. "Animal Capture and Yanomano Warfare: Retrospect and New Evidence." *Journal of Anthropological Research* 40:183~201.

Hawkes, Kristen, Kim Hill, and J. O'Connell. 1982. "Why Hunters Gather, Optimal Foraging and the Aché of Eastern Paraguay." *American Ethnologist* 9:379~98.

Hawkes, Jaquetta. 1973. *The First Great Civilizations*. New York: Alfred Knopf.

Hehn, Victor. 1976. *Cultivated Plants and Domesticated Animals in Their Migration from Asia to Europe*. Amsterdam: John Benjamins.

Henlen, Paul. 1959. *Cattle Kingdoms in the Ohio Valley*. Lexington: University of Kentucky Press.

Herodotus. 1947. *The Persian Wars*. New York: Modern Library.

Heston, Alan. 1971. "An Approach to the Sacred Cow of India." *Current Anthropology* 12:191~210.

Hintz, Harold. 1977. "Digestive Physiology." In *The Horse*, ed. J. W. Evans, 241~58. San Francisco: W. H. Freeman.

Hitchcock, Stephen W. 1962. "Insects and Indians of the Americas." *Bulletin of the Entomological Society of America* 8:181~87.

Holt, Vincent M. 1885. *Why Not Eat Insects?* Reprinted in 1969. London: E. W. Classey.

Hooker, Richard. 1981. *Food and Drink in America*. New York: Bobbs-Merrill.

Horn, Jack, and Jeff Meer. 1984. "The Pleasure of Their Company." *Psychology Today* (August):52ff.

Jaffrey, Madhur. 1973. *An Invitation to Indian Cooking*. New York: Alfred Knopf.

Johnson, J. D. et al. 1978. "Lactose Malabsorption among Adult Indians of the Great Basin and American Southwest." *American Journal of Clinical Nutrition* 31:381~87.

Kahn, M. U., Hague, and M. R. Kahn. 1984. "Nutritional Ocular Diseases and Their Association with Diarrhoea in Matlob, Bangladesh." *British Journal of Nutrition* 52:1~9.

Katcher, Aaron, 1981. "Interaction Between People and Their Pets: Form and Function." In *Interrelations between People and Pets*, ed. Bruce Fogel, 41~67. Springfield, IL: Charles C. Thomas.

Kifner, John. 1985. "Poles Fairly Calm over Price Rise." *New York Times*, 14 February.

Klein, Isaac. n.d. *A Guide to Jewish Religious Practice*. New York: The Jewish Theological Seminary of America.

Kleinfield, N. R. 1984. "America Goes Chicken Crazy." *New York Times*, 9 December: Section 3.

Kolars, J.C., et al. 1984. "Yogurt-An Autodigesting Source of Lactose." *New England Journal of Medicine* 310:1~3.

Kolata, Gina. 1984. "Does a Lack of Calcium Cause Hypertension?" *Science* 225:705~6.

_____. 1985a. "Heart Panel's Conclusions Questioned." *Science* 227:40~41.

_____. 1985b. "Testing for Trichinosis." *Science* 227:621: 624.

Kosambi, Damodar. 1975. *An Introduction to the Study of Indian History*. Bombay: Popular Prakashan.

Kozlowsky, Zygmunt. 1981. "Special Focus: Food Consumption Problems in Poland." *Food Policy* 6:47~52.

Kroc, Ray. 1977. *Grinding It Out: The Making of McDonald's*. Chicago: Henry Regnery.

Kust, Matthew. 1983. *Man and Horse in History*. Alexandria, Va.: Plutarch Press.

Larrey, Dominique. 1812~17. *Mémoires de chirugie militaire et campagnes*. Paris: J. Smith.

Law, Robin. 1980. *The Horse in West African History*. Oxford: Oxford University Press.

Lee, Richard. 1979. *The !Kung San: Men, Women, and Work in a Foraging Society*. New York: Cambridge University Press.

Lewis, W. A. 1955. *The Theory of Economic Growth*. Homewood, II.: R. D. Irwin.

Lindenbaum, Shirley. 1974. *Kuru Sorcery: Disease and Danger in the New Guinea Highlands*. Palo Alto, Calif.: Mayfield.

_____. 1984. "Lipid Research Clinics Coronary Primary Prevential Trial Results." *Journal of the American Medical Association* 251:351~74.

Lisker, R., et al. 1980. "Double Blind Study of Milk Lactose Intolerance in a Group of Rural and Urban Children." *American Journal of Clinical Nutrition* 33:1049~53.

Lodrick, Deryck. 1981. *Sacred Cows, Sacred Places*. Berkeley: University of California Press.

Lowie, Robert. 1938. "Subsistence." In *General Anthropology*, ed. Franz Boas, 282~326. New York: Heath.

_____. 1966. *Culture and Ethnology*. New York: Basic Books.

Luomala, Katherine. 1961. "The Native Dog in the Polynesian System of Values." In *Essays in Honor of Paul Radin*, ed. Stanley Diamond, 190–239. Waltham: Brandeis University.

Luxemberg, Stanley. 1985. *Roadside Empires: How the Chains Franchised America*. New York: Viking Penguin.

Macintosh, N. W. G. 1975. "The Origin of the Dingo: An Enigma." In *The Wild Canids*, ed. Michael Fox, 87~106. New York: Van Nostrand Reinhold.

MacLaughlin, Julia, and M. Holick. 1983. "Photobiology of Vitamin D_3 in the Skin." In *Biochemistry and Physiology of the Skin*, ed. Lowell Goldsmith, 734~54. New York: Oxford University Press.

Maga, J. A. 1982. "Phytate: Its Chemistry, Occurrence, Food Interactions, Nutritional Significance, and Methods of Analysis." *Journal of Agricultural Food Chemistry* 30:1.

Malkenson, F., and J. Keane. 1983. "Radiobiology of the Skin." In *Biochemistry and Physiology of the Skin*, ed. Lowell Goldsmith, 769~814. New York: Oxford University Press.

Maimonide, Moses. 1876. *The Guide for the Perplexed*. Translated by M. Friedlander. London: Pardes.

Malik, S. L. 1979. "Comment on 'Question in the Sacred-cow Controversy' by F. J Simoons." *Current Anthropology* 22:484.

Markov, Walter. 1979. *Battles of World History*. New York: Hippocrene Books.

Marshall, Lorna. 1976. "Sharing, Talking, and Giving: Relief of Social Tensions among the !kung." In *Kalahari Hunter-Gatherers: Studies of the !Kung San and Their Neighbors*, ed. Richard Lee and Irven Devore, 349~72. Cambridge: Harvard University Press.

McCarron, David, et al. 1984. "Hypertension and Calcium." *Science* 226:386~89.

McGrew, William. 1977. "Socialization and Object Manipulation of Wild Chimpanzees." In *Primate Bio-Social Development*, ed. Susan Chevalier-Skolinkoff and Frank Poirier 261~88. New York: Garland.

McLaren, Donald. 1974. "The Great Protein Fiasco." *Lancet* (no. 2):93~96.

_____. 1976. "Historical Perspective of Nutrition in the Community." In *Nutrition in the Community*, ed. Donald McLaren, 25~34. New York: Wiley.

McNeil, N. I. 1984. "The Contribution of the Large Intestine to Energy Supplies in Man." *American Journal of Clinical Nutrition* 39:338~342.

Mead, Margarel. 1977. *Letters from the Field: 1925-1972*. New York: Harper & Row.

Meggit, M. J. 1965. "The Association between Australian Aborigines and Dingoes." In *Man, Culture, and Animals*, ed. A. Leeds and A. P. Vayda, 7~26. Washington, D.C.: The American Association for the Advancement of Science.

Metraux, Alfred. 1947. "Mourning Rites and Burial Forms of the South American Indians." *American Indigana* 7:7~44.

Migne, J. P., ed. 185. *Patrologiae*. Vol. 89:578.

Military Market. 1982. August:11.

Milton, Katherine. 1983. "The Role of Food Processing Factors in

Primate Food Choice: An Examination of Some Determinants of Dietary Variation Among Non-Human Primates and Implications for the Hominid Diet." Paper read at Wenner-Gren Foundation Symposium no. 94, 23~30 October, Cedar Key, FL.

Mitra, Rajendra. 1881. *Indo-Aryans.* vol. 1. Calcutta: W. Newman and Co.

Molnar, Stephen. 1983. *Human Variation: Races, Types, and Ethnic Groups.* 2d ed. Englewood Cliffs, N.J.: Prentice Hall.

Montaigne, Michel Eyquem de 1927. *The Essays of Montaigne.* New York: Oxford University Press.

Motolinia, Toribio. 1951. *History of the Indians of New Spain.* Washington, D.C.: Academy of American Franciscan History.

Mount, Lawrence. 1968. *The Climatic Physiology of the Pig.* London: Edward Arnold.

Myers, Norman. 1982. "Homo Insectivorus." *Science Digest* (May):14~15.

Nair, Narayanan. 1983. "Animal Protein Consumption and the Sacred Cow Complex in India." Paper read at Wenner-Gren Foundation Symposium 94, 23~30 October, Cedar Key, FL.

National Research Council. 1982. *Diet, Nutrition, and Cancer.* Washington, D.C.: National Research Council.

Newcomer, Albert, et al. 1978. "Lactase Deficiency: Prevalence in Osteoporosis." *Annals of Internal Medicine* 89:218~20.

Newsweek. 1983. 12 December:60.

New York Times. 1962. 7 January.

Nichter, Mark, and Mimi Nichter. 1983. "The Ethnophysiology and Folk Dietetics of Pregnancy: A Case Study from South India." *Human Organization* 42:235~46.

O'Donovan, J. 1940. *The Economic History of Liestock in Ireland.* Dublin: Cork University Press.

Office in the Federal register. 1984. *Code of Regulations: Animals and Animal Products.* Washington, D.C.: National Archives and Records

Service, General Services Administration.

Oliveira, J. F. Santos, et al. 1976. "The Nutritive Value of Four Species of Insects Consumed in Angola." *Ecology of Food and Nutrition* 5:91~97.

Olsen, Stanley. 1984. "The Early Domestication of the Horse in North China." *Archaeology* (January-February): 62~63; 77.

Omwale. 1979. "The Meat Myth and Caribbean Food Planning." Institute of Social and Economic Research, University of the West Indies. Working paper 25. Jamaica.

Ortiz de Montellano, B. R. 1978. "Aztec Cannibalism: An Ecological Necessity?" *Science* 200:611~17.

_____. 1983. "Counting Skulls: Comment on the Aztec Cannibalism Theory of Harner-Harris." *American Anthropologist* 85:403~6.

Pabst, Henry. 1979. "The Hamburger Phenomenon." Proceedings of the 32d Annual Meat Conference. Chicago: National Livestock and Meat Board.

Pennington, Jean, and Helen Church. 1980. *Food Values of Portions Commonly Used.* New York: Harper & Row.

Perissé, J., F. Sizaret, and P. François. 1969. "The Effects of Income on the Structure of Diet." *Nutrition Newsletter* 7.

Phillips, S.F. 1981. "Lactose Malabsorption and Gastrointestinal Function: Its Effect on Gastrointestinal Transit and Absorption of Other Nutrients." In *Lactose Digestion: Clinical and Nutritional Implications*, ed. David Paige and Theodore Bayless, 51~57. Baltimore: Johns Hopkins University Press.

Pimentel, David, et al. 1975. "Energy and Land Constraints in Food Protein Production." *Science* 190:754~61.

Pimentel, David, and M. Pimentel. 1979. *Food, Energy and Society*. New York: John Wiley.

Pirie, A. 1983. "Vitamin A Deficiency and Child Blindness in the Developing World." *Proceedings of the Nutrition Society* 42:53~64.

Pond, G. Wilson, and Jerome Maner. 1984. *Swine Production and*

Nutrition. Westport, Conn.: AVI.

Pond, Wilson, and K. Haupt. 1978. *The Biology of the Pig.* Ithaca: Comstock Publishing Associates.

Quigley, J., L. Vogel, and R. Anderson. 1983. "A Study of Perception and Attitudes towards Pet Ownership." In *New Perspectives on Our Lives with Companion Animals,* ed. Aaron Katcher and Alan Bach, 266~75. Philadelphia: University of Pennsylvania Press.

Redford, Kent, and José Dorea. 1984. "The Nutritional Value of Invertebrates with Emphasis on Ants and Termites as Food for Mammals." *Journal of the Zoological Society of London* 203:385~95.

Redford, Kent, G. Bouchardet da Fonseca, and T. E. Lacher, Jr. n.d. "The Relationship Between Frugivory and Insectivory in Primates." Mimeo.

Reed, Patsy. 1980. *Nutrition: An Applied Science.* San Francisco: West Publishing.

Reed, Lucy, and D. Carleton Gajdusek. 1969. "Nutrition in the Kuru Region." *Acta Tropica* 26:331~45.

Reinhold, J. C., B. Faradji, P. Abadi, and F. Ismail-Beigi. 1976. "Decreased Absorption of Calcium, Magnesium, Zinc, and Phosphorus by Humans Due to Increased Fiber and Phosphorus Consumption as Wheat Bread." *Journal of Nutrition* 106:493~503.

Remington, Charles L. 1946. "Insects as Food in Japan." *Entomological News* 57 (no. 5):119~21.

Rivera, Diego. 1960. *My Art, My Life: An Autobiography.* With Gladys March. New York: The Citadel Press.

Root, Waverly. 1974. "They Eat Horses, Don't They?" *Esquire* 81 (January):82~85.

Root, Waverly, and Richard de Rochemont. 1976. *Eating in America.* New York: William Morrow.

Ross Eric. 1980. "Patterns of Diet and Forces of Production: An Economic and Ecological History of the Ascendancy of Beef in the United States Diet." In *Beyond the Myths of Culture: Essays in Cultural*

Materialism, ed. Eric Ross, 181~225. New York: Academic.

_____. 1983. "The Riddle of the Scottish Pig." *BioScience* 33:99~106.

Rossier, Emanuel. 1982. *Viande chevaline*. Paris: Cereopa.

Rudbeck, J., and P. Meyers. 1982. "Feed Grains: The Sluggish Demand Means Stepped-Up Competition." *Foreign Agriculture* (January):10~11.

Ruddle, Kenneth. 1973. "The Human Use of Insects: Examples from the Yukpa." *Biotrpica* 5:94~101.

Russel, Charles. 1905. *The Greatest Trust in the World*. New York: Ridgway-Thayer.

Russell, Kenneth. 1985. "The Differential Adoption of Post-Pleistocene Subsistence Strategies in the Near East." Doctoral dissertation, University of Utah.

Sahagun, Bernardino de. 1951. *The General History of the Things of New Spain: Florentine Codex*. Book 2. Santa Fe, New Mexico. School of American Research. Salt Lake City, Utah: University of Utah Press.

Sahlins, Marshall. 1958. *Social Stratification in Polynesia*. Seattle: University of Washington Press.

_____. 1976. *Culture and Practical Reason*. Chicago: University of Chicago Press.

_____. 1978. "Culture As Protein and Profit." *New York Review of Books* (23 November):45~53.

_____. 1983. "Raw Women, Cooked Men and other Great Things of the Fiji Islands." In *The Ethnography of Cannibalism*, ed. Paula Brown and Donald Tugin, 72~93. Society for Psychological Anthropology. Washington, DC: American Anthropological Association.

Salmon, Peter, and Ingrid Salmon. 1983. "Who Owns Who? Psychological Research into the Human-Pet Bond in Australia." In *New Perspectives on Our Lives with Companion Animals*, ed. Aaron Katcher and Alan Beck, 243~65. Phialdephia: University of Pennsylvania Press.

Savachinsky, Joel. 1975. "The Dog and the Hare: Canine Culture in an Athabaskan Band." In *Proceedings of the Northern Athabaskan Conference*, ed. A. Clark, vol. 2, 462~515. Ottowa: National Museum of Canada.

Savaiano, D., et al. 1984. "Lactose Malabsorption from Yogurt, Sweet Acidophilus Milk, and Cultured Milk in Lactase-Deficient Individuals." *The American Journal of Clinical Nutrition* 40:1219~23.

Schofield, Sue. 1979. *Development and the Problems of Village Nutrition*. Montclair, N.J.: Allenheld, Osmund.

Scrimshaw, Nevin. 1977. "Through a Glass Darkly: Discerning the Practical Implications of Human Dietary Protein-Energy Interrelationships." *Nutrition Reviews* 35:321~37.

Sherratt, Andrew. 1981. "Plough and Pastoralism: Aspects of Secondary Products Revolution." In *Pattern of the Past: Studies in Honor of David Clarke*, ed. I. Hodder, G. Isaac, and N. Hammond, 261~305. Cambridge: Cambridge University Press.

_____. 1983. "The Secondary Exploitation of Animals in the Old World." *World Archaeology* 15:90~104.

Shipp, E. R. 1985. "The McBurger Stand That Started It All." *New York Times*, 27 February: 14.

Simoons, Frederick. 1961. *Eat Not This Flesh*. Madison: University of Wisconsin Press.

_____. 1981. "Geographic Patterns of Primary Adult Lactose Malabsorption: A Further Interpretation of Evidence for the Old World." In *Lactose Digestion: Clinical and Nutritional Implications*, ed. David Paige and T. Bayless, 23~48. Baltimore: Johns Hopkins Press.

Simpson, George G. 1951. *Horses: The Story of the Horse Family in the Modern World and through Sixty Million Years of History*. New York: Oxford University Press.

Siskind, Janet. 1973. *To Hunt in the Morning*. New York: Oxford University Press.

Smith, Eric. 1983. "Anthropological Implications of Optimal Foraging Theory: A Critical Review." *Current Anthropology* 24:625~51.

Soler, Jean. 1979. "The Semiotics of Food in the Bible." In *Food and Drink in History: Selections from the Annales, Economiks, Civilisations*, ed. Robert Foster and Orest Ranum, 126~38. Baltimore: Penguin.

Sommer, Alfred. 1984. "Increased Risk of Respiratory Disease and Diarrhea in Children with Preexisting Mild Vitamin A Deficiency." *American Journal of Clinical Nutrition* 40:1090~95.

Sommer, A., and Muhilal. 1982. "Nutritional Factors in Corneal Xerophthalmia and Keratomalacia." *Archives of Ophthalmology* 100:399~411.

Sorenson, E., and D. Carlton Gajdusek. 1969. "Nutrition in the Kuru Region." *Acta Tropica* 26:281~330.

Spence, Jonathan. 1977. "Chi Ing." In *Food in Chinese Culture: Anthropological and Historical Perspectives*, ed. K. C. Chang, 261~294. New Haven: Yale University Press.

Speth, John. 1983. *Bison Kills and Bone Counts*. Chicago: University of Chicago Press.

Staden. Hans. 1929. *The True History of His Captivity 1557*. New York: Robert McBride and Co.

Steadman. Lyle, and Charles Merbs. 1982. "Kurm and Cannibalism?" *American Anthropologist* 84:611~27.

Stefansson. Vilhajalmur. 1944. *Arctic Manual*. New York: Macmillan.

Subrahmanyam, K. V., and J. G. Ryan. 1975. "Livestock as a Source of Power in Indian Agriculture: A Brief Review." International Crops Research Institute for the Semi-Arid Tropics. Occasional Paper no. 12. Hyderabad.

Tapia, Andrew de. 1971. *Relación Hecha por el Señor Andrés de Tapia sobre la Conquista de México. In Colección de Documentos Para la Historia de México*, ed. J. G. Icozbalceta, vol. 2, 554~94. Liechtenstein: Nendelu. Kraus reprint.

Teleki, Geza. 1981. "The Omnivorous Diet and Eclectic Feeding Habits of Chimpanzees in Gombe National Park, Tanzania." In *Omnivorous Primates: Gathering and Hunting in Human Evolution*, ed. Geza Teleki and R. O. Harding, 303~43. New York: Columbia University Press.

Thompson, Basil. 1908. *The Fijians: A Study of the Decay of Custom*. London: Heinemann.

Thompson, J. 1942. *The History of Livestock Raising in the United States 1607-1860*. Washington, D.C.: United States Department of Agriculture.

Thwaites, R. G., ed. 1896~1901. *The Jesuit Relations and Allied Documents: Travels and Explorations of the Jesuit Missionaries in New France*. 83 vols. Cleveland: Burrows Brothers.

Tielsch, James, and A. Sommer. 1984. "The Epidemiology of Vitamin A Deficiency and Xerophthalmia." *Annual Review of Nutrition* 4:183~205.

Towne, R. W., and E. Wentworth. 1950. *Pigs: From Cave to Corn Belt*. Norman: University of Oklahoma Press.

_____. 1955. *Cattle and Men*. Norman: University of Oklahoma Press.

U.S. Department of Agriculture. 1981. Policy Memo, 27 March. "Labelings of Combinations of Ground Beef or Hamburger and Soy Products." Washington, D.C.: U.S. Department of Agriculture, Food Safety and Quality Service.

_____. 1983. *Food Consumption, Prices and Expenditures 1962-82*. Washington, D.C.: United States Department of Agriculture. Economic Research Service, Statistical Bulletin 702.

Upadhye, A. N. 1975. "Tantrism." In *A Cultural History of India*, ed. A. L. Basham, 100~110. Oxford: Clarendon Press.

Vaidyanathan, A., K. N. Nair, and M. Harris. 1982. "Bovine Sex and Species Ratios in India." *Current Anthropology* 23:365~73.

Van Bath, B. H. Slicher. 1963. *The Agrarian History of Western Europe: A.D. 500-1850*. London: Edward Arnold.

Vayda, A. P. 1960. *Maori Warfare*. Polynesian Society Maori Monographs, No. 2. Wellington: Polynesian Society.

Wall Street Journal. 1985. 14 January:14.

Wen, C. P., et al. 1973. "Lactose Feeding in Lactose-Intolerant Monkeys." *American Journal of Clinical Nutrition* 26:1224~28.

Welsch, Roger. 1981. "The Interdependence of Foodways and Architecture: A Foodways Contrast on the American Plains." In *Food in Perspective: Proceedings of the Third International Conference on Ethnological Food Research*, Cardiff, Wales, 1977, ed. Alexander Fenton and T. Owens, 365~76. Edinburgh: John Donald.

Wentworth, G. E. 1917. "Shall We Eat Horses." *Breeders Gazette* 72:911.

West, James King. 1971. *Introduction to the Old Testament*. New York: Macmillan.

White, Isobel. 1972. "Hunting Dogs at Yalata." *Mankind* 8:201~5.

White, Lynn. 1964. *Medieval Technology and Social Change*. New York: Oxford University Press.

Whyte, Robert O. 1961. "Evolution of Land Use in South-Western Asia." In *A History of Land Use in Arid Regions*, ed. L. D. Stamp. UNESCO Arid Zone Research 17.

———. 1974. *Rural Nutrition in Monsoon Asia*. New York: Oxford University Press.

Wilson, Anne. 1973. *Food and Drink in Britain: From the Stone Age to Recent Times*. London: Constable.

Wilson, Christine. 1980. "Food Taboos of Childbirth: the Malay Example." In *Food, Ecology and Culture: Readings in the Anthropology of Dietary Practices*, ed. John Robson, 67~74. Palo Alto, Calif: Mayfair.

Winterhalder, Bruce and Eric Smith, eds. 1981. *Hunter-Gatherer Foraging Strategies: Ethnographic and Archaeological Analysis*. Chicago: University of Chicago Press.

Wood, Corinne. 1979. *Human Sickness and Health: A Biocultural View*. Palo Alto, Calif.: Mayfield.

Wrangham, R. W. 1977. "Feeding Behavior in Chimpanzees in Gombe National Park, Tanzania." In *Primate Ecology: Studies of Feeding and Ranging Behavior in Lemurs, Monkeys and Apes*, ed. T. H. Clutton-Brock, 503~38. New York: Academic Press.

Yang, Arnand. 1980. "Sacred Symbol and Sacred Space in Rural India: Community Mobilization in the 'Anti—Cow Killing' Riot of 1893." *Comparative Studies in Society and History* 22:576~96.

Zarins, Juris. 1976. "The Domestication of Equidae in Third Millennium B.C. Mesopotamia." Ph.D. dissertation, University of Chicago.

Zerries, Otto. 1960. "En Endocanibalismo en la America del Sur." *Revista de Museo Paulista* 12:125~75.

찾아보기

마빈 해리스 Marvin Harris, 1927-2001

미국의 대표적인 문화인류학자로 문화유물론의 발전에 큰 영향을 미쳤다. 그는 지성사적 관점에서 마르크스와 엥겔스의 영향을 받았지만 문화에 대한 자신만의 독특한 유물론적 접근법을 구축했다. 1953년부터 1981년까지 컬럼비아 대학에서 교수로 지내다가 플로리다 대학으로 옮겼다. 미국 인류학협회 인류학분과 회장을 맡기도 했다. 주요 저서로는『문화의 수수께끼』(Cows, Pigs, Wars and Witches: The Riddles of Culture), 『식인문화의 수수께끼』(Cannibals and Kings: The Origins of Cultures), 『음식문화의 수수께끼』(The Sacred Cow and The Abominable Pig: Riddles of Food and Culture) 등이 있다.

서진영

이화여자대학 사학과를 졸업하고 미국 뉴욕 대학 인류학과에서 박사과정을 마쳤다. 옮긴 책으로는 쿠시넨의『변증법적 유물론 입문』등이 있다.

음식문화의 수수께끼

지은이 마빈 해리스
옮긴이 서진영
펴낸이 김언호

펴낸곳 (주)도서출판 한길사
등록 1976년 12월 24일 제74호
주소 10881 경기도 파주시 광인사길 37
홈페이지 www.hangilsa.co.kr
전자우편 hangilsa@hangilsa.co.kr
전화 031-955-2000~3 **팩스** 031-955-2005

부사장 박관순 **총괄이사** 김서영 **관리이사** 곽명호
영업이사 이경호 **경영이사** 김관영 **편집주간** 백은숙
편집 박희진 노유연 이한민 박홍민 임진영
마케팅 정아린 **관리** 이주환 문주상 이희문 원선아 이진아
디자인 창포 031-955-2097
CTP 출력 및 인쇄 예림 **제본** 예림바인딩

제1판 제 1쇄 1992년 12월 25일
제1판 제34쇄 2016년 8월 25일
개정판 제 1쇄 2018년 11월 16일
개정판 제 4쇄 2023년 11월 10일

값 20,000원
ISBN 978-89-356-7051-2 04380
ISBN 978-89-356-7030-7 (세트)

● 잘못 만들어진 책은 구입하신 서점에서 바꿔드립니다.

● 이 도서의 국립중앙도서관 출판시도서목록(CIP)은 서지정보유통지원시스템 홈페이지(seoji.nl.go.kr)와
국가자료공동목록시스템(www.nl.go.kr/kolisnet)에서 이용하실 수 있습니다.
(CIP제어번호: CIP2018007909)